직업상점

2026 최신개정판

똑똑!한은경쌤
손해평가사

1차 기출문제집 + 100% 무료강의

☑ 저자직강 무료강의

☑ 2025 손해평가사 베스트셀러

☑ 기초로 개념 완성, 기출로 합격 완성

한은경 저자

손해평가사 1차 문제집

Part 1. 기초다지기

손해평가사 1차 문제집

Part 2. 기출문제 & 해설

상법 보험편 

Ⅰ. 법률 뽀개기 

1장 통칙

❶ 제638조(보험계약의 의의)

보험계약은 당사자 일방이 약정한 (①)를 지급하고 재산 또는 생명이나 신체에 (②)한 사고가 발생할 경우에 상대방이 일정한 보험금이나 그 밖의 급여를 지급할 것을 약정함으로써 효력이 생긴다.

❷ 제638조의2(보험계약의 성립)

① 보험자가 보험계약자로부터 보험계약의 (③)과 함께 보험료 상당액의 전부 또는 일부의 지급을 받은 때에는 다른 약정이 없으면 (④)에 그 상대방에 대하여 (⑤)를 발송하여야 한다. 그러나 인보험계약의 피보험자가 신체검사를 받아야 하는 경우에는 그 기간은 신체검사를 받은 날부터 기산한다.

② 보험자가 제1항의 규정에 의한 기간 내에 낙부의 통지를 해태한 때에는 승낙한 것으로 (⑥)

③ 보험자가 보험계약자로부터 보험계약의 청약과 함께 보험료 상당액의 전부 또는 일부를 받은 경우에 그 청약을 승낙하기 전에 보험계약에서 정한 보험사고가 생긴 때에는 그 청약을 (⑦) 한 보험자는 보험계약상의 책임을 진다. 그러나 인보험계약의 피보험자가 신체검사를 받아야 하는 경우에 그 검사를 받지 아니한 때에는 그러하지 아니하다.

❸ 제638조의3(보험약관의 교부 · 설명 의무)

① 보험자는 보험계약을 (⑧)할 때에 (⑨)에게 보험약관을 교부하고 그 약관의 중요한 내용을 설명하여야 한다.

② 보험자가 제1항을 위반한 경우 보험계약자는 보험계약이 성립한 날부터 (⑩) 이내에 그 계약을 (⑪)할 수 있다.

정답

① 보험료, ② 불확정, ③ 청약, ④ 30일 내, ⑤ 낙부의 통지, ⑥ 본다.(한다 ×, 추정 · 간주한다 ×), ⑦ 거절할 사유가 없는,
⑧ 체결, ⑨ 보험계약자(피보험자 ×), ⑩ 3개월, ⑪ 취소

④ 제639조(타인을 위한 보험)

① 보험계약자는 위임을 (　⑫　) 위임을 (　⑬　) 특정 또는 불특정의 타인을 위하여 보험계약을 체결할 수 있다. 그러나 손해보험계약의 경우에 그 타인의 위임이 없는 때에는 보험계약자는 이를 보험자에게 (　⑭　)하여야 하고, 그 (　⑭　)가 없는 때에는 타인이 그 보험계약이 처결된 사실을 알지 못하였다는 사유로 보험자에게 (　⑮　).

② 제1항의 경우에는 그 타인은 (　⑯　) 그 계약의 이익을 받는다. 그러나 손해보험계약의 경우에 보험계약자가 그 타인에게 보험사고의 발생으로 생긴 손해의 배상을 한 때에는 보험계약자는 그 타인의 권리를 (　⑰　) 범위 안에서 보험자에게 보험금액의 지급을 청구할 수 (　⑱　)

③ 제1항의 경우에는 보험계약자는 보험자에 대하여 보험료를 지급할 의무가 있다. 그러나 보험계약자가 파산선고를 받거나 보험료의 지급을 지체한 때에는 그 타인이 (　⑲　) 한 그 타인도 보험료를 지급할 의무가 있다.

⑤ 제640조(보험증권의 교부)

① 보험자는 보험계약이 (　⑳　)한 때에는 지체없이 보험증권을 작성하여 보험계약자에게 교부하여야 한다. 그러나 보험계약자가 보험료의 전부 또는 최초의 보험료를 지급하지 아니한 때에는 (　㉑　)

② 기존의 보험계약을 연장하거나 변경한 경우에는 보험자는 그 보험증권에 그 사실을 기재함으로써 보험증권의 교부에 (　㉒　)할 수 있다.

⑥ 제641조(증권에 관한 이의약관의 효력)

보험계약의 당사자는 보험증권의 교부가 있은 날로부터 일정한 기간 내에 한하여 그 증권내용의 정부에 관한 이의를 할 수 있음을 약정할 수 있다. 이 기간은 1월을 (　㉓　)

⑦ 제642조(증권의 재교부청구)

보험증권을 멸실 또는 현저하게 훼손한 때에는 보험계약자는 보험자에 대하여 증권의 재교부를 청구할 수 있다. 그 증권작성의 비용은 (　㉔　)의 부담으로 한다.

⑧ 제643조(소급보험)

보험계약은 그 (　㉕　)의 어느 시기를 보험기간의 시기로 할 수 있다.

⑨ 제644조(보험사고의 객관적 확정의 효과)

(　㉖　)에 보험사고가 이미 발생하였거나 또는 발생할 수 없는 것인 때에는 그 계약은 무효로 한다. 그러나 당사자 쌍방과 피보험자가 이를 알지 못한 때에는 그러하지 (　㉗　)

⑩ 제646조(대리인이 안 것의 효과)

대리인에 의하여 보험계약을 체결한 경우에 대리인이 안 사유는 그 본인이 안 것과 동일한 것으로 (　㉘　)

⑪ 제646조의2(보험대리상 등의 권한)

① 보험대리상은 다음 각 호의 권한이 있다.

- 보험계약자로부터 (㉙)할 수 있는 권한
- 보험자가 작성한 (㉚)을 보험계약자에게 교부할 수 있는 권한
- 보험계약자로부터 청약, 고지, 통지, 해지, 취소 등 보험계약에 관한 (㉛)할 수 있는 권한
- 보험계약자에게 보험계약의 체결, 변경, 해지 등 보험계약에 관한 (㉜) 수 있는 권한

② 제1항에도 불구하고 보험자는 보험대리상의 제1항 각 호의 권한 중 일부를 제한할 수 (㉝) 다만, 보험자는 그러한 권한 제한을 이유로 선의의 보험계약자에게 대항하지 (㉞)

③ 보험대리상이 아니면서 특정한 보험자를 위하여 계속적으로 보험계약의 체결을 중개하는 자는 (㉟)(보험자가 작성한 영수증을 보험계약자에게 교부하는 경우만 해당한다) 및 제2호의 권한이 있다.

④ 피보험자나 보험수익자가 보험료를 지급하거나 보험계약에 관한 의사표시를 할 의무가 있는 경우에는 제1항부터 제3항까지의 규정을 그 피보험자나 보험수익자에게도 적용한다.

⑫ 제647조(특별위험의 소멸로 인한 보험료의 감액청구)

보험계약의 당사자가 특별한 위험을 예기하여 보험료의 액을 정한 경우에 보험기간 중 그 예기한 위험이 (㊱)한 때에는 보험계약자는 (㊲) 보험료의 감액을 청구할 수 있다.

⑬ 제648조(보험계약의 무효로 인한 보험료반환청구)

보험계약의 전부 또는 일부가 무효인 경우에 보험계약자와 (㊳)가 선의이며 중대한 과실이 없는 때에는 보험자에 대하여 보험료의 전부 또는 일부의 반환을 청구할 수 있다. 보험계약자와 (㊴)가 선의이며 중대한 과실이 없는 때에도 같다.

⑭ 제649조(사고발생전의 임의해지)

① 보험사고가 발생하기 전에는 보험계약자는 (㊵) 계약의 전부 또는 일부를 해지할 수 있다. 그러나 제639조의 보험계약의 경우에는 보험계약자는 그 타인의 (㊶)를 얻지 아니하거나 (㊷)을 소지하지 아니하면 그 계약을 해지하지 못한다.

② 보험사고의 발생으로 보험자가 보험금액을 지급한 때에도 보험금액이 (㊸) 아니하는 보험의 경우에는 보험계약자는 그 사고발생 후에도 보험계약을 해지할 수 있다.

③ 제1항의 경우에는 보험계약자는 당사자 간에 다른 약정이 없으면 (㊹)의 반환을 청구할 수 있다.

⑮ 제650조(보험료의 지급과 지체의 효과)

① 보험계약자는 계약체결 후 (㊺) 보험료의 전부 또는 제1회 보험료를 지급하여야 하며, 보험계약자가 이를 지급하지 아니하는 경우에는 다른 약정이 없는 한 계약성립 후 (㊻)이 경과하면 그 계약은 (㊼)된 것으로 본다.

② 계속보험료가 약정한 시기에 지급되지 아니한 때에는 보험자는 상당한 기간을 정하여 (㊽)하고 그 기간 내에 지급되지 아니한 때에는 그 계약을 (㊾)할 수 있다.

③ 특정한 타인을 위한 보험의 경우에 보험계약자가 보험료의 지급을 지체한 때에는 보험자는 (㊿)에게도 상당한 기간을 정하여 보험료의 지급을 최고한 후가 아니면 그 계약을 해제 또는 해지하지 못한다.

16 제650조의2(보험계약의 부활)

제650조 제2항에 따라 보험계약이 해지되고 해지환급금이 지급되지 아니한 경우에 보험계약자는 일정한 기간 내에 연체보험료에 ((51)) 를 붙여 보험자에게 지급하고 그 계약의 부활을 청구할 수 있다. 제638조의2의 규정은 이 경우에 준용한다.

17 제651조(고지의무위반으로 인한 계약해지)

보험계약 당시에 ((52))가 고의 또는 중대한 과실로 인하여 중요한 사항을 고지하지 아니하거나 부실의 고지를 한 때에는 보험자는 그 사실을 안 날로부터 ((53)) 내에, 계약을 체결한 날로부터 ((54)) 내에 한하여 계약을 ((55))할 수 있다. 그러나 보험자가 계약 당시에 그 사실을 알았거나 중대한 과실로 인하여 알지 못한 때에는 그러하지 아니하다.

18 제651조의2(서면에 의한 질문의 효력)

보험자가 서면으로 질문한 사항은 중요한 사항으로 ((56))

19 제652조(위험변경증가의 통지와 계약해지)

① 보험기간 중에 ((57))가 사고발생의 위험이 현저하게 변경 또는 증가된 사실을 안 때에는 지체없이 보험자에게 통지하여야 한다. 이를 해태한 때에는 보험자는 그 사실을 안 날로부터 1월 내에 한하여 ((58)) 할 수 있다.

② 보험자가 제1항의 위험변경증가의 통지를 받은 때에는 1월 내에 ((59))할 수 있다.

20 제653조(보험계약자 등의 고의나 중과실로 인한 위험증가와 계약해지)

보험기간 중에 ((60))의 고의 또는 중대한 과실로 인하여 사고발생의 위험이 현저하게 변경 또는 증가된 때에는 보험자는 그 사실을 안 날부터 1월 내에 ((61))할 수 있다.

정답

㉙ 보험료를 수령, ㉚ 보험증권, ㉛ 의사표시를 수령, ㉜ 의사표시를 할, ㉝ 있다. , ㉞ 못한다. , ㉟ 제1항 제1호, ㊱ 소멸(감소 ×), ㊲ 그 후의(소급 ×), ㊳ 피보험자, ㊴ 보험수익자, ㊵ 언제든지, ㊶ 등의, ㊷ 보험증권, ㊸ 감액되지, ㊹ 미경과보험료, ㊺ 지체없이, ㊻ 2월, ㊼ 해제(해지 · 취소 · 무효 ×), ㊽ 보험계약자에게 최고, ㊾ 해지(해제 · 취소 · 무효 ×), ㊿ 그 타인, (51) 약정이자(법정이자 ×), (52) 보험계약자 또는 피보험자, (53) 1월, (54) 3년, (55) 해지, (56) 추정한다.(한다 · 본다 ×, 간주한다 ×), (57) 보험계약자 또는 피보험자(보험수익자 X), (58) 계약을 해지, (59) 보험료의 증액을 청구하거나 계약을 해지, (60) 보험계약자, 피보험자 또는 보험수익자(보험수익자 포함), (61) 보험료의 증액을 청구하거나 계약을 해지,

㉑ 제654조(보험자의 파산선고와 계약해지)

① 보험자가 파산의 선고를 받은 때에는 보험계약자는 계약을 (㉒)할 수 있다.

② 제1항의 규정에 의하여 해지하지 아니한 보험계약은 파산선고 후 (㉓)을 경과한 때에는 그 효력을 잃는다.

㉒ 제655조(계약해지와 보험금청구권)

보험사고가 발생한 후라도 보험자가 제650조, 제651조, 제652조 및 제653조에 따라 계약을 해지하였을 때에는 보험금을 지급할 (㉔) 이미 지급한 보험금의 반환을 청구할 수 있다. 다만, 고지의무(告知義務)를 위반한 사실 또는 위험이 현저하게 변경되거나 증가된 사실이 보험사고 발생에 영향을 미치지 아니하였음이 증명된 경우에는 보험금을 지급할 (㉕)

㉓ 제656조(보험료의 지급과 보험자의 책임개시)

보험자의 책임은 당사자 간에 다른 약정이 없으면 (㉖) 때로부터 개시한다.

㉔ 제657조(보험사고발생의 통지의무)

① (㉗)는 보험사고의 발생을 안 때에는 지체없이 보험자에게 그 통지를 발송하여야 한다.

② 보험계약자 또는 피보험자나 보험수익자가 제1항의 통지의무를 해태함으로 인하여 손해가 증가된 때에는 보험자는 그 증가된 손해를 (㉘)

㉕ 제658조(보험금액의 지급)

보험자는 보험금액의 지급에 관하여 약정기간이 있는 경우에는 그 기간 내에 약정기간이 없는 경우에는 제657조 제1항의 통지를 받은 후 지체없이 지급할 보험금액을 정하고 그 정하여진 날부터 (㉙) 내에 피보험자 또는 보험수익자에게 보험금액을 지급하여야 한다.

㉖ 제659조(보험자의 면책사유)

① 보험사고가 보험계약자 또는 피보험자나 보험수익자의 (㉚)로 인하여 생긴 때에는 보험자는 보험금액을 지급할 책임이 없다.

㉗ 제660조(전쟁위험 등으로 인한 면책)

보험사고가 전쟁 기타의 변란으로 인하여 생긴 때에는 (㉛) 보험자는 보험금액을 지급할 책임이 없다.

㉘ 제661조(재보험)

보험자는 보험사고로 인하여 부담할 책임에 대하여 다른 보험자와 재보험계약을 체결할 수 있다. 이 재보험계약은 원보험계약의 효력에 (㉜)

㉙ 제662조(소멸시효)

보험금청구권은 3년간, 보험료 또는 적립금의 반환청구권은 3년간, 보험료청구권은 (㉝) 행사하지 아니하면 시효의 완성으로 소멸한다.

30 **제663조(보험계약자 등의 불이익변경금지)**

이 편의 규정은 당사자 간의 특약으로 보험계약자 또는 피보험자나 보험수익자의 (⑭) 못한다. 그러나 (⑮) 기타 이와 유사한 보험의 경우에는 그러하지 아니하다.

31 **제664조(상호보험, 공제 등에의 준용)**

이 편(編)의 규정은 그 성질에 반하지 아니하는 범위에서 상호보험(相互保險), 공제(共濟), 그 밖에 이에 준하는 계약에 준용한다.

㉒ 해지(취소 X), ㉓ 3월, ㉔ 책임이 없고, ㉕ 책임이 있다. , ㉖ 최초의 보험로의 지급을 받은, ㉗ 보험계약자 또는 피보험자나 보험수익자, ㉘ 보상할 책임이 없다. , ㉙ 10일, ㉚ 고의 또는 중대한 과실, ㉛ 강사자 간에 다른 약정이 없으면(다른 약정이 있으면 지급), ㉜ 영향을 미치지 아니한다. ㉝ 2년간, ⑭ 불이익으로 변경하지, ⑮ 재보험 및 해상보험(당사자 간의 특약으로 불이익으로 변경할 수 있음).

2장 ▶ **손해보험 – 1절. 통칙**

1 **제665조(손해보험자의 책임)**

손해보험계약의 보험자는 보험사고로 인하여 생길 피보험자의 (①)를 보상할 책임이 있다.

2 **제666조(손해보험증권)**

손해보험증권에는 다음의 사항을 기재하고 보험자가 기명날인 또는 서명하여야 한다.
- 보험의 목적
- 보험사고의 성질
- 보험금액
- 보험료와 그 지급 방법
- 보험기간을 정한 때에는 그 시기와 종기
- 무효와 실권의 사유
- 보험계약자의 (②)
- 피보험자의 (②)
- 보험계약의 연월일
- (③)와 그 작성년월일

3 **제667조(상실이익 등의 불산입)**

보험사고로 인하여 상실된 피보험자가 얻을 이익이나 보수는 당사자 간에 다른 약정이 없으면 보험자가 보상할 손해액에 (④)

4 **제668조(보험계약의 목적)**

보험계약은 (⑤)으로 산정할 수 있는 이익에 한하여 보험계약의 목적으로 할 수 있다.

5 **제669조(초과보험)**

① 보험금액이 보험계약의 목적의 가액을 현저하게 초과한 때에는 보험자 또는 보험계약자는 (⑥)을 청구할 수 있다. 그러나 보험료의 감액은 장래에 대하여서만 그 효력이 있다.

② 제1항의 가액은 (⑦)의 가액에 의하여 정한다.

③ 보험가액이 보험기간 중에 현저하게 감소된 때에도 (⑧)

④ 제1항의 경우에 계약이 보험계약자의 사기로 인하여 체결된 때에는 그 계약은 (⑨)로 한다. 그러나 보험자는 그 사실을 안 때까지의 보험료를 청구할 수 (⑩)

6 **제670조(기평가보험)**

당사자 간에 보험가액을 정한 때에는 그 가액은 사고발생 시의 가액으로 정한 것으로 (⑪) 그러나 그 가액이 사고발생 시의 가액을 현저하게 초과할 때에는 (⑫)의 가액을 보험가액으로 한다.

7 **제671조(미평가보험)**

당사자 간에 보험가액을 정하지 아니한 때에는 (⑫)의 가액을 보험가액으로 한다.

8 **제672조(중복보험)**

① 동일한 보험계약의 목적과 동일한 사고에 관하여 수 개의 보험계약이 동시에 또는 순차로 체결된 경우에 그 (⑬)의 총액이 (⑭)을 초과한 때에는 보험자는 각자의 (⑬)의 한도에서 연대책임을 진다. 이 경우에는 각 보험자의 보상책임은 각자의 (⑬)의 비율에 따른다.

② 동일한 보험계약의 목적과 동일한 사고에 관하여 수 개의 보험계약을 체결하는 경우에는 보험계약자는 각 보험자에 대하여 각 보험계약의 내용을 (⑮)하여야 한다.

③ 제669조제4항의 규정은 제1항의 보험계약에 준용한다.

9 **제673조(중복보험과 보험자 1인에 대한 권리포기)**

제672조의 규정에 의한 수 개의 보험계약을 체결한 경우에 보험자 1인에 대한 권리의 포기는 다른 보험자의 권리의무에 (⑯) 아니한다.

10 **제674조(일부보험)**

보험가액의 일부를 보험에 붙인 경우에는 보험자는 (⑰) 비율에 따라 보상할 책임을 진다. 그러나 당사자 간에 다른 약정이 있는 때에는 보험자는 (⑱)의 한도 내에서 그 손해를 보상할 책임을 진다.

정답

① 재산상의 손해, ② 주소와 성명 또는 상호(주민등록번호 ×), ③ 보험증권의 작성지(보험계약의 체결지 ×), ④ 산입하지 아니한다. , ⑤ 금전, ⑥ 보험료와 보험금액의 감액, ⑦ 계약 당시(사고 발생 시 ×), ⑧ 제1항과 같다.(보험기간 중 보험가액의 감소로 인한 초과보험 인정), ⑨ 무효, ⑩ 있다. , ⑪ 추정한다.(한다, 본다 ×), ⑫ 사고발생 시(계약 체결 시 ×), ⑬ 보험금액, ⑭ 보험가액, ⑮ 통지, ⑯ 영향을 미치지, ⑰ 보험금액의 보험가액에 대한, ⑱ 보험금액

11 **제675조(사고발생 후의 목적멸실과 보상책임)**

보험의 목적에 관하여 보험자가 부담할 손해가 생긴 경우에는 그 후 그 목적이 보험자가 부담하지 아니하는 보험사고의 발생으로 인하여 멸실된 때에도 보험자는 이미 생긴 손해를 보상할 책임을 (⑲)

12 **제676조(손해액의 산정기준)**

① 보험자가 보상할 손해액은 그 손해가 발생한 (⑳)의 가액에 의하여 산정한다. 그러나 당사자 간에 다른 약정이 있는 때에는 그 (㉑)에 의하여 손해액을 산정할 수 있다.

② 제1항의 손해액의 산정에 관한 비용은 (㉒)의 부담으로 한다.

13 **제677조(보험료체납과 보상액의 공제)**

보험자가 손해를 보상할 경우에 보험료의 지급을 받지 아니한 잔액이 있으면 그 지급기일이 도래하지 아니한 때라도 보상할 금액에서 이를 (㉓)

14 **제678조(보험자의 면책사유)**

보험의 목적의 (㉔)로 인한 손해는 보험자가 이를 보상할 책임이 없다.

15 **제679조(보험목적의 양도)**

① 피보험자가 보험의 목적을 양도한 때에는 양수인은 보험계약상의 권리와 의무를 승계한 것으로 (㉕)

② 제1항의 경우에 보험의 목적의 (㉖)은 보험자에 대하여 지체 없이 그 사실을 통지하여야 한다.

16 **제680조(손해방지의무)**

① (㉗)는 손해의 방지와 경감을 위하여 노력하여야 한다. 그러나 이를 위하여 필요 또는 유익하였던 비용과 보상액이 보험금액을 초과한 경우라도 보험자가 이를 (㉘)

17 **제681조(보험목적에 관한 보험대위)**

보험의 목적의 (㉙)가 멸실한 경우에 보험금액의 (㉙)를 지급한 보험자는 그 목적에 대한 피보험자의 권리를 취득한다. 그러나 보험가액의 일부를 보험에 붙인 경우에는 보험자가 취득할 권리는 (㉚) 비율에 따라 이를 정한다.

18 **제682조(제3자에 대한 보험대위)**

① 손해가 제3자의 행위로 인하여 발생한 경우에 보험금을 지급한 보험자는 (㉛)의 한도에서 그 제3자에 대한 보험계약자 또는 피보험자의 권리를 취득한다. 다만, 보험자가 보상할 보험금의 일부를 지급한 경우에는 (㉜)하지 아니하는 범위에서 그 권리를 행사할 수 있다.

② 보험계약자나 피보험자의 제1항에 따른 권리가 그와 생계를 같이 하는 가족에 대한 것인 경우 보험자는 그 권리를 취득하지 못한다. 다만, 손해가 그 가족의 (㉝)로 인하여 발생한 경우에는 그러하지 아니하다.

정답

⑲ 면하지 못한다. , ⑳ 때와 곳, ㉑ 신품가액, ㉒ 보험자(보험계약자 ×), ㉓ 공제할 수 있다. , ㉔ 성질, 하자 또는 자연소모
㉕ 추정한다. , ㉖ 양도인 또는 양수인(양도인은 ×, 양수인은 ×), ㉗ 보험계약자와 피보험자, ㉘ 부담한다. , ㉙ 전부,
㉚ 보험금액의 보험가액에 대한, ㉛ 그 지급한 금액, ㉜ 피보험자의 권리를 침해, ㉝ 고의

① 제683조(화재보험자의 책임)

화재보험계약의 보험자는 화재로 인하여 생길 손해를 보상할 책임이 있다.

② 제684조(소방 등의 조치로 인한 손해의 보상)

보험자는 화재의 (①)에 필요한 조치로 인하여 생긴 손해를 보상할 책임이 있다.

③ 제685조(화재보험증권)

화재보험증권에는 제666조에 게기한 사항 외에 다음의 사항을 기재하여야 한다.

- 건물을 보험의 목적으로 한 때에는 그 (②)
- 동산을 보험의 목적으로 한 때에는 그 (③)
- 보험가액을 정한 때에는 그 가액

④ 제686조(집합보험의 목적)

집합된 물건을 일괄하여 보험의 목적으로 한 때에는 피보험자의 (④)과 (⑤)의 물건도 보험의 목적에 포함된 것으로 한다. 이 경우에는 그 보험은 그 (④) 또는 (⑤)을 위하여서도 체결한 것으로 본다.

⑤ 제687조(동전)

집합된 물건을 일괄하여 보험의 목적으로 한 때에는 그 목적에 속한 물건이 보험기간 중에 수시로 교체된 경우에도 (⑥) 시에 현존한 물건은 보험의 목적에 포함된 것으로 한다.

정답

① 소방 또는 손해의 감소, ② 소재지, 구조와 용도, ③ 존치한 장소의 상태와 용도, ④ 가족, ⑤ 사용인, ⑥ 보험사고의 발생 (계약 체결 시 ✕)

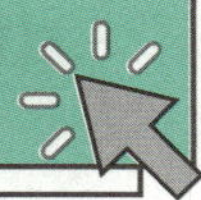

✓ **1. 보험에서 말하는 위험의 특징은?**

🖉 다수의 동질적 위험, 우연적 사고 위험, 측정 가능한 위험, 자연계의 이상 변동 등이 아닌 손실, 경제적 부담이 가능한 규모의 위험

✓ **2. 보험의 특성을 3개 이상 쓰시오.**

🖉 손실의 집단화, 위험의 분산, 위험의 전가, 실제 손실의 보상 등

✓ **3. 보험의 원칙 중 표본이 클수록 결과가 점점 예측된 확률에 가까워진다는 통계학에서 비롯된 원칙은?**

🖉 대수의 법칙

✓ **4. 보험의 원칙 중 '고지의무, 통지의무, 손해방지의무, 위험유지의무, 고의 · 중과실 사고에 보험자 면책, 사기로 인한 초과 · 중복보험의 무효 등'에서 알 수 있는 원칙은?**

🖉 신의성실의 원칙(최대선의 원칙)

✓ **5. 보험계약의 의의에 관한 내용이다. (   )을 알맞게 채우시오.**

보험계약은 당사자 일방이 약정한 보험료를 지급하고 재산 또는 생명이나 신체에 불확정한 사고가 발생할 경우에 상대방이 일정한 (   )를 지급할 것을 약정함으로써 효력이 생긴다.

🖉 보험금이나 그 밖의 급여

✓ 6. 상법 보험편에서 정하고 있는 보험자의 책임개시 시점은?

🅰 (당사자 간에 다른 약정이 없으면) 최초의 보험료의 지급을 받은 때

✓ 7. 다음은 보험계약의 법적 성질 중 무엇에 관한 내용인가?

- 계약 당사자 간의 급여 의무 또는 내용이 계약의 성립 전부터 불확실성에 의존하는 계약을 의미한다.
- 보험계약에서 보험금의 지급은 장래의 우연한 사고에 의해 이루어진다.

🅰 사행계약성

✓ 8. 보험자의 면책사유에 관한 내용이다. (   )을 알맞게 채우시오.

보험사고가 보험계약자 또는 피보험자나 보험수익자의 (   )로 인하여 생긴 때에는 보험자는 보험금액을 지급할 책임이 없다.

🅰 고의 또는 중대한 과실

✓ 9. 다음에서 말하는 보험계약의 원칙을 쓰시오.

이 편의 규정은 당사자 간의 특약으로 보험계약자 또는 피보험자나 보험수익자의 불이익으로 변경하지 못한다. 그러나 재보험 및 해상보험 기타 이와 유사한 보험의 경우에는 그러하지 아니하다.

🅰 제663조 '보험계약자 등의 불이익변경금지'의 원칙

✓ 10. 보험계약의 성질을 5개 이상 쓰시오.

🅰 불요식 · 낙성 계약, 사행계약성, 선의계약성, 상행위성(영업성), 유상 · 쌍무계약성, 계속계약성, 독립계약성, 부합계약성, 단체계약성

✓ 11. 다음은 중복보험에 관한 내용이다. 맞으면 O, 틀리면 X를 표기하시오.

(1) 보험계약자가 동일한 보험의 목적, 피보험이익, 동일한 사고, 보험기간에 대해 여러 보험회사와 각각 보험계약을 체결한 보험이다. (   )
(2) 보험가액의 합계액이 보험금액을 초과하는 경우이다. (   )
(3) 보험계약자와 각 보험회사 간의 각각 개별 계약이 체결된다. (   )
(4) 보험회사는 각자의 보험가액 한도 내에서 보험금액의 비율에 따라 연대책임을 진다. (   )
(5) 보험자 1인에 대한 권리포기는 다른 보험자의 권리와 의무에 영향을 주지 않는다. (   )

🄰 (1) O, (2) X, (3) O, (4) X, (5) O

✓ 12. 집합보험의 목적에 관한 내용이다. 맞으면 O, 틀리면 X를 표기하시오.

(1) 집합된 물건을 일괄하여 보험의 목적으로 한 때에는 피보험자의 가족과 사용인의 물건도 보험의 목적에 포함된 것으로 한다. (   )
(2) 이 경우에는 그 보험은 그 가족 또는 사용인을 위해서 체결된 것으로는 보지 않는다. (   )
(3) 집합된 물건을 일괄하여 보험의 목적으로 한 때에는 그 목적에 속한 물건이 보험기간 중에 수시로 교체된 경우에도 보험가입 시에 현존한 물건은 보험의 목적에 포함된 것으로 한다. (   )

🄰 (1) O, (2) X, (3) X

✓ 13. '원보험사가 보험 계약상 책임 일부를 다른 보험사에게 전가시키는 보험'을 무엇이라고 하는가?

🄰 재보험

✓ 14. 다음은 타인을 위한 보험에 관한 내용이다. 맞으면 O, 틀리면 X를 표기하시오.

(1) 보험계약자는 위임을 받지 아니하고 특정 또는 불특정의 타인을 위하여 보험계약을 체결할 수 없다. (   )
(2) 손해보험계약의 경우에 그 타인의 위임이 없는 때에는 보험계약자는 이를 보험자에게 고지하여야 하고, 그 고지가 없는 때에는 타인이 그 보험계약이 체결된 사실을 알지 못하였다는 사유로 보험자에게 대항하지 못한다. (   )
(3) 그 타인은 당연히 그 계약의 이익을 받는다. (   )
(4) 손해보험계약의 경우에 보험계약자가 그 타인에게 보험사고의 발생으로 생긴 손해의 배상을 한 때에는 보험계약자는 그 타인의 권리와 상관없이 보험금액의 지급을 청구할 수 있다. (   )
(5) 보험계약자가 파산선고를 받거나 보험료의 지급을 지체한 때어도 그 타인은 보험료를 지급할 의무가 없다. (   )

🄰 (1) X, (2) O, (3) O, (4) X, (5) X

✓ **15. 보험대리상이 아니면서 특정한 보험자를 위하여 계속적으로 보험계약의 체결을 중개하는 자 (보험모집인)가 갖는 권리는?**

🔁 보험자가 작성한 영수증을 보험계약자에게 교부하는 경우 보험계약자로부터 보험료를 수령할 수 있는 권한, 보험자가 작성한 보험증권을 보험계약자에게 교부할 수 있는 권한

✓ **16. 보험계약의 관계자를 직접 당사자와 직접 당사자 이외의 자로 나누어 쓰시오.**

🔁 직접 당사자: 보험자, 보험계약자
직접 당사자 이외의 자: 피보험자, 보험수익자, 보험자의 보조자

✓ **17. 보험자의 계약해지권이 행사될 수 있는 경우는?**

🔁 계속보험료 지급 지체, 고지의무 위반, 위험변경 · 증가 통지의무 위반, 위험유지의무위반(보험계약자 등의 고의나 중과실로 인한 위험증가)

✓ **18. 다음은 보험자의 약관교부 · 설명 의무 위반에 관한 내용이다. (   )를 채우시오.**

보험자의 약관교부 · 설명의무 위반 시 보험계약자는 (   ) 이내에 계약취소 가능하다.

🔁 계약이 성립한 날부터 3개월

✓ **19. 보험계약자가 보험기간 중 보험자에 대해 보험료의 감액을 청구할 수 있는 경우는?**

🔁 예기했던 특별 위험이 소멸된 경우, 보험기간 중 보험가액이 현저하게 감소된 경우

✓ **20. 보험계약 시 고지의무를 지는 의무자는?**

🔁 보험계약자, 피보험자, 대리인

✓ **21. 다음은 위험변경 · 증가의 통지의무 위반에 따른 조치이다. (　　)를 채우시오.**

위험변경 · 증가의 통지의무를 해태한 경우 보험자는 사실을 안 날로부터 1개월 내에 계약을 (　　)할 수 있다.

🖉 해지

✓ **22. 보험계약의 목적은 무엇인가?**

🖉 (피보험자가 갖는) 피보험이익

✓ **23. 보험사고의 객관적 확정의 효과에 관한 내용이다. (　　)를 채우시오.**

보험계약 당시에 보험사고가 이미 발생하였거나 또는 발생할 수 없는 것인 때에는 그 계약은 무효로 한다. 그러나 (　　)가 이를 알지 못한 때에는 그러하지 아니하다.

🖉 당사자 쌍방과 피보험자

✓ **24. 다음의 각 소멸시효를 쓰시오.**

(1) 보험금청구권　　　　　　　　　　　　　　　　　　　　　　　　　　　　(　　)
(2) 적립금 반환청구권　　　　　　　　　　　　　　　　　　　　　　　　　　(　　)
(3) 보험료청구권　　　　　　　　　　　　　　　　　　　　　　　　　　　　(　　)

🖉 (1) 3년, (2) 3년, (3) 2년

✓ **25. 보험료반환 청구의 조건을 쓰시오.**

🖉 보험계약의 전부 또는 일부가 무효인 경우에, 보험계약자 · 피보험자 · 보험수익자가 선의이며 중대한 과실이 없는 때 보험료의 전부 또는 일부의 반환을 청구할 수 있다.

✓ **26. 보험료 지급 지체에 관한 내용이다. (　　)를 채우시오.**

보험료 전부 또는 제1회 보험료 지급하지 않은 경우 다른 약정이 없는 한 계약성립 후 2개월 경과 시 계약은 (　　)된 것으로 본다.

🖉 해제

✓ **27. 다음에서 설명하는 보험의 종류는?**

- 계약 전의 어느 시기를 보험기간의 시기로 하는 보험이다.
- 보험자와 보험계약자, 피보험자가 보험계약 당시에 보험사고 발생을 알지 못한 것을 전제조건으로 한다.
- 보험자는 보험계약 성립 전의 보험사고에 대해서도 책임진다.

🔑 소급보험

✓ **28. 보험계약의 요소를 5개 이상 쓰시오.**

🔑 보험계약관계자, 보험의 목적, 보험사고, 피보험이익, 보험금액, 보험료, 보험기간, 보험료 기간

✓ **29. 보험계약의 성립 조건은?**

🔑 보험계약자의 청약+보험자의 승낙

✓ **30. 다음에서 설명하는 보험계약의 제도는 무엇인가?**

- 보험자의 승낙이 있기 전이라도 보험료의 전부 또는 일부를 받은 경우 보험자의 책임은 개시된다.
- 청약, 보험료 전부 또는 일부 납입, 거절할 사유가 없음의 조건을 충족해야 한다.
- 거절할 사유의 증명 책임은 보험자에게 있다.

🔑 승낙 전 보호제도

✓ **31. 고지의무 위반으로 인한 해지의 제척기간은?**

🔑 안 날로부터 1개월, 체결일로부터 3년

✓ **32. '보험계약의 공통적인 표준사항을 보험자가 미리 작성하여 놓은 정형적 · 일반적 · 보편적 · 표준적 계약조항'을 무엇이라고 하는가?**

🔑 보험약관

✓33. 다음은 약관의 효력에 관한 내용이다. 맞으면 O, 틀리면 X를 쓰시오.

(1) 약관은 계약성립과 동시에 계약 당사자에 대해 구속력을 갖는다. ( )
(2) 당사자 간의 합의가 없는 한 개정된 약관의 효력은 개정 전 계약에 영향을 미치지 않는다. ( )
(3) 인가받지 않은 약관은 강행규정 및 사회질서에 반하지 않는다 해도 사법상 효력이 없다. ( )
(4) 약관을 인지하지 못한 채 계약을 체결한 경우 상관습상 약관의 효력은 인정되지 않는다. ( )

🖉 (1) ✕(계약체결과 동시에), (2) O, (3) ✕, (4) ✕

✓34. 약관해석의 주요 원칙을 쓰시오.

🖉 신의성실의 원칙, 개별약정우선의 원칙, 작성자불이익의 원칙, 축소해석의 원칙, 객관적해석의 원칙

✓35. 보험증권의 재교부 청구에 관한 내용이다. ( )를 채우시오.

보험증권을 멸실 또는 현저하게 훼손한 때에는 보험계약자는 보험자에 대하여 증권의 재교부를 청구할 수 있다. 그 증권작성의 비용은 ( )의 부담으로 한다.

🖉 보험계약자

✓36. 보험자의 보험약관 교부 · 설명 의무의 대상자는?

🖉 보험계약자

✓37. 보험자의 보험증권 작성 · 교부 의무의 발생 시점은?

🖉 보험료의 전부 또는 최초의 보험료를 지급 받은 후

✓ **38. 다음은 보험료의 지급과 지체의 효과에 관한 내용이다. 맞으면 O, 틀리면 X를 쓰시오.**

(1) 최초보험료가 약정한 시기에 지급되지 아니한 때에는 보험자는 상당한 기간을 정하여 보험계약자에게 최고하고 그 기간 내에 지급되지 아니한 때에는 그 계약을 해지할 수 있다. (　　　)

(2) 특정한 타인을 위한 보험의 경우에 보험계약자가 보험료의 지급을 지체한 때에는 보험자는 그 타인에게도 상당한 기간을 정하여 보험료의 지급을 최고한 후가 아니면 그 계약을 해제 또는 해지하지 못한다. (　　　)

📝 (1) X, (2) O

✓ **39. 보험기간 중 사고 발생위험이 현저히 변경 · 증가되었음을 통지받은 경우, 보험자가 취할 수 있는 조치는?**

📝 통지받은 후 1월 내에 보험료의 증액을 청구하거나 계약을 해지

✓ **40. 보험사고 발생 통지의무자는?**

📝 보험계약자, 피보험자, 보험수익자

✓ **41. 다음 (　　　)의 내용 중 맞는 것은?**

보험자가 파산의 선고를 받은 때에는 보험계약자는 계약을 (해지, 해제, 취소, 철회) 할 수 있다.

📝 해지

✓ **42. 보험목적의 양도에 관한 내용이다. (　　　)를 채우시오.**

피보험자가 보험의 목적을 양도한 때에는 (　①　)은 보험계약상의 권리와 의무를 (　②　)한 것으로 추정한다.

📝 ① 양수인, ② 승계

✓ **43. 보험계약 부활이 가능하려면 갖춰야 하는 요건은?**

🅐 계속보험료 지급 지체로 인해 보험이 해지, 해지환급금이 지급되지 않음, 연체보험료와 약정이자의 지급, 보험계약자의 청약, 보험자의 승낙

✓ **44. 손해보험의 '타인을 위한 보험계약'에서 타인의 의미를 쓰시오.**

🅐 피보험자가 타인인 경우를 의미

✓ **45. 보험자가 보험의 목적 또는 제3자에 대해 가지는 법률상의 권리를 취득하는 것을 무엇이라고 하는가?**

🅐 보험(자)대위 (보험목적에 대한 보험대위, 제3자에 대한 보험대위)

✓ **46. 다음은 보험목적에 관한 보험대위의 요건이다. (   )를 채우시오.**
- 보험의 목적이 전부 멸실
- 보험금액의 전부 지급
- 일부보험의 경우 보험자가 취득할 권리는 (①   )의 (②   )에 대한 비율에 따름

🅐 ① 보험금액, ② 보험가액

✓ **47. 다음은 기평가보험에 관한 내용이다. 틀린 부분을 찾아 바르게 수정하시오.**

당사자 간에 보험가액을 정한 때에는 그 가액은 사고 발생 시의 가액으로 정한 것으로 간주한다. 그러나 그 가액이 사고 발생 시의 가액을 현저하게 초과할 때에는 계약 체결 시의 가액을 보험가액으로 한다.

🅐 간주 → 추정, 계약 체결 → 사고 발생

✓ **48. '피보험이익을 금전으로 평가한 가액으로, 보상액의 법률상 최고 한도액'을 의미하는 용어는?**

🅐 보험가액

✓ **49. 초과보험이 발생할 수 있는 경우는?**

🖪 계약체결 시의 보험금액이 보험가액을 현저하게 초과하는 경우, 보험가액이 보험기간 중에 현저하게 감소된 경우

✓ **50. 손해액 산정의 원칙이다. (   )에 알맞은 단어는?**

- 보험자가 보상할 손해액은 그 손해가 발생한 때와 곳의 (①)에 따라 산정한다.
- 그러나 당사자 간에 다른 약정이 있는 때에는 그 (②)에 의하여 손해액을 산정할 수 있다.
- 손해액의 산정에 관한 비용은 (③)의 부담으로 한다.

🖪 ① 가액, ② 신품가액, ③ 보험자

✓ **51. 보험(자)대위의 종류를 쓰시오.**

🖪 목적물대위(잔존물대위 보험목적에 대한 보험대위), 청구권대위(제3자에 대한 보험대위)

✓ **52. 청구권 대위(제3자에 대한 대위)에 관한 다음 (   )를 채우시오.**

(1) 피보험자의 손해가 제3자의 행위로 인한 것이다. 법률에서 정하는 제3자란 (   )을(를) 의미한다.
(2) 보험자가 보상할 보험금의 일부를 지급한 경우에는 (   )의 권리를 침해하지 아니하는 범위에서 그 권리를 행사할 수 있다.
(3) 보험계약자나 피보험자의 제1항에 따른 권리가 그와 생계를 같이 하는 가족에 대한 것인 경우 보험자는 그 권리를 취득하지 못한다. 다만, 손해가 그 가족의 (   )로 인하여 발생한 경우에는 그러하지 아니하다.

🖪 (1) 보험자, 보험계약자, 피보험자 이외의 자, (2) 피보험자, (3) 고의

✓ **53. 청구권 대위(제3자에 대한 대위)에서 보험금 지급전에 피보험자 등이 제3자에 대한 권리를 행사 또는 처분한 경우 보험자가 취할 수 있는 조치는?**

🖪 보험자는 지급할 보험금에서 공제할 수 있다.

√ **54. 손해방지 · 경감 의무의 의무해당자는?**

🖉 보험계약자, 피보험자

√ **55. 보험(자)대위에 적용되는 보험의 일반 원칙은?**

🖉 이득금지의 원칙

√ **56. 손해방지 · 경감 의무가 발생하는 시기는?**

🖉 보험사고가 발생한 때로부터

√ **57. '보험계약의 무효로 인한 보험료 반환 청구'에 관한 내용이다. 맞으면 O, 틀리면 X를 쓰시오.**
  (1) 보험계약의 전부 또는 일부가 무효인 경우에 보험계약자와 피브험자가 선의이며 중대한 과실이 없는 때에
      는 보험자에 대하여 보험료의 전부 또는 일부의 반환을 청구할 수 있다.   (   )
  (2) 보험수익자는 보험료 반환 청구권이 없다.   (   )

🖉 (1) O, (2) ×

√ **58. 화재보험의 보험의 목적에 관한 설명이다. 맞으면 O, 틀리면 X를 쓰시오.**

  (1) 상법에는 건물과 부동산으로 규정하고 있다.   (   )
  (2) 그러나 이에 한하지 않고 불에 탈 수 있는 유체물은 모두 보험의 목적이 될 수 없다.   (   )
  (3) 건물을 보험의 목적으로 한 때에는 보험증권에 기재해야 하는 것은 그 구조와 용도이다.   (   )
  (4) 보험가액을 정한 때에는 그 가액을 보험증권에 기재해야 한다.   (   )

🖉 (1) ×(건물과 동산), (2) ×, (3) ×, (4) O

✓ **59. 화재보험계약 보험자의 보상책임의 범위에 관한 내용이다. 맞으면 O, 틀리면 X를 쓰시오.**

(1) 화재와 손해 간에 상당한 인과관계가 있어야 한다.　　　　　　　　　　　　　　　　(　　　)
(2) 인과관계가 있는 직접적 손해만 보상한다.　　　　　　　　　　　　　　　　　　　　(　　　)
(3) 소방비용 등의 보상책임도 인정된다.　　　　　　　　　　　　　　　　　　　　　　(　　　)

답 (1) ○, (2) ×, (3) ○

✓ **60. 제3자에게 손해배상책임을 짐으로써 입은 간접손해를 보상하는 보험의 명칭은?**

답 책임보험

✓ **61. 책임보험의 보험의 목적은 무엇인가?**

답 피보험자가 제3자에 대해 지는 배상책임

✓ **62. 다음 (　　　)에 알맞은 단어를 채우시오.**

제720조 (피보험자가 지출한 방어비용의 부담)
① 피보험자가 제3자의 청구를 방어하기 위하여 지출한 재판상 또는 재판 외의 필요비용은 보험의 목적에 포함된 것으로 한다. 피보험자는 보험자에 대하여 그 비용의 (　①　)을 청구할 수 있다.
제721조(영업책임보험의 목적)
피보험자가 경영하는 사업에 관한 책임을 보험의 목적으로 한 때에는 피보험자의 (　②　)의 제3자에 대한 책임도 보험의 목적에 포함된 것으로 한다.

답 ① 선급, ② 대리인 또는 그 사업감독자

✓ 63. 책임보험계약에 있어서 보험자와 제3자와의 관계에 관한 내용이다. 틀린 부분을 찾아 바르게 수정하시오.

제724조(보험자와 제3자와의 관계)

① 보험자는 피보험자가 책임을 질 사고로 인하여 생긴 손해에 대하여 제3자가 그 배상을 받기 전에는 보험금액의 전부 또는 일부를 피보험자에게 지급할 수 있다.

② 제3자는 피보험자가 책임을 질 사고로 입은 손해에 대하여 보험가액의 한도 내에서 보험자에게 직접 보상을 청구할 수 있다. 그러나 보험자는 피보험자가 그 사고에 관하여 가지는 항변으로써 제3자에게 대항할 수 있다.

답 ① 피보험자에게 지급할 수 있다. → 피보험자에게 지급하지 못한다.
　② 보험가액의 한도 내에서 → 보험금액의 한도 내에서

✓ 64. '재보험은 (　　　)의 규정을 준용한다.' (　　　)를 알맞게 채우시오.

답 책임보험

✓ 65. 다음은 재보험에서 원보험자와 재보험자의 관계에 관한 내용이다. 맞으면 O, 틀리면 X를 쓰시오.

(1) 원보험자는 원보험료의 지급이 없음을 이유로 재보험료의 지급을 거절할 수 없다. 　　　　　(　)

(2) 원보험자는 재보험자의 재보험금 부지급을 이유로 원보험의 피보험자에게 보험금의 지급을 거절할 수 있다.
　　　(　)

(3) 재보험자는 원보험자의 재보험료 부지급을 이유로 원보험의 계약자에게 재보험료의 지급을 청구할 수 없다.
　　　　　　　　(　)

답 (1) O, (2) X, (3) O

농어업재해보험법령

Ⅰ. 법령 뽀개기

1장 ▶ 농어업재해보험법(법률)

① 제1조(목적)

이 법은 농어업재해로 인하여 발생하는 농작물, 임산물, (①), 가축과 농어업용 시설물의 피해에 따른 손해를 보상하기 위한 농어업재해보험에 관한 사항을 규정함으로써 농어업 경영의 안정과 생산성 향상에 이바지하고 국민경제의 균형 있는 발전에 기여함을 목적으로 한다.

② 제2조(정의)

이 법에서 사용하는 용어의 뜻은 다음과 같다.

- "농어업재해"란 농작물 · 임산물 · 가축 및 농업용 시설물에 발생하는 자연재해 · 병충해 · 조수해(鳥獸害) · (②)(이하 "농업재해"라 한다)와 양식수산물 및 (③)에 발생하는 자연재해 · 질병 또는 화재(이하 "어업재해"라 한다)를 말한다.
- "농어업재해보험"이란 농어업재해로 발생하는 (④) 피해에 따른 손해를 보상하기 위한 보험을 말한다.
- "보험가입금액"이란 보험가입자의 재산 피해에 따른 손해가 발생한 경우 보험에서 최대로 보상할 수 있는 한도액으로서 보험가입자와 보험사업자 간에 약정한 금액을 말한다.
- "보험료"란 보험가입자와 보험사업자 간의 약정에 따라 보험가입자가 보험사업자에게 내야 하는 금액을 말한다.
- "보험금"이란 보험가입자에게 재해로 인한 재산 피해에 따른 손해가 발생한 경우 보험가입자와 보험사업자 간의 약정에 따라 보험사업자가 보험가입자에게 지급하는 금액을 말한다.
- "시범사업"이란 농어업재해보험사업(이하 "재해보험사업"이라 한다)을 전국적으로 실시하기 전에 (⑤) 등을 검증하기 위하여 일정 기간 제한된 지역에서 실시하는 보험사업을 말한다.

❸ 제2조의2(기본계획 및 시행계획의 수립ㆍ시행)

① 농림축산식품부장관과 해양수산부장관은 농어업재해보험(이하 "재해보험"이라 한다)의 활성화를 위하여 제3조에 따른 농업재해보험심의회 또는 「수산업ㆍ어촌 발전 기본법」 제8조제1항에 따른 중앙 수산업ㆍ어촌정책심의회의 심의를 거쳐 재해보험 발전 기본계획(이하 "기본계획"이라 한다)을 (　⑥　)마다 수립ㆍ시행하여야 한다.

② 기본계획에는 다음 각 호의 사항이 포함되어야 한다.

- 재해보험사업의 발전 방향 및 목표
- 재해보험의 (　⑦　) 제고 방안에 관한 사항
- 재해보험의 대상 품목 및 대상 지역에 관한 사항
- 재해보험사업에 대한 지원 및 평가에 관한 사항
- 그 밖에 재해보험 활성화를 위하여 농림축산식품부장관 또는 해양수산부장관이 필요하다고 인정하는 사항

③ 농림축산식품부장관과 해양수산부장관은 기본계획에 따라 (　⑧　) 재해보험 발전 시행계획(이하 "시행계획"이라 한다)을 수립ㆍ시행하여야 한다.

④ 농림축산식품부장관과 해양수산부장관은 기본계획 및 시행계획을 수립하고자 할 경우 제26조에 따른 통계자료를 반영하여야 한다.

⑤ 농림축산식품부장관 또는 해양수산부장관은 기본계획 및 시행계획의 수립ㆍ시행을 위하여 필요한 경우에는 관계 중앙행정기관의 장, 지방자치단체의 장, 관련 기관ㆍ단체의 장에게 관련 자료 및 정보의 제공을 요청할 수 있다. 이 경우 자료 및 정보의 제공을 요청받은 자는 특별한 사유가 없으면 그 요청에 따라야 한다.

⑥ 그 밖에 기본계획 및 시행계획의 수립ㆍ시행에 필요한 사항은 다통령령으로 정한다.

❹ 제2조의3(재해보험 등의 심의)

재해보험 및 농어업재해재보험(이하 "재보험"이라 한다)에 관한 다음 각 호의 사항은 제3조에 따른 농업재해보험심의회 또는 「수산업ㆍ어촌 발전 기본법」 제8조제1항에 따른 중앙 수산업ㆍ어촌정책심의회의 심의를 거쳐야 한다.

- 재해보험에서 (　⑨　)의 범위에 관한 사항
- 재해보험사업에 대한 재정지원에 관한 사항
- (　⑩　)의 방법과 절차에 관한 사항
- 농어업재해재보험사업(이하 "재보험사업"이라 한다)에 대한 정부의 (　⑪　)에 관한 사항
- 재보험사업 관련 자금의 수입과 지출의 적정성에 관한 사항
- 그 밖에 제3조에 따른 농업재해보험심의회의 위원장 또는 「수산업ㆍ어촌 발전 기본법」 제8조제1항에 따른 중앙 수산업ㆍ어촌정책심의회의 위원장이 재해보험 및 재보험에 관하여 회의에 부치는 사항

⑤ 제3조(농업재해보험심의회)

① 농업재해보험 및 농업재해재보험에 관한 다음 각 호의 사항을 심의하기 위하여 농림축산식품부장관 소속으로 농업재해보험심의회(이하 이 조에서 "심의회"라 한다)를 둔다.
- 제2조의3 각 호의 사항
- (　⑫　)의 선정에 관한 사항
- 기본계획의 수립·시행에 관한 사항
- 다른 법령에서 심의회의 심의사항으로 정하고 있는 사항

② 심의회는 위원장 및 부위원장 각 1명을 포함한 21명 이내의 위원으로 구성한다.

③ 심의회의 위원장은 (　⑬　)으로 하고, 부위원장은 위원 중에서 호선(互選)한다.

④ 심의회의 위원은 다음 각 호의 어느 하나에 해당하는 사람 중에서 농림축산식품부장관이 임명하거나 위촉하는 사람으로 한다. 이 경우 다음 각 호에 해당하는 사람이 각각 1명 이상 포함되어야 한다.
- (　⑭　)이 재해보험이나 농업에 관한 학식과 경험이 풍부하다고 인정하는 사람
- 농림축산식품부의 재해보험을 담당하는 3급 공무원 또는 고위공무원단에 속하는 공무원
- 자연재해 또는 보험 관련 업무를 담당하는 기획재정부·행정안전부·해양수산부·금융위원회·산림청의 3급 공무원 또는 고위공무원단에 속하는 공무원
- 농림축산업인단체의 대표

⑤ 제4항제1호의 위원의 임기는 3년으로 한다.

⑥ 심의회는 그 심의 사항을 검토·조정하고, 심의회의 심의를 보조하게 하기 위하여 심의회에 다음 각 호의 분과위원회를 둔다.
- 농작물재해보험분과위원회
- 임산물재해보험분과위원회
- (　⑮　)
- 그 밖에 대통령령으로 정하는 바에 따라 두는 분과위원회

⑦ 심의회는 제1항 각 호의 사항을 심의하기 위하여 필요한 경우에는 농업재해보험에 관하여 전문지식이 있는 자, 농업인 또는 이해관계자의 의견을 들을 수 있다.

⑧ 제1항부터 제7항까지에서 규정한 사항 외에 심의회 및 분과위원회의 구성과 운영 등에 필요한 사항은 대통령령으로 정한다.

정답

① 양식수산물, ② 질병 또는 화재, ③ 어업용 시설물, ④ 재산, ⑤ 보험의 효용성 및 보험 실시 가능성, ⑥ 5년, ⑦ 종류별 가입률, ⑧ 매년, ⑨ 보상하는 재해, ⑩ 손해평가, ⑪ 책임범위, ⑫ 재해보험 목적물, ⑬ 농림축산식품부차관, ⑭ 농림축산식품부장관, ⑮ 가축재해보험분과위원회

6 **제4조(재해보험의 종류 등)**

재해보험의 종류는 농작물재해보험, 임산물재해보험, 가축재해보험 및 양식수산물재해보험으로 한다. 이 중 (①)과 관련된 사항은 농림축산식품부장관이, 양식수산물재해보험과 관련된 사항은 해양수산부장관이 각각 관장한다.

7 **제5조(보험목적물)**

① 보험목적물은 다음 각 호의 구분에 따르되, 그 구체적인 범위는 보험의 효용성 및 보험 실시 가능성 등을 종합적으로 고려하여 제3조에 따른 농업재해보험심의회 또는 「수산업 · 어촌 발전 기본법」 제8조제1항에 따른 중앙 수산업 · 어촌정책심의회를 거쳐 농림축산식품부장관 또는 해양수산부장관이 고시한다.

- 농작물재해보험 : 농작물 및 농업용 시설물
- 임산물재해보험 : 임산물 및 임업용 시설물
- 가축재해보험 : 가축 및 (②)
- 양식수산물재해보험 : 양식수산물 및 (③)

② 정부는 보험목적물의 범위를 확대하기 위하여 노력하여야 한다.

8 **제6조(보상의 범위 등)**

① 재해보험에서 보상하는 재해의 범위는 해당 재해의 발생 빈도, 피해 정도 및 객관적인 손해평가방법 등을 고려하여 (④)별로 대통령령으로 정한다.

② 정부는 재해보험에서 보상하는 재해의 범위를 확대하기 위하여 노력하여야 한다.

9 **제7조(보험가입자)**

재해보험에 가입할 수 있는 자는 (⑤)에 종사하는 개인 또는 법인으로 하고, 구체적인 보험가입자의 기준은 대통령령으로 정한다.

10 **제8조(보험사업자)**

① 재해보험사업을 할 수 있는 자는 다음 각 호와 같다.

- 「수산업협동조합법」에 따른 수산업협동조합중앙회(이하 "수협중앙회"라 한다)
- 「산림조합법」에 따른 산림조합중앙회
- 「보험업법」에 따른 (⑥)

② 제1항에 따라 재해보험사업을 하려는 자는 농림축산식품부장관 또는 해양수산부장관과 재해보험사업의 약정을 체결하여야 한다.

③ 제2항에 따른 약정을 체결하려는 자는 다음 각 호의 서류를 농림축산식품부장관 또는 해양수산부장관에게 제출하여야 한다.

- 사업방법서, (⑦), 보험료 및 책임준비금산출방법서
- 그 밖에 대통령령으로 정하는 서류

④ 제2항에 따른 재해보험사업의 약정을 체결하는 데 필요한 사항은 대통령령으로 정한다.

정답

① 농작물재해보험, 임산물재해보험 및 가축재해보험, ② 축산시설물, ③ 양식시설물, ④ 재해보험의 종류, ⑤ 농림업, 축산업, 양식수산업, ⑥ 보험회사, ⑦ 보험약관

⑪ 제9조(보험료율의 산정)

① 제8조제2항에 따라 농림축산식품부장관 또는 해양수산부장관과 재해보험사업의 약정을 체결한 자(이하 "재해보험사업자"라 한다)는 재해보험의 보험료율을 객관적이고 합리적인 통계자료를 기초로 하여 (①)로 산정하되, 다음 각 호의 구분에 따른 단위로 산정하여야 한다.

- 행정구역 단위 : 특별시·광역시·도·특별자치도 또는 시(특별자치시와 「제주특별자치도 설치 및 국제자유도시 조성을 위한 특별법」 제10조제2항에 따라 설치된 행정시를 포함한다)·군·자치구. 다만, 「보험업법」 제129조에 따른 보험료율 산출의 원칙에 부합하는 경우에는 자치구가 아닌 (②) 단위로도 보험료율을 산정할 수 있다.
- (③) 단위 : 농림축산식품부장관 또는 해양수산부장관이 행정구역 단위와는 따로 구분하여 고시하는 지역 단위

② 재해보험사업자는 보험약관안과 보험료율안에 대통령령으로 정하는 변경이 예정된 경우 이를 공고하고 필요한 경우 이해관계자의 의견을 수렴하여야 한다.

⑫ 제10조(보험모집)

① 재해보험을 모집할 수 있는 자는 다음 각 호와 같다.

- (④)와 그 회원조합의 임직원, (⑤)와 그 회원조합 및 「수산업협동조합법」에 따라 설립된 (⑥)의 임직원
- 「수산업협동조합법」 제60조(제108조, 제113조 및 제168조에 따라 준용되는 경우를 포함한다)의 공제규약에 따른 공제모집인으로서 수협중앙회장 또는 그 회원조합장이 인정하는 자
- 「산림조합법」 제48조(제122조에 따라 준용되는 경우를 포함한다)의 공제규정에 따른 공제모집인으로서 산림조합중앙회장이나 그 회원조합장이 인정하는 자
- 「보험업법」 제83조제1항에 따라 보험을 모집할 수 있는 자

② 제1항에 따라 재해보험의 모집 업무에 종사하는 자가 사용하는 재해보험 안내자료 및 금지행위에 관하여는 「보험업법」 제95조·제97조, 제98조 및 「금융소비자 보호에 관한 법률」 제21조를 준용한다. 다만, 재해보험사업자가 수협중앙회, 산림조합중앙회인 경우에는 「보험업법」 제95조제1항제5호를 준용하지 아니하며, 「농업협동조합법」, 「수산업협동조합법」, 「산림조합법」에 따른 조합이 그 조합원에게 이 법에 따른 보험상품의 보험료 일부를 지원하는 경우에는 「보험업법」 제98조에도 불구하고 해당 보험계약의 체결 또는 모집과 관련한 특별이익의 제공으로 (⑦)

⑬ 제10조의2(사고예방의무 등)

① 보험가입자는 재해로 인한 사고의 예방을 위하여 노력하여야 한다.

② 재해보험사업자는 사고 예방을 위하여 보험가입자가 납입한 보험료의 일부를 (⑧)

14 ### 제11조(손해평가 등)

① 재해보험사업자는 보험목적물에 관한 지식과 경험을 갖춘 사람 또는 그 밖의 관계 전문가를 (⑨)으로 위촉하여 손해평가를 담당하게 하거나 제11조의2에 따른 손해평가사(이하 "손해평가사"라 한다) 또는 「보험업법」 제186조에 따른 (⑩)에게 손해평가를 담당하게 할 수 있다.

② 제1항에 따른 (⑨)과 손해평가사 및 「보험업법」 제186조에 따른 (⑩)는 농림축산식품부장관 또는 해양수산부장관이 정하여 고시하는 손해평가 요령에 따라 손해평가를 하여야 한다. 이 경우 공정하고 객관적으로 손해평가를 하여야 하며, 고의로 진실을 숨기거나 거짓으로 손해평가를 하여서는 아니 된다.

③ 재해보험사업자는 공정하고 객관적인 손해평가를 위하여 (⑪) 시 · 군 · 구(자치구를 말한다) 내에서 교차손해평가 ((⑫) 상호 간에 담당 지역을 교차하여 평가하는 것을 말한다. 이하 같다)를 수행할 수 있다. 이 경우 교차손해평가의 절차 · 방법 등에 필요한 사항은 농림축산식품부장관 또는 해양수산부장관이 정한다.

④ 농림축산식품부장관 또는 해양수산부장관은 제2항에 따른 손허평가 요령을 고시하려면 미리 (⑬)와 협의하여야 한다.

⑤ 농림축산식품부장관 또는 해양수산부장관은 제1항에 따른 손허평가인이 공정하고 객관적인 손해평가를 수행할 수 있도록 연 (⑭) 이상 정기교육을 실시하여야 한다.

⑥ 농림축산식품부장관 또는 해양수산부장관은 손해평가인 간의 손해평가에 관한 기술 · 정보의 교환을 지원 (⑮)

⑦ 제1항에 따라 손해평가인으로 위촉될 수 있는 사람의 자격 요건, 제5항에 따른 정기교육, 제6항에 따른 기술 · 정보의 교환 지원 및 손해평가 실무교육 등에 필요한 사항은 대통령령으로 정한다.

15 ### 제11조의2(손해평가사)

(⑯)은 공정하고 객관적인 손해평가를 촉진하기 위하여 손해평가사 제도를 운영한다.

16 ### 제11조의3(손해평가사의 업무)

손해평가사는 농작물재해보험 및 가축재해보험에 관하여 다음 각 호의 업무를 수행한다.

- 피해사실의 확인
- (①)의 평가
- 그 밖의 손해평가에 필요한 사항

⑰ 제11조의4(손해평가사의 시험 등)

① 손해평가사가 되려는 사람은 농림축산식품부장관이 실시하는 손해평가사 자격시험에 합격하여야 한다.

② 보험목적물 또는 관련 분야에 관한 전문 지식과 경험을 갖추었다고 인정되는 대통령령으로 정하는 기준에 해당하는 사람에게는 손해평가사 자격시험 과목의 일부를 면제할 수 있다.

③ 농림축산식품부장관은 다음 각 호의 어느 하나에 해당하는 사람에 대하여는 그 시험을 정지시키거나 무효로 하고 그 처분 사실을 지체 없이 알려야 한다.
- (②) 방법 으로 시험에 응시한 사람
- 시험에서 (②) 행위를 한 사람

④ 다음 각 호에 해당하는 사람은 그 처분이 있은 날부터 (③)이 지나지 아니한 경우 제1항에 따른 손해평가사 자격시험에 응시하지 못한다.
- 제3항에 따라 (④) 처분을 받은 사람
- 제11조의5에 따라 손해평가사 (⑤)된 사람

⑤ 제1항 및 제2항에 따른 손해평가사 자격시험의 실시, 응시수수료, 시험과목, 시험과목의 면제, 시험방법, 합격기준 및 자격증 발급 등에 필요한 사항은 대통령령으로 정한다.

⑥ 손해평가사는 다른 사람에게 그 명의를 사용하게 하거나 다른 사람에게 그 자격증을 대여해서는 아니 된다.

⑦ 누구든지 손해평가사의 자격을 취득하지 아니하고 그 명의를 사용하거나 자격증을 대여받아서는 아니 되며, 명의의 사용이나 자격증의 대여를 알선해서도 아니 된다.

⑱ 제11조의5(손해평가사의 자격 취소)

① 농림축산식품부장관은 다음 각 호의 어느 하나에 해당하는 사람에 대하여 손해평가사 자격을 취소할 수 있다. 다만, 제1호 및 제5호에 해당하는 경우에는 자격을 (⑥)
- 손해평가사의 자격을 (⑦) 취득한 사람
- 거짓으로 손해평가를 한 사람
- 제11조의4제6항을 위반하여 다른 사람에게 손해평가사의 명의를 사용하게 하거나 그 자격증을 대여한 사람
- 제11조의4제7항을 위반하여 손해평가사 명의의 사용이나 자격증의 대여를 알선한 사람
- (⑧) 중에 손해평가 업무를 수행한 사람

② 제1항에 따른 자격 취소 처분의 세부 기준은 대통령령으로 정한다.

⑲ 제11조의6(손해평가사의 감독)

① 농림축산식품부장관은 손해평가사가 그 직무를 게을리하거나 직무를 수행하면서 부적절한 행위를 하였다고 인정하면 (⑨)의 기간을 정하여 업무의 정지를 명할 수 있다.

② 제1항에 따른 업무 정지 처분의 세부 기준은 대통령령으로 정한다.

20 **제11조의7(보험금수급전용계좌)**

① (　⑩　)는 수급권자의 신청이 있는 경우에는 보험금을 수급권자 명의의 지정된 계좌(이하 "보험금수급전용계좌"라 한다)로 입금하여야 한다. 다만, 정보통신장애나 그 밖에 대통령령으로 정하는 불가피한 사유로 보험금을 보험금수급계좌로 이체할 수 없을 때에는 (　⑪　)지급 등 대통령령으로 정하는 바에 따라 보험금을 지급할 수 있다.

② 보험금수급전용계좌의 해당 금융기관은 (　⑫　)만이 보험금수급전용계좌에 입금되도록 관리하여야 한다.

③ 제1항에 따른 신청의 방법ㆍ절차와 제2항에 따른 보험금수급전용계좌의 관리에 필요한 사항은 대통령령으로 정한다.

① 보험가액 및 손해액, ② 부정한, ③ 2년, ④ 정지ㆍ무효, ⑤ 자격이 취소, ⑥ 취소하여야 한다. , ⑦ 거짓 또는 부정한 방법으로, ⑧ 업무정지 기간, ⑨ 1년 이내, ⑩ 재해보험사업자, ⑪ 현금, ⑫ 이 법에 따른 보험금

21 **제11조의8(손해평가에 대한 이의신청)**

① 제11조제2항에 따른 손해평가 결과에 이의가 있는 보험가입자는 (　①　)에게 재평가를 요청할 수 있으며, (　①　)는 특별한 사정이 없으면 (　②　) 요청에 따라야 한다.

② 제1항의 (　②　)를 수행하였음에도 이의가 해결되지 아니하는 경우 보험가입자는 농림축산식품부장관 또는 해양수산부장관이 정하는 기관에 이의신청을 할 수 있다.

③ 신청요건, 절차, 방법 등 이의신청 처리에 관한 구체적인 사항은 농림축산식품부장관 또는 해양수산부장관이 정하여 고시한다.

22 **제12조(수급권의 보호)**

① 재해보험의 보험금을 지급받을 권리는 압류할 수 없다. 다만, (　③　)에는 그러하지 아니하다.

② 제11조의7제1항에 따라 지정된 보험금수급전용계좌의 예금 중 대통령령으로 정하는 액수 이하의 금액에 관한 채권은 압류할 수 없다.

23 **제13조(보험목적물의 양도에 따른 권리 및 의무의 승계)**

재해보험가입자가 재해보험에 가입된 보험목적물을 양도하는 경우 그 양수인은 재해보험계약에 관한 양도인의 권리 및 의무를 승계한 것으로 (　④　)

24 **제14조(업무 위탁)**

재해보험사업자는 재해보험사업을 원활히 수행하기 위하여 필요한 경우에는 (　⑤　) 등 재해보험 업무의 일부를 대통령령으로 정하는 자에게 위탁할 수 있다.

25 **제15조(회계 구분)**

재해보험사업자는 재해보험사업의 회계를 다른 회계와 (　⑥　)함으로써 손익관계를 명확히 하여야 한다.

① 재해보험사업자, ② 재평가, ③ 보험목적물이 담보로 제공된 경우, ④ 측정한다. (한다, 본다, 간주한다, ×), ⑤ 보험모집 및 손해평가, ⑥ 구분하여 회계 처리

26 **제17조(분쟁조정)**

재해보험과 관련된 분쟁의 조정(調停)은 「(①)」 제33조부터 제43조까지의 규정에 따른다.

27 **제18조(「보험업법」 등의 적용)**

① 이 법에 따른 재해보험사업에 대하여는 「보험업법」 제104조부터 제107조까지, 제118조 제1항, 제119조, 제120조, 제124조, 제127조, 제128조, 제131조부터 제133조까지, 제134조 제1항, 제136조, 제162조, 제176조 및 제181조 제1항을 적용한다. 이 경우 "보험회사"는 "보험사업자"로 본다.

② 이 법에 따른 재해보험사업에 대해서는 「금융소비자 보호에 관한 법률」 제45조를 적용한다. 이 경우 "금융상품직접판매업자"는 "보험사업자"로 본다.

28 **제19조(재정지원)**

① 정부는 예산의 범위에서 재해보험가입자가 부담하는 (②)와 재해보험사업자의 재해보험의 운영 및 관리에 필요한 비용(이하 "운영비"라 한다)의 (③)를 지원할 수 있다. 이 경우 지방자치단체는 예산의 범위에서 재해보험가입자가 부담하는 보험료의 일부를 추가로 (④)

② 농림축산식품부장관ㆍ해양수산부장관 및 지방자치단체의 장은 제1항에 따른 지원 금액을 (⑤)에게 지급하여야 한다.

③ 「풍수해ㆍ지진재해보험법」에 따른 풍수해ㆍ지진재해보험에 가입한 자가 동일한 보험목적물을 대상으로 재해보험에 가입할 경우에는 제1항에도 불구하고 정부가 재정지원을 (⑥)

④ 제1항에 따른 보험료와 운영비의 지원 방법 및 지원 절차 등에 필요한 사항은 대통령령으로 정한다.

29 **제20조(재보험사업)**

① 정부는 재해보험에 관한 재보험사업을 할 수 있다.

② 농림축산식품부장관 또는 해양수산부장관은 재보험에 가입하려는 재해보험사업자와 다음 각 호의 사항이 포함된 (⑦)을 체결하여야 한다.

- 재해보험사업자가 정부에 내야 할 보험료(이하 "(⑧)"라 한다)에 관한 사항
- 정부가 지급하여야 할 보험금(이하 "(⑨)"이라 한다)에 관한 사항
- 그 밖에 (⑩) 등 재보험 약정에 관한 것으로서 대통령령으로 정하는 사항

③ 농림축산식품부장관은 (⑪)과 협의를 거쳐 재보험사업에 관한 업무의 일부를 「농업ㆍ농촌 및 식품산업 기본법」 제63조의2제1항에 따라 설립된 농업정책보험금융원(이하 "농업정책보험금융원"이라 한다)에 위탁할 수 있다.

30 **제21조(기금의 설치)**

농림축산식품부장관은 (⑪)과 협의하여 공동으로 재보험사업에 필요한 재원에 충당하기 위하여 (⑫)(이하 "기금"이라 한다)을 설치한다.

① 금융소비자 보호에 관한 법률, ② 보험료의 일부, ③ 전부 또는 일부, ④ 지원할 수 있다. , ⑤ 재해보험사업자 (재해보험가입자 ✕), ⑥ 하지 아니한다. , ⑦ 재보험 약정, ⑧ 재보험료, ⑨ 재보험금, ⑩ 재보험수수료, ⑪ 해양수산부장관, ⑫ 농어업재해재보험기금

31 ### 제22조(기금의 조성)

① 기금은 다음 각 호의 재원으로 조성한다.

- 제20조 제2항 제1호에 따라 받은 재보험료

- 정부, 정부 외의 자 및 다른 기금으로부터 받은 출연금

- 재보험금의 회수 자금

- (①   )

- 제2항에 따른 (②   )

- 「농어촌구조개선 특별회계법」 제5조 제2항 제7호에 따라 농어촌구조개선 특별회계의 농어촌특별세사업계정으로부터 받은 전입금

② 농림축산식품부장관은 기금의 운용에 필요하다고 인정되는 경우에는 (③   )하여 기금의 부담으로 금융기관, 다른 기금 또는 다른 회계로부터 자금을 차입할 수 있다.

32 ### 제23조(기금의 용도)

기금은 다음 각 호에 해당하는 용도에 사용한다.

- 제20조 제2항 제2호에 따른 (④   )의 지급

- 제22조 제2항에 따른 차입금의 원리금 상환

- 기금의 관리 · 운용에 필요한 경비(위탁 경비를 (⑤   )한다)의 지출

- 그 밖에 농림축산식품부장관이 (③   )하여 재보험사업을 유지 · 개선하는 데에 필요하다고 인정하는 경비의 지출

33 ### 제24조(기금의 관리 · 운용)

① 기금은 농림축산식품부장관이 (③   )하여 관리 · 운용한다.

② 농림축산식품부장관은 (③   )를 거쳐 기금의 관리 · 운용에 관한 사무의 일부를 농업정책보험금융원에 위탁할 수 있다.

③ 제1항 및 제2항에서 규정한 사항 외에 기금의 관리 · 운용에 필요한 사항은 대통령령으로 정한다.

34 ### 제25조(기금의 회계기관)

① 농림축산식품부장관은 (③   )하여 기금의 수입과 지출에 관한 사무를 수행하게 하기 위하여 소속 공무원 중에서 기금수입징수관, (⑥   ), (⑦   ) 및 기금출납공무원을 임명한다.

② 농림축산식품부장관은 제24조 제2항에 따라 기금의 관리 · 운용에 관한 사무를 위탁한 경우에는 (③   )하여 농업정책보험금융원의 임원 중에서 기금수입담당임원과 기금지출원인행위담당임원을, 그 직원 중에서 기금지출원과 기금출납원을 각각 임명하여야 한다. 이 경우 기금수입담당임원은 기금수입징수관의 업무를, 기금지출원인행위담당임원은 (⑥   )의 업무를, 기금지출원은 (⑦   )의 업무를, 기금출납원은 기금출납공무원의 업무를 수행한다.

㉟ 제25조의2(농어업재해보험사업의 관리)

① 농림축산식품부장관 또는 해양수산부장관은 재해보험사업을 효율적으로 추진하기 위하여 다음 각 호의 업무를 수행한다.

- 재해보험(⑧   )
- 재해보험 (⑨   )
- 재해 관련 통계 생산 및 데이터베이스 구축 · 분석
- (⑩   )의 육성
- 손해평가기법의 연구 · 개발 및 보급

② 농림축산식품부장관 또는 해양수산부장관은 다음 각 호의 업무를 (⑪   )에 위탁할 수 있다.

- 제1항 제1호부터 제5호까지의 업무
- 제8조 제2항에 따른 재해보험사업의 약정 체결 관련 업무
- 제11조의 2에 따른 손해평가사 제도 운용 관련 업무
- 그 밖에 재해보험사업과 관련하여 농림축산식품부장관 또는 해양수산부장관이 위탁하는 업무

③ 농림축산식품부장관은 제11조의4에 따른 손해평가사 자격시험의 실시 및 관리에 관한 업무를 「한국산업인력공단법」에 따른 한국산업인력공단에 위탁할 수 있다.

정답

① 기금의 운용수익금과 그 밖의 수입금, ② 차입금, ③ 해양수산부장관과 협의, ④ 재보험금, ⑤ 포함, ⑥ 기금재무관, ⑦ 기금지출관, ⑧ 사업의 관리 · 감독, ⑨ 상품의 연구 및 보급, ⑩ 손해평가인력, ⑪ 농업정책보험금융원

㊱ 제26조(통계의 수집 · 관리 등)

① 농림축산식품부장관 또는 해양수산부장관은 보험상품의 운영 및 개발에 필요한 다음 각 호의 지역별, 재해별 통계자료를 수집 · 관리하여야 하며, 이를 위하여 관계 중앙행정기관 및 지방자치단체의 장에게 필요한 자료를 요청할 수 있다.

- 보험대상의 현황
- (①   )품목(제3조제1항제2호에 따라 선정한 보험목적물 도입예정 품목을 말한다)의 현황
- 피해 (②   )
- 품목별 (③   )
- 그 밖에 농림축산식품부장관 또는 해양수산부장관이 필요하다고 인정하는 통계자료

② 제1항에 따라 자료를 요청받은 경우 관계 중앙행정기관 및 지방자치단체의 장은 특별한 사유가 없으면 요청에 따라야 한다.

③ (④   )은 재해보험사업의 건전한 운영을 위하여 재해보험 제도 및 상품 개발 등을 위한 조사 · 연구, 관련 기술의 개발 및 전문인력 양성 등의 진흥 시책을 마련하여야 한다.

④ (④   )은 제1항 및 제3항에 따른 통계의 수집 · 관리, 조사 · 연구 등에 관한 업무를 대통령령으로 정하는 자에게 위탁할 수 있다.

37 제27조(시범사업)

① 재해보험사업자는 신규 보험상품을 도입하려는 경우 등 필요한 경우에는 농림축산식품부장관 또는 해양수산
부장관과 협의하여 시범사업을 할 수 있다.

② 정부는 시범사업의 원활한 운영을 위하여 필요한 지원을 (　⑤　)

③ 제1항 및 제2항에 따른 시범사업 실시에 관한 구체적인 사항은 대통령령으로 정한다.

38 제28조(보험가입의 촉진 등)

정부는 농어업인의 재해대비의식을 고양하고 재해보험의 가입을 촉진하기 위하여 교육·홍보 및 보험가입자에
대한 (　⑥　) 등을 (　⑤　)

39 제28조의2(보험가입촉진계획의 수립)

① (　⑦　)는 농어업재해보험 가입 촉진을 위하여 보험가입촉진계획을 (　⑧　) 수립하여 농림축산식품부장관
또는 해양수산부장관에게 제출하여야 한다.

② 보험가입촉진계획의 내용 및 그 밖에 필요한 사항은 대통령령으로 정한다.

40 제29조(보고 등)

농림축산식품부장관 또는 해양수산부장관은 재해보험의 건전한 운영과 재해보험가입자의 보호를 위하여 필요하
다고 인정되는 경우에는 재해보험사업자에게 재해보험사업에 관한 업무 처리 상황을 보고하게 하거나 관계 서류
의 제출을 요구할 수 있다.

정답

① 보험확대 예비, ② 원인 및 규모, ③ 재배 또는 양식 면적과 생산량 및 가격, ④ 농림축산식품부장관 또는 해양수산부장관
⑤ 할 수 있다. , ⑥ 정책자금 지원, 신용보증 지원, ⑦ 재해보험사업자, ⑧ 매년

41 제29조의2(청문)

농림축산식품부장관은 다음 각 호의 어느 하나에 해당하는 처분을 하려면 청문을 하여야 한다.

- 제11조의5에 따른 손해평가사의 (　①　)
- 제11조의6에 따른 손해평가사의 (　②　)

42 제30조(벌칙)

① 제10조제2항에서 준용하는 「보험업법」 제98조에 따른 금품 등을 제공(같은 조 제3호의 경우에는 보험금 지급
의 약속을 말한다)한 자 또는 이를 요구하여 받은 보험가입자는 (　③　)의 징역 또는 (　④　) 이하의 벌금에
처한다.

② 다음 각 호의 어느 하나에 해당하는 자는 1년 이하의 징역 또는 1천만원 이하의 벌금에 처한다.

- 제10조제1항을 위반하여 (　⑤　)을 한 자
- 제11조제2항 후단을 위반하여 (　⑥　) 손해평가를 한 자
- 제11조의4제6항을 위반하여 다른 사람에게 손해평가사의 명의를 사용하게 하거나 그 자격증을 대여한 자
- 제11조의4제7항을 위반하여 손해평가사의 명의를 사용하거나 그 자격증을 대여받은 자 또는 명의의 사
용이나 자격증의 대여를 알선한 자

③ 제15조를 위반하여 회계를 처리한 자는 (　⑦　) 이하의 벌금에 처한다.

43 **제31조(양벌규정)**

법인의 대표자나 법인 또는 개인의 대리인, 사용인, 그 밖의 종업원이 그 법인 또는 개인의 업무에 관하여 제30조의 위반행위를 하면 그 행위자를 벌하는 외에 그 법인 또는 개인에게도 해당 조문의 벌금형을 과(科)한다. 다만, 법인 또는 개인이 그 위반행위를 방지하기 위하여 해당 업무에 관하여 상당한 주의와 감독을 게을리하지 아니한 경우에는 그러하지 아니하다.

44 **제32조(과태료)**

① 재해보험사업자가 제10조제2항에서 준용하는 「보험업법」 제95조를 위반하여 보험안내를 한 경우에는 (⑧   ) 이하의 과태료를 부과한다.

② 재해보험사업자의 발기인, 설립위원, 임원, 집행간부, 일반간부직원, 파산관재인 및 청산인이 다음 각 호의 어느 하나에 해당하면 500만원 이하의 과태료를 부과한다.

- 제18조 제1항에서 적용하는 「보험업법」 제120조에 따른 책임준비금과 비상위험준비금을 계상하지 아니하거나 이를 따로 작성한 장부에 각각 기재하지 아니한 경우
- 제18조 제1항에서 적용하는 「보험업법」 제131조제1항·제2항 및 제4항에 따른 (⑨   )한 경우
- 제18조 제1항에서 적용하는 「보험업법」 제133조에 따른 검사를 (⑩   )한 경우

③ 다음 각 호의 어느 하나에 해당하는 자에게는 (⑪   ) 이하의 과태료를 부과한다.

- 제10조 제2항에서 준용하는 「보험업법」 제95조를 위반하여 보험안내를 한 자로서 (⑫) 자
- 제10조 제2항에서 준용하는 「보험업법」 제97조제1항 또는 「금융소비자 보호에 관한 법률」 제21조를 위반하여 보험계약의 체결 또는 모집에 관한 금지행위를 한 자
- 제29조에 따른 보고 또는 (⑬   )을 하지 아니하거나 보고 또는 (⑬   )을 거짓으로 한 자

④ 제1항, 제2항제1호 및 제3항에 따른 과태료는 농림축산식품부장관 또는 해양수산부장관이, 제2항제2호 및 제3호에 따른 과태료는 (⑭   )가 대통령령으로 정하는 바에 따라 각각 부과·징수한다.

정답

① 자격 취소, ② 업무 정지, ③ 3년 이하, ④ 3천만원, ⑤ 모집, ⑥ 고의로 진실을 숨기거나 거짓으로, ⑦ 500만원, ⑧ 1천만원, ⑨ 명령을 위반, ⑩ 거부·방해 또는 기피, ⑪ 500만원, ⑫ 재해보험사업자가 아닌, ⑬ 관계 서류 제출, ⑭ 금융위원회

1 제2조(위원장의 직무)

① 「농어업재해보험법」(이하 "법"이라 한다) 제3조에 따른 농업재해보험심의회(이하 "심의회"라 한다)의 위원장 (이하 "위원장"이라 한다)은 심의회를 대표하며, 심의회의 업무를 총괄한다.

② 심의회의 부위원장은 위원장을 보좌하며, 위원장이 부득이한 사유로 직무를 수행할 수 없을 때에는 그 직무를 대행한다.

2 제3조(회의)

① 위원장은 심의회의 회의를 소집하며, 그 의장이 된다.

② 심의회의 회의는 재적위원 (　①　)의 요구가 있을 때 또는 위원장이 필요하다고 인정할 때에 소집한다.

③ 심의회의 회의는 재적위원 (　②　)의 출석으로 개의(開議)하고, 출석위원 (　②　)의 찬성으로 의결한다.

3 제3조의2(위원의 해촉)

(　③　)은 법 제3조제4항제1호에 따른 위원이 다음 각 호의 어느 하나에 해당하는 경우에는 해당 위원을 해촉 (解囑)할 수 있다.

- 심신장애로 인하여 직무를 수행할 수 없게 된 경우
- 직무와 관련된 비위사실이 있는 경우
- 직무태만, 품위손상이나 그 밖의 사유로 인하여 위원으로 적합하지 아니하다고 인정되는 경우
- 위원 스스로 직무를 수행하는 것이 곤란하다고 의사를 밝히는 경우

4 제4조(분과위원회)

① 법 제3조 제6항 제5호에 따른 분과위원회는 농업인안전보험분과위원회로 한다.

② 법 제3조 제6항 각 호에 따른 분과위원회(이하 "분과위원회"라 한다)는 다음 각 호의 구분에 따른 사항을 검토 · 조정하여 심의회에 보고한다.

- 농작물재해보험분과위원회: 법 제3조제1항에 따른 심의사항 중 (　④　)에 관한 사항
- 임산물재해보험분과위원회: 법 제3조제1항에 따른 심의사항 중 (　⑤　)에 관한 사항
- 가축재해보험분과위원회: 법 제3조제1항에 따른 심의사항 중 (　⑥　)에 관한 사항
- 삭제
- 농업인안전보험분과위원회: 「농어업인의 안전보험 및 안전재해예방에 관한 법률」 제5조에 따른 심의사항 중 농업인안전보험에 관한 사항

③ 분과위원회는 분과위원장 1명을 포함한 9명 이내의 분과위원으로 (　⑦　)을 고려하여 구성한다.

④ 분과위원장 및 분과위원은 심의회의 위원 중에서 전문적인 지식과 경험 등을 고려하여 위원장이 지명한다.

⑤ 분과위원회의 회의는 위원장 또는 분과위원장이 필요하다고 인정할 때에 소집한다.

5 **제9조(보험가입자의 기준)**

법 제7조에 따른 보험가입자의 기준은 다음 각 호의 구분에 따른다.

- 농작물재해보험: 법 제5조에 따라 (⑧)하는 농작물을 재배하는 자
- 임산물재해보험: 법 제5조에 따라 (⑧)하는 임산물을 재배하는 자
- 가축재해보험: 법 제5조에 따라 (⑧)하는 가축을 사육하는 자
- 양식수산물재해보험: 법 제5조에 따라 (⑨)하는 양식수산물을 양식하는 자

① 3분의 1 이상, ② 과반수, ③ 농림축산식품부장관, ④ 농작물재해보험, ⑤ 임산물재해보험, ⑥ 가축재해보험, ⑦ 성별,
⑧ 농림축산식품부장관이 고시, ⑨ 해양수산부장관이 고시

6 **제10조(재해보험사업의 약정체결)**

① 법 제8조제2항에 따라 재해보험 사업의 약정을 체결하려는 자는 (①)이 정하는 바에 따라 재해보험사업
약정체결신청서에 같은 조 제3항 각 호에 따른 서류를 첨부하여 (①)에게 제출하여야 한다.

② (①)은 법 제8조제2항에 따라 재해보험사업을 하려는 자와 재해보험사업의 약정을 체결할 때에는 다음
각 호의 사항이 포함된 약정서를 작성하여야 한다.

- (②)에 관한 사항
- 재해보험사업의 약정을 체결한 자(이하 "재해보험사업자"라 한다)가 준수하여야 할 사항
- 재해보험사업자에 대한 (③)에 관한 사항
- 약정의 (④) 등에 관한 사항
- 그 밖에 재해보험사업의 운영에 관한 사항

③ 법 제8조제3항제2호에서 "대통령령으로 정하는 서류"란 (⑤)을 말한다.

④ 제1항에 따른 제출을 받은 농림축산식품부장관 또는 해양수산부장관은 「전자정부법」 제36조제1항에 따른 행
정정보의 공동이용을 통하여 법인 등기사항증명서를 확인하여야 한다.

7 **제11조(변경사항의 공고)**

법 제9조제2항에서 "대통령령으로 정하는 변경이 예정된 경우"란 다음 각 호의 어느 하나에 해당하는 경우를 말
한다.

- 보험가입자의 (⑥)되는 내용으로 보험약관안의 변경이 예정된 경우
- 보험상품을 (⑦)하는 내용으로 보험약관안의 변경이 예정된 경우
- 보험상품의 변경으로 기존 보험료율보다 (⑧)안으로의 변경이 예정된 경우

⑧ 제12조(손해평가인의 자격요건 등)

① 법 제11조에 따른 손해평가인으로 위촉될 수 있는 사람의 자격요건은 별표 2와 같다.

② 재해보험사업자는 제1항에 따른 손해평가인으로 위촉된 사람에 대하여 보험에 관한 기초지식, 보험약관 및 손해평가요령 등에 관한 (　⑨　)을 하여야 한다.

③ 법 제11조제5항에 따른 (　⑩　)에는 다음 각 호의 사항이 포함되어야 하며, 교육시간은 (　⑪　) 이상으로 한다.

  - 농어업재해보험에 관한 (　⑫　)

  - 농어업재해보험의 종류별 (　⑬　)

  - (　⑭　)의 절차 및 방법

  - 그 밖에 손해평가에 필요한 사항으로서 농림축산식품부장관 또는 해양수산부장관이 정하는 사항

④ 제3항에서 규정한 사항 외에 정기교육의 운영에 필요한 사항은 농림축산식품부장관 또는 해양수산부장관이 정하여 고시한다.

⑨ 제12조의2(손해평가사 자격시험의 실시 등)

① 법 제11조의4제1항에 따른 손해평가사 자격시험(이하 "손해평가사 자격시험"이라 한다)은 매년 1회 실시한다. 다만, 농림축산식품부장관이 손해평가사의 수급(需給)상 필요하다고 인정하는 경우에는 2년마다 실시할 수 있다.

⑩ 제12조의5(손해평가사 자격시험의 일부 면제)

① 법 제11조의4제2항에서 "대통령령으로 정하는 기준에 해당하는 사람"이란 다음 각 호의 어느 하나에 해당하는 사람을 말한다.

  - 법 제11조제1항에 따른 손해평가인으로 위촉된 기간이 (　⑮　) 이상인 사람으로서 손해평가 업무를 수행한 경력이 있는 사람

  - 「보험업법」 제186조에 따른 손해사정사

  - 다음 각 목의 기관 또는 법인에서 손해사정 관련 업무에 (　⑮　) 이상 종사한 경력이 있는 사람

  가. 「금융위원회의 설치 등에 관한 법률」에 따라 설립된 금융감독원

  나. 「농업협동조합법」에 따른 농업협동조합중앙회. 이 경우 법률 제10522호 농업협동조합법 일부개정법률 제134조의5의 개정규정에 따라 농협손해보험이 설립되기 전까지의 농업협동조합중앙회에 한정한다.

  다. 「보험업법」 제4조에 따른 허가를 받은 (　⑯　)

  라. 「보험업법」 제175조에 따라 설립된 (　⑰　)

  마. 「보험업법」 제187조제2항에 따른 손해사정을 업(業)으로 하는 법인

  바. 「화재로 인한 재해보상과 보험가입에 관한 법률」 제11조에 따라 설립된 (　⑱　)

② 제1항 각 호의 어느 하나에 해당하는 사람에 대해서는 손해평가사 자격시험 중 제1차 시험을 면제한다.

정답

① 농림축산식품부장관 또는 해양수산부장관, ② 약정기간, ③ 재정지원, ④ 변경·해지, ⑤ 정관, ⑥ 권리가 축소되거나 의무가 확대, ⑦ 폐지, ⑧ 높은 보험료율, ⑨ 실무교육, ⑩ 정기교육, ⑪ 4시간, ⑫ 기초지식, ⑬ 약관, ⑭ 손해평가, ⑮ 3년, ⑯ 손해보험회사, ⑰ 손해보험협회, ⑱ 한국화재보험협회

⑪ 제12조의7(손해평가사 자격증의 발급)

(　①　)은 손해평가사 자격시험에 합격한 사람에게 농림축산식품부장관이 정하여 고시하는 바에 따라 손해평가사 자격증을 발급하여야 한다.

⑫ 제12조의8(손해평가 등의 교육)

(　①　)은 손해평가사의 손해평가 능력 및 자질 향상을 위하여 교육을 실시할 수 있다.

⑬ 제12조의11(보험금수급전용계좌의 신청 방법ㆍ절차 등)

② 법 제11조의7제1항 단서에서 "대통령령으로 정하는 불가피한 사유"란 보험금수급전용계좌가 개설된 금융기관의 폐업ㆍ업무 정지 등으로 (　②　) 경우를 말한다.

③ 재해보험사업자는 법 제11조의7제1항 단서에 따른 사유로 보험금을 이체할 수 없을 때에는 수급권자의 신청에 따라 다른 금융기관에 개설된 보험금수급전용계좌로 이체해야 한다. 다만, 다른 보험금수급전용계좌로도 이체할 수 없는 경우에는 수급권자 본인의 주민등록증 등 신분증명서의 확인을 거쳐 보험금을 직접 (　③　)으로 지급할 수 있다.

⑭ 제12조의12(보험금의 압류 금지)

법 제12조제2항에서 "대통령령으로 정하는 액수"란 다음 각 호의 구분에 따른 보험금 액수를 말한다.

- 농작물ㆍ임산물ㆍ가축 및 양식수산물의 재생산에 직접적으로 소요되는 비용의 보장을 목적으로 법 제11조의7제1항 본문에 따라 보험금수급전용계좌로 입금된 보험금: 입금된 보험금 (　④　)
- 제1호 외의 목적으로 법 제11조의7제1항 본문에 따라 보험금수급전용계좌로 입금된 보험금: 입금된 보험금의 (　⑤　)

⑮ 제13조(업무 위탁)

법 제14조에서 "대통령령으로 정하는 자"란 다음 각 호의 자를 말한다.

- 「농업협동조합법」에 따라 설립된 (　⑥　) 및 품목별ㆍ업종별협동조합
- 「산림조합법」에 따라 설립된 (　⑦　) 및 품목별ㆍ업종별산림조합
- 「수산업협동조합법」에 따라 설립된 (　⑧　), 업종별 수산업협동조합, 수산물가공 수산업협동조합 및 수협은행
- 「보험업법」 제187조에 따라 손해사정을 업으로 하는 자
- 농어업재해보험 관련 업무를 수행할 목적으로 「민법」 제32조에 따라 농림축산식품부장관 또는 해양수산부장관의 허가를 받아 설립된 (　⑨　)

정답

---

① 농림축산식품부장관(해양수산부장관 무관), ② 정상영업이 불가능, ③ 현금, ④ 전액, ⑤ 2분의 1에 해당하는 액수, ⑥ 지역농업협동조합ㆍ지역축산업협동조합, ⑦ 지역산림조합, ⑧ 지구별 수산업협동조합, ⑨ 비영리법인

⑯ 제15조(보험료 및 운영비의 지원)

① 법 제19조제1항 전단 및 제2항에 따라 보험료 또는 운영비의 지원금액을 지급받으려는 재해보험사업자는 농림축산식품부장관 또는 해양수산부장관이 정하는 바에 따라 (①)나 운영비 사용계획서를 농림축산식품부장관 또는 해양수산부장관에게 제출하여야 한다.

② 제1항에 따른 (①)나 운영비 사용계획서를 제출받은 농림축산식품부장관 또는 해양수산부장관은 제9조에 따른 (②)의 기준 및 제10조제2항제3호에 따른 재해보험사업자에 대한 재정지원에 관한 사항 등을 확인하여 보험료 또는 운영비의 지원금액을 결정 · 지급한다.

③ 법 제19조제1항 후단 및 같은 조 제2항에 따라 지방자치단체의 장은 보험료의 일부를 추가 지원하려는 경우 (①)와 제9조에 따른 (②)의 기준 등을 확인하여 보험료의 지원금액을 결정 · 지급한다.

⑰ 제16조(재보험 약정서)

법 제20조제2항제3호에서 "대통령령으로 정하는 사항"이란 다음 각 호의 사항을 말한다.

- (③)에 관한 사항
- 재보험 약정기간에 관한 사항
- 재보험 (④)에 관한 사항
- 재보험 약정의 변경 · 해지 등에 관한 사항
- 재보험금 (⑤)에 관한 사항
- 그 밖에 재보험의 운영 · 관리에 관한 사항

⑱ 제17조(기금계정의 설치)

농림축산식품부장관은 해양수산부장관과 협의하여 법 제21조에 따른 농어업재해재보험기금(이하 "기금"이라 한다)의 수입과 지출을 명확히 하기 위하여 (⑥)에 기금계정을 설치하여야 한다.

⑲ 제18조(기금의 관리 · 운용에 관한 사무의 위탁)

① 농림축산식품부장관은 해양수산부장관과 협의하여 법 제24조제2항에 따라 기금의 관리 · 운용에 관한 다음 각 호의 사무를 「농업 · 농촌 및 식품산업 기본법」 제63조의2에 따라 설립된 농업정책보험금융원(이하 "농업정책보험금융원"이라 한다)에 위탁한다.

  - 기금의 관리 · 운용에 관한 회계업무
  - 법 제20조제2항제1호에 따른 (⑦)를 납입받는 업무
  - 법 제20조제2항제2호에 따른 (⑧)을 지급하는 업무
  - 제20조에 따른 여유자금의 운용업무
  - 그 밖에 기금의 관리 · 운용에 관하여 농림축산식품부장관이 해양수산부장관과 협의를 거쳐 지정하여 고시하는 업무

② 제1항에 따라 기금의 관리 · 운용을 위탁받은 농업정책보험금융원(이하 "기금수탁관리자"라 한다)은 기금의 관리 및 운용을 명확히 하기 위하여 기금을 다른 회계와 구분하여 회계처리하여야 한다.

③ 제1항 각 호의 사무처리에 드는 경비는 기금의 부담으로 한다.

20 **제19조(기금의 결산)**

① 기금수탁관리자는 회계연도마다 기금결산보고서를 작성하여 다음 회계연도 (⑨)까지 (⑩)에게 제출하여야 한다.

② 농림축산식품부장관은 해양수산부장관과 협의하여 기금수탁관리자로부터 제출받은 기금결산보고서를 검토한 후 심의회의 심의를 거쳐 다음 회계연도 (⑪)까지 (⑫)에게 제출하여야 한다.

③ 제1항의 기금결산보고서에는 다음 각 호의 서류를 첨부하여야 한다.

- 결산 개요
- 수입지출결산
- 재무제표
- (⑫)
- 그 밖에 결산의 내용을 명확하게 하기 위하여 필요한 서류

정답
----
① 재해보험 가입현황서, ② 보험가입자, ③ 재보험수수료, ④ 책임범위, ⑤ 지급 및 분쟁, ⑥ 한국은행, ⑦ 재보험료,
⑧ 재보험금, ⑨ 2월 15일, ⑩ 농림축산식품부장관 및 해양수산부장관, ⑪ 2월 말일, ⑫ 기획재정부장관, ⑬ 성과보고서

21 **제20조(여유자금의 운용)**

농림축산식품부장관은 해양수산부장관과 협의하여 기금의 여유자금을 다음 각 호의 방법으로 운용할 수 있다.
- 「은행법」에 따른 (①)
- 국채, 공채 또는 그 밖에 「자본시장과 금융투자업에 관한 법률」 제4조에 따른 증권의 매입

22 **제21조(통계의 수집 · 관리 등에 관한 업무의 위탁)**

① 농림축산식품부장관 또는 해양수산부장관은 법 제26조제4항에 따라 같은 조 제1항 및 제3항에 따른 (②) 등에 관한 업무를 다음 각 호의 어느 하나에 해당하는 자에게 위탁할 수 있다.

- 「농업협동조합법」에 따른 농업협동조합중앙회
- 「산림조합법」에 따른 산림조합중앙회
- 「수산업협동조합법」에 따른 수산업협동조합중앙회 및 수협은행
- 「정부출연연구기관 등의 설립 · 운영 및 육성에 관한 법률」 제8조에 따라 설립된 (③)
- 「보험업법」에 따른 보험회사, 보험료율산출기관 또는 보험계리를 업으로 하는 자
- 「민법」 제32조에 따라 농림축산식품부장관 또는 해양수산부장관의 허가를 받아 설립된 (④)
- 「공익법인의 설립 · 운영에 관한 법률」 제4조에 따라 농림축산식품부장관 또는 해양수산부장관의 허가를 받아 설립된 (⑤)
- (⑥)

② 농림축산식품부장관 또는 해양수산부장관은 제1항에 따라 업무를 위탁한 때에는 위탁받은 자 및 위탁업무의 내용 등을 고시하여야 한다.

㉓ 제22조(시범사업 실시)

① 재해보험사업자는 법 제27조제1항에 따른 시범사업을 하려면 다음 각 호의 사항이 포함된 사업계획서를 농림축산식품부장관 또는 해양수산부장관에게 제출하고 협의하여야 한다.

- 대상목적물, (⑦)에 관한 사항

- 보험상품에 관한 사항

- 정부의 재정지원에 관한 사항

- 그 밖에 농림축산식품부장관 또는 해양수산부장관이 필요하다고 인정하는 사항

② 재해보험사업자는 시범사업이 끝나면 지체 없이 다음 각 호의 사항이 포함된 사업결과보고서를 작성하여 농림축산식품부장관 또는 해양수산부장관에게 제출하여야 한다.

- 보험계약사항, 보험금 지급 등 전반적인 (⑧)에 관한 사항

- 사업 운영과정에서 나타난 문제점 및 제도개선에 관한 사항

- 사업의 (⑨) 등에 관한 사항

③ 농림축산식품부장관 또는 해양수산부장관은 제2항에 따른 사업결과보고서를 받으면 그 사업결과를 바탕으로 신규 보험상품의 도입 가능성 등을 검토ㆍ평가하여야 한다.

㉔ 제22조의2(보험가입촉진계획의 제출 등)

① 법 제28조의2제1항에 따른 보험가입촉진계획에는 다음 각 호의 사항이 포함되어야 한다.

- 전년도의 성과분석 및 해당 연도의 사업계획

- 해당 연도의 (⑩)

- 농어업재해보험 (⑪)

- 보험상품의 개선ㆍ개발계획

- 그 밖에 농어업재해보험 가입 촉진을 위하여 필요한 사항

② 재해보험사업자는 법 제28조의2제1항에 따라 수립한 보험가입촉진계획을 해당 연도 (⑫)까지 농림축산식품부장관 또는 해양수산부장관에게 제출하여야 한다.

㉕ 제22조의3(고유식별정보의 처리)

① 재해보험사업자는 법 제7조에 따른 재해보험가입자 자격 확인에 관한 사무를 수행하기 위하여 불가피한 경우 「개인정보 보호법 시행령」 제19조제1호에 따른 주민등록번호가 포함된 자료를 처리할 수 있다.

② 재해보험사업자(법 제8조제1항제3호에 따른 보험회사는 제외한다)는 「상법」 제639조에 따른 (　⑬　)의 체결, 유지·관리, 보험금의 지급 등에 관한 사무를 수행하기 위하여 불가피한 경우 「개인정보 보호법 시행령」 제19조제1호에 따른 주민등록번호가 포함된 자료를 처리할 수 있다.

③ 농림축산식품부장관(법 제25조의2제2항 및 제3항에 따라 농림축산식품부장관의 업무를 위탁받은 자를 포함한다)은 다음 각 호의 사무를 수행하기 위하여 불가피한 경우 「개인정보 보호법 시행령」 제19조제1호에 따른 주민등록번호가 포함된 자료를 처리할 수 있다.

- 법 제11조의 4에 따른 손해평가사 자격시험에 관한 사무
- 법 제11조의 5에 따른 손해평가사의 (　⑭　)에 관한 사무
- 법 제11조의 6에 따른 손해평가사의 (　⑮　)에 관한 사무
- 법 제25조의 2 제1항 제1호에 따른 재해보험사업의 관리·감독에 관한 사무

㉖ 제22조의4(규제의 재검토)

① 농림축산식품부장관 또는 해양수산부장관은 제12조 및 별표 2에 따른 손해평가인의 자격요건에 대하여 2018년 1월 1일을 기준으로 (　⑯　)마다(매 3년이 되는 해의 1월 1일 전까지를 말한다) 그 타당성을 검토하여 개선 등의 조치를 하여야 한다.

정답

① 은행에의 예치, ② 통계의 수집·관리, 조사·연구, ③ 연구기관, ④ 비영리법인, ⑤ 공익법인, ⑥ 농업정책보험금융원
⑦ 사업지역 및 사업기간, ⑧ 사업운영 실적, ⑨ 중단·연장 및 확대, ⑩ 보험상품 운영계획, ⑪ 교육 및 홍보계획,
⑫ 1월 31일, ⑬ 타인을 위한 보험계약, ⑭ 자격 취소, ⑮ 감독, ⑯ 3년

3장　농업재해보험 손해평가요령

❶ 제2조(용어의 정의)

이 요령에서 사용하는 용어의 정의는 다음 각호와 같다.

- "손해평가"라 함은 「농어업재해보험법」(이하 "법"이라 한다) 제2조제1호에 따른 피해가 발생한 경우 법 제11조 및 제11조의 3에 따라 (　①　)가 그 피해사실을 확인하고 평가하는 일련의 과정을 말한다.
- "(　②　)"이라 함은 법 제11조제1항과 「농어업재해보험법 시행령」(이하 "시행령"이라 한다) 제12조 제1항에서 정한 자 중에서 (　③　)가 위촉하여 손해평가업무를 담당하는 자를 말한다.
- "손해평가사"라 함은 법 제11조의 4제 1항에 따른 자격시험에 합격한 자를 말한다.
- "손해평가보조인"이라 함은 제1호에서 정한 손해평가 업무를 보조하는 자를 말한다.
- "(　④　)"이란 법 제4조에 따른 농작물재해보험, 임산물재해보험 및 가축재해보험을 말한다.

❷ 제3조(손해평가 업무)

① 손해평가 시 손해평가인, 손해평가사, 손해사정사는 다음 각 호의 업무를 수행한다.

- 피해사실 확인

- (　⑤　) 평가

- 그 밖에 손해평가에 관하여 필요한 사항

② 손해평가인, 손해평가사, 손해사정사는 제1항의 임무를 수행하기 전에 보험가입자("피보험자"를 포함한다. 이하 동일)에게 손해평가인증, 손해평가사자격증, 손해사정사등록증 등 신분을 확인할 수 있는 서류를 제시하여야 한다.

❸ 제4조(손해평가인 위촉)

① 재해보험사업자는 법 제11조제1항과 시행령 제12조제1항에 따라 손해평가인을 위촉한 경우에는 그 자격을 표시할 수 있는 손해평가인증을 발급하여야 한다.

② 재해보험사업자는 피해 발생 시 원활한 손해평가가 이루어지도록 농업재해보험이 실시되는 (　⑥　)별 보험가입자의 수 등을 고려하여 적정 규모의 손해평가인을 (　⑦　)

③ 재해보험사업자 및 법 제14조에 따라 손해평가 업무를 위탁받은 자는 손해평가 업무를 원활히 수행하기 위하여 (　⑧　)을 운용할 수 있다.

❹ 제5조(손해평가인 실무교육)

① 재해보험사업자는 제4조에 따라 위촉된 손해평가인을 대상으로 농업재해보험에 관한 기초지식, (　⑨　), 손해평가의 방법 및 절차 등 손해평가에 필요한 실무교육을 실시하여야 한다.

③ 제1항에 따른 손해평가인에 대하여 (　⑩　)는 소정의 교육비를 지급할 수 있다.

❺ 제5조의2(손해평가인 정기교육)

① 법 제11조제5항에 따른 손해평가인 정기교육의 세부내용은 다음 각 호와 같다.

- 농업재해보험에 관한 기초지식 : 농어업재해보험법 제정 배경·구성 및 조문별 주요내용, 농업재해보험 사업현황

- 농업재해보험의 종류별 약관 : 농업재해보험 상품 주요내용 및 약관 일반 사항

- 손해평가의 절차 및 방법 : 농업재해보험 손해평가 개요, (　⑪　) 손해평가 기준 및 (　⑫　) 보상사례

- (　⑫　) 현지조사표 작성 실습

② (　⑩　)는 정기교육 대상자에게 소정의 교육비를 지급할 수 있다.

정답

① 손해평가인, 손해평가사 또는 손해사정사, ② 손해평가인, ③ 재해보험사업자, ④ 농업재해보험, ⑤ 보험가액 및 손해액 ⑥ 시·군·자치구, ⑦ 위촉할 수 있다.(해야 한다 ×), ⑧ 손해평가보조인, ⑨ 보험상품 및 약관, ⑩ 재해보험사업자(손해평가인이 사업자에게 지급 ×), ⑪ 보험목적물별, ⑫ 피해유형별

6 **제6조(손해평가인 위촉의 취소 및 해지 등)**

① 재해보험사업자는 손해평가인이 다음 각 호의 어느 하나에 해당하게 되거나 위촉 당시에 해당하는 자이었음이 판명된 때에는 그 위촉을 취소하여야 한다.

- (①)
- 파산선고를 받은 자로서 복권되지 아니한 자
- 법 제30조에 의하여 벌금 이상의 형을 선고받고 그 집행이 종료(집행이 종료된 것으로 보는 경우를 포함한다)되거나 집행이 면제된 날로부터 (②)이 경과되지 아니한 자
- 동 조에 따라 위촉이 취소된 후 (②)이 경과하지 아니한 자
- 거짓 그 밖의 부정한 방법으로 제4조에 따라 손해평가인으로 위촉된 자
- (③) 기간 중에 손해평가업무를 수행한 자

② 재해보험사업자는 손해평가인이 다음 각 호의 어느 하나에 해당하는 때에는 (④) 이내의 기간을 정하여 그 업무의 정지를 명하거나 위촉 해지 등을 할 수 있다.

- 법 제11조제2항 및 이 요령의 (⑤) 한 때
- 법 및 이 요령에 의한 (⑥)한 때
- 업무수행과 관련하여 「개인정보보호법」, 「신용정보의 이용 및 보호에 관한 법률」 등 (⑦)된 법령을 위반한 때

③ 재해보험사업자는 제1항 및 제2항에 따라 (⑧)를 명하고자 하는 때에는 손해평가인에게 청문을 실시하여야 한다. 다만, 손해평가인이 청문에 응하지 아니할 경우에는 서면으로 위촉을 취소하거나 업무의 정지를 통보할 수 있다.

④ 재해보험사업자는 손해평가인을 해촉하거나 손해평가인에게 업무의 정지를 명한 때에는 (⑨) 이유를 기재한 문서로 그 뜻을 손해평가인에게 통지하여야 한다.

⑤ 제2항에 따른 업무정지와 위촉 해지 등의 세부기준은 [별표 3]과 같다.

⑥ 재해보험사업자는 「보험업법」 제186조에 따른 손해사정사가 「농어업재해보험법」 등 관련 규정을 위반한 경우 적정한 제재가 가능하도록 각 제재의 구체적 적용기준을 마련하여 시행하여야 한다.

7 **제8조(손해평가반 구성 등)**

① (⑩)는 제2조제1호의 손해평가를 하는 경우에는 손해평가반을 구성하고 (⑪)별로 평가일정계획을 수립하여야 한다.

② 제1항에 따른 손해평가반은 다음 각 호의 어느 하나에 해당하는 자로 구성하며, (⑫) 이내로 한다.

- 제2조 제2호에 따른 손해평가인
- 제2조 제3호에 따른 손해평가사
- 「보험업법」 제186조에 따른 손해사정사

③ 제2항의 규정에도 불구하고 다음 각 호의 어느 하나에 해당하는 손해평가에 대하여는 해당자를 손해평가반 구성에서 배제하여야 한다.

- 자기 또는 자기와 생계를 같이 하는 친족(이하 "이해관계자"라 한다)이 (⑬) 보험계약에 관한 손해평가
- 자기 또는 이해관계자가 (⑭) 보험계약에 관한 손해평가
- 직전 손해평가일로부터 30일 이내의 (⑮) 손해평가
- (⑯)에 대한 검증조사 및 재조사

⑧ 제8조의2(교차손해평가)

① 재해보험사업자는 공정하고 객관적인 손해평가를 위하여 교차손해평가가 필요한 경우 (⑰) 등을 고려하여 교차손해평가 대상 시·군·구(자치구를 말한다. 이하 같다)를 선정하여야 한다.

② 재해보험사업자는 제1항에 따라 선정한 시·군·구 내에서 손해평가 경력, (⑱) 여부 등을 고려하여 교차손해평가를 담당할 지역손해평가인을 선발하여야 한다.

③ 교차손해평가를 위해 손해평가반을 구성할 경우에는 제2항에 따라 선발된 지역손해평가인 1인 이상이 포함되어야 한다. 다만, 거대재해 발생, 평가인력 부족 등으로 신속한 손해평가가 불가피하다고 판단되는 경우 (⑲)

⑨ 제9조(피해사실 확인)

① 보험가입자가 보험책임기간 중에 피해발생 통지를 한 때에는 재해보험사업자는 손해평가반으로 하여금 지체 없이 보험목적물의 피해사실을 확인하고 손해평가를 실시하게 하여야 한다.

② 손해평가반이 손해평가를 실시할 때에는 재해보험사업자가 해당 보험가입자의 보험계약사항 중 손해평가와 관련된 사항을 (⑳)에게 통보하여야 한다.

⑩ 제10조(손해평가준비 및 평가결과 제출)

① (㉑)는 손해평가반이 실시한 손해평가결과와 (㉒)을 기록할 수 있도록 현지조사서를 마련하여야 한다.

② 재해보험사업자는 손해평가를 실시하기 전에 제1항에 따른 현지조사서를 손해평가반에 배부하고 손해평가시의 주의사항을 숙지시킨 후 손해평가에 임하도록 하여야 한다.

③ 손해평가반은 현지조사서에 손해평가 결과를 정확하게 작성하여 (㉓)에게 이를 설명한 후 서명을 받아 재해보험사업자에게 최종 조사일로부터 (㉔) 이내에 제출하여야 한다. (다만, 하우스 등 (㉕)은 7영업일을 초과하여 제출할 수 있다.) 또한, 보험가입자가 정당한 사유 없이 서명을 거부하는 경우 손해평가반은 보험가입자에게 손해평가 결과를 통지한 후 (㉖) 현지조사서를 재해보험사업자에게 제출하여야 한다.

④ 손해평가반은 보험가입자가 정당한 사유없이 손해평가를 거부하여 손해평가를 실시하지 못한 경우에는 그 피해를 (㉗)한다는 사실을 (㉓)에게 통지한 후 현지조사서를 재해보험사업자에게 제출하여야 한다.

⑤ 재해보험사업자는 보험가입자가 손해평가반의 손해평가결과에 대하여 설명 또는 통지를 받은 날로부터 (㉘) 이내에 손해평가가 잘못되었음을 증빙하는 서류 또는 사진 등을 제출하는 경우 재해보험사업자는 다른 손해평가반으로 하여금 (㉙)를 실시하게 할 수 있다.

정답

① 피성년후견인, ② 2년, ③ 업무정지, ④ 6개월, ⑤ 규정을 위반, ⑥ 명령이나 처분을 위반, ⑦ 정보보호와 관련, ⑧ 위촉을 취소하거나 업무의 정지, ⑨ 지체 없이, ⑩ 재해보험사업자, ⑪ 손해평가반, ⑫ 5인, ⑬ 가입한, ⑭ 모집한, ⑮ 보험가입자간 상호, ⑯ 자기가 실시한 손해평가, ⑰ 재해보험 가입규모, 가입분포, ⑱ 타지역 조사 가능, ⑲ 그러하지 아니할 수 있다. , ⑳ 손해평가반, ㉑ 재해보험사업자(손해평가반이 마련 ×), ㉒ 손해평가업무를 수행한 손해평가반 구성원, ㉓ 보험가입자 ㉔ 7영업일, ㉕ 원예시설과 축사 건물, ㉖ 서명없이, ㉗ 인정할 수 없는 것으로 평가, ㉘ 7일, ㉙ 재조사

⑪ 제11조(손해평가결과 검증)

① 재해보험사업자 및 법 제25조의2에 따라 농어업재해보험사업의 관리를 위탁받은 기관(이하 "사업 관리 위탁 기관"이라 한다)은 손해평가반이 실시한 손해평가결과를 확인하기 위하여 손해평가를 실시한 보험목적물 중에서 (①)하여 검증조사를 할 수 있다.

② 농림축산식품부장관은 재해보험사업자로 하여금 제1항의 검증조사를 하게 할 수 있으며, 재해보험사업자는 특별한 사유가 없는 한 이에 응하여야 하고, 그 결과를 농림축산식품부장관에게 제출하여야 한다.

③ 제1항 및 제2항에 따른 검증조사결과 현저한 차이가 발생되어 재조사가 불가피하다고 판단될 경우에는 해당 손해평가반이 조사한 (②)에 대하여 (③)를 할 수 있다.

④ 보험가입자가 정당한 사유없이 검증조사를 거부하는 경우 검증조사반은 검증조사가 불가능하여 손해평가 결과를 확인할 수 없다는 사실을 (④)에게 통지한 후 검증조사결과를 작성하여 (⑤)에게 제출하여야 한다.

⑤ (⑥)이 검증조사를 실시한 경우 그 결과를 (⑤)에게 통보하고 필요에 따라 결과에 대한 조치를 요구할 수 있으며, (⑤)는 특별한 사유가 없는 한 그에 따른 조치를 실시해야 한다.

⑫ 제12조(손해평가 단위)

① 보험목적물별 손해평가 단위는 다음 각 호와 같다.
- 농작물 : (⑦)
- 가축 : (⑧)(단, 벌은 벌통 단위)
- 농업시설물 : (⑨)

② 제1항 제1호에서 정한 농지라 함은 하나의 보험가입금액에 해당하는 토지로 필지(지번) 등과 (⑩) 농작물을 재배하는 하나의 경작지를 말하며, 방풍림, 돌담, 도로(⑪) 제외 등에 의해 구획된 것 또는 동일한 울타리, 시설 등에 의해 구획된 것을 하나의 농지로 한다. 다만, 경사지에서 보이는 돌담 등으로 구획되어 있는 면적이 극히 작은 것은 동일 작업 단위 등으로 정리하여 (⑫)에 포함할 수 있다.

⑬ 제13조(농작물의 보험가액 및 보험금 산정)

① 농작물에 대한 보험가액 산정은 다음 각 호와 같다.
- (⑬)은 가입면적에 보험가입 당시의 단위당 가입가격을 곱하여 산정하며, 보험가액에 영향을 미치는 가입면적, 연근 등이 가입당시와 다를 경우 변경할 수 있다.
- 적과전종합위험방식의 보험가액은 (⑭)(달린 열매 수)조사를 통해 산정한 (⑮)에 보험가입 당시의 단위당 가입가격을 곱하여 산정한다.
- 종합위험방식 보험가액은 보험증권에 기재된 보험목적물의 (⑯)에 보험가입 당시의 단위당 가입가격을 곱하여 산정한다. 다만, 보험가액에 영향을 미치는 가입면적, 주수, 수령, 품종 등이 가입당시와 다를 경우 변경할 수 있다.
- (⑰)의 보험가액은 작물별로 보험가입 당시 정한 보험가액을 기준으로 산정한다. 다만, 보험가액에 영향을 미치는 가입면적 등이 가입당시와 다를 경우 변경할 수 있다.
- 나무손해보장의 보험가액은 기재된 보험목적물이 나무인 경우로 (⑱) 보험사고 발생 시의 해당 농지 내에 심어져 있는 과실생산이 가능한 나무 수(피해 나무 수 (⑲)에 보험가입 당시의 나무당 가입가격을 곱하여 산정한다.

④ 재해보험사업자는 손해평가반으로 하여금 재해발생 전부터 보험품목에 대한 평가를 위해 (　⑳　)을 조사하게 할 수 있다. 이때 손해평가반은 조사결과 1부를 재해보험사업자에게 제출하여야 한다.

⑭ 제14조(가축의 보험가액 및 손해액 산정)

① 가축에 대한 보험가액은 보험사고가 발생한 때와 곳에서 평가한 보험목적물의 수량에 (　㉑　)을 곱하여 산정한다.

② 가축에 대한 손해액은 보험사고가 발생한 때와 곳에서 (　㉒　) 보험목적물의 수량에 (　㉑　)을 곱하여 산정한다.

③ 제1항 및 제2항의 (　㉑　)은 보험사고가 발생한 때와 곳에서의 시장가격 등을 감안하여 보험약관에서 정한 방법에 따라 산정한다. 다만, 보험가입당시 보험가입자와 재해보험사업자가 보험가액 및 손해액 산정 방식을 별도로 정한 경우에는 (　㉓　)

⑮ 제15조(농업시설물의 보험가액 및 손해액 산정)

① 농업시설물에 대한 보험가액은 보험사고가 발생한 때와 곳에서 평가한 피해목적물의 (　㉔　)에서 내용연수에 따른 감가상각률을 적용하여 계산한 (　㉕　)을 차감하여 산정한다.

② 농업시설물에 대한 손해액은 보험사고가 발생한 때와 곳에서 산정한 피해목적물의 (　㉖　)을 말한다.

③ 제1항 및 제2항에도 불구하고 보험가입당시 보험가입자와 재해보험사업자가 보험가액 및 손해액 산정 방식을 별도로 정한 경우에는 그 방법에 따른다.

⑯ 제16조(손해평가업무방법서)

재해보험사업자는 이 요령의 효율적인 운용 및 시행을 위하여 필요한 세부적인 사항을 규정한 (　㉗　)를 작성하여야 한다.

⑰ 제17조(재검토기한)

농림축산식품부장관은 이 고시에 대하여 2024년 1월 1일 기준으로 매 (　㉘　)이 되는 시점(매 3년째의 12월 31일까지를 말한다)마다 그 타당성을 검토하여 개선 등의 조치를 하여야 한다.

정답

① 일정 수를 임의 추출, ② 전체 보험목적물, ③ 재조사, ④ 보험가입자, ⑤ 재해보험사업자, ⑥ 사업 관리 위탁 기관, ⑦ 농지별, ⑧ 개별가축별, ⑨ 보험가입 목적물별, ⑩ 관계없이, ⑪ 농로, ⑫ 하나의 농지, ⑬ 특정위험방식인 인삼, ⑭ 적과후착과수, ⑮ 기준수확량, ⑯ 평년수확량, ⑰ 생산비보장, ⑱ 최초, ⑲ 포함, ⑳ 생육상황, ㉑ 적용가격, ㉒ 폐사 등 피해를 입은, ㉓ 그 방법에 따른다.(별도로 정할 수 있음), ㉔ 재조달가액, ㉕ 감가상각액, ㉖ 원상복구비용, ㉗ 손해평가업무방법서, ㉘ 3년

✓ 적과전 종합위험방식Ⅱ (사과, 배, 단감, 떫은 감 과수 4종)

✓ 1. 착과감소보험금을 구하시오.

- 착과감소량 1,000kg
- 미보상감수량 100kg
- 자기부담감수량 400kg
- 가입가격 1,000원/kg
- 보장수준 50%

❗ 풀이 : (1,000 - 100 - 400) × 1,000 × 50% = 25만원

✓ 2. 과실손해보험금을 구하시오.

- 누적감수량 2,000kg
- 자기부담감수량 400kg
- 가입가격 1,000원/kg

❗ 풀이 : (2,000 - 400) × 1,000 = 160만원

✓ 3. (   )를 알맞게 채우시오.

생육 시기	재해	조사 내용	조사 시기	조사 방법	비고
보험계약체결일 ~ 적과 전	보상하는 재해 전부	피해 사실 확인 조사	사고접수 후 지체없이	보상하는 재해로 인한 피해 발생 여부 조사	피해 사실이 명백한 경우 생략 가능
	(①)		사고접수 후 지체없이	(①)으로 인한 유과(어린 과실) 및 꽃(눈)등의 타박 비율 조사 • 조사 방법 : 표본조사	적과종료 이전 특정위험 5종 한정보장 특약 가입 건에 한함
6월1일 ~ 적과전	태풍(강풍), 우박, 집중호우, 화재, 지진		사고접수 후 지체없이	보상하는 재해로 발생한 (②) 정도 조사 • 단감 · 떫은감에 대해서만 실시 • 조사 방법 : 표본조사	
적과 후	-	(③) 조사	적과 종료 후	보험가입금액의 결정 등을 위하여 해당 농지의 적과종료 후 총 착과수를 조사 • 조사 방법 : 표본조사	피해와 관계없이 전 과수원 조사

답 ① 우박, ② 낙엽피해, ③ 적과후 착과수

✓ 4. (　　　)를 알맞게 채우시오.

				재해로 인하여 떨어진 피해과실수 조사 • 낙과피해조사는 보험약관에서 정한 과실 　피해 분류기준에 따라 구분하여 조사 • 조사방법 : 전수조사 또는 표본조사	－
적과 후 ~ 수확기 종료	보상하는 재해	낙과 피해 조사	사고접수 후 지체없이	낙엽률 조사 (우박 및 일소 제외) • 낙엽피해정도 조사 • 조사방법 : 표본조사	(　①　)
	우박, 일소, (　②　)	착과 피해 조사	수확 직전	달려있는 과실 중 재해로 인한 피해과실수 조사 • 착과피해조사는 보험약관에서 정한 과실피 　해 분류기준에 따라 구분하여 조사 • 조사방법 : 표본조사	

🅐 ① 단감 · 떫은감, ② 가을동상해, ③ 적과후 착과수

✓ 특정위험방식 – 인삼

✓ 5. 보험금을 구하시오. (피해율은 %로 소수점 셋째 자리에서 반올림)

- 보험가입금액 5,000만원
- 자기부담비율 15%
- 재배면적 1,000㎡
- 연근별 기준수확량 0.71kg
- 수확량 0.31kg
- 피해면적 400㎡

❗ 풀이 : ① 피해율 $= (1 - \dfrac{0.31}{0.71}) \times (\dfrac{400}{1,000}) = 22.54\%$, ② 보험금 $= 50,000,000 \times (0.2254 - 0.15) = 377$만원

✓ 6. (　　　)를 알맞게 채우시오.

생육 시기	재해	조사 내용	조사 시기	조사 방법
보험기간	태풍(강풍) · 폭설 · (　①　) · 침수 · 화재 · 우박 · 냉해 · 폭염	수확량조사	(　②　)	보상하는 재해로 인하여 감소된 수확량 조사 • 조사방법 : 전수조사 또는 표본조사

🅐 ① 집중호우, ② 피해 확인이 가능한 시기

✓ **7. (옥수수, 감자, 복숭아 외 품목) 수확감소보험금을 구하시오. (피해율은 %로 소수점 셋째 자리에서 반올림)**

- 보험가입금액 2,000만원
- 평년수확량 1,000kg
- 자기부담비율 20%
- 수확량 500kg
- 미보상감수량 50kg

❗ 풀이 : ① 피해율 $= \dfrac{1,000 - 500 - 50}{1,000} = 45\%$, ② 보험금 $= 20,000,000 \times (0.45 - 0.2) = 500$만원

✓ **8. (감자, 복숭아 품목) 수확감소보험금을 구하시오. (피해율은 %로 소수점 셋째 자리에서 반올림)**

- 보험가입금액 1,500만원
- 평년수확량 1,000kg
- 자기부담비율 10%
- 수확량 600kg
- 미보상감수량 40kg
- 병충해 감수량 60kg

❗ 풀이 : ① 피해율 $= \dfrac{1,000 - 600 - 40 + 60}{1,000} = 42\%$, ② 보험금 $= 15,000,000 \times (0.42 - 0.1) = 480$만원

✓ **9. (옥수수 품목) 수확감소보험금을 구하시오**

- 보험가입금액 1,000만원
- 가입가격 3,000원
- 자기부담비율 10%
- 피해수확량 600kg

❗ 풀이 : ① 손해액 $= 600 \times 3,000 = 180$만원, ② 자기부담금 $= 10,000,000 \times 0.1 = 100$만원,
③ 보험금 $= \min(1,000$만원$, 180$만원$) - 100$만원 $= 80$만원

✓ **10. 수확량감소 추가보장보험금을 구하시오. (피해율은 %로 소수점 셋째 자리에서 반올림)**

- 보험가입금액 2,500만원
- 평년수확량 1,500kg
- 자기부담비율 20%
- 수확량 1,000kg
- 미보상감수량 50kg

❗ 풀이 : ① 피해율 $= \dfrac{1,500 - 1000 - 50}{1,500} = 30\%$, ② 보험금 $= 25,000,000 \times (0.3 \times 0.1) = 75$만원

✓ **11. 벼 이앙·직파불능 보험금을 구하시오.**

- 보험가입금액 500만원

❗ 풀이 : 보험금 $= 5,000,000 \times 0.15 = 75$만원

✓ 12. 벼 재이앙·재직파보험금을 구하시오.

- 보험가입금액 500만원
- 보험가입면적 1,000㎡
- 피해면적 400㎡

❗ 풀이 :
① 면적피해율 = 400 ÷ 1,000 = 40% (10%를 초과하고 재이앙·재직파 한 경우 지급)
② 보험금 = 5,000,000 × 0.25 × 0.4 = 50만원

✓ 13. (마늘 외 품목) 재정식 또는 재파종보험금을 구하시오.

- 보험가입금액 800만원
- 보험가입면적 1,200㎡
- 자기부담비율 15%
- 피해면적 300㎡

❗ 풀이 :
① 면적피해율 = 300 ÷ 1,200 = 25% (자기부담비율을 초과하고 재정식 또는 재파종 한 경우 지급)
② 보험금 = 8,000,000 × 0.2 × 0.25 = 40만원

✓ 14. (사료용 옥수수, 조사료용 벼 외 품목) 경작불능보험금을 구하시오.

- 보험가입금액 1,200만원
- 자기부담비율 15%
- 식물체 피해율 70%

❗ 풀이 : 보험금 = 12,000,000 × 0.42 = 504만원 (식물체 피해율이 65%(가루쌀 60%) 이상이고, 계약자가 신청한 경우. 자기부담비율에 따라 다름)

자기부담비율	10%형	15%형	20%형	30%형	40%형
보험가입금액 대비 비율	45%	42%	40%	35%	30%

✓ 15. (사료용 옥수수, 조사료용 벼 품목) 경작불능보험금을 구하시오.

- 보험가입금액 1,000만원
- 보장비율 40%
- 식물체 피해율 80%
- 사고발생 월 6월

❗ 풀이 : ① 사료용 옥수수 보험금 = 10,000,000 × 0.4 × 0.8 = 320만원,
② 조사료용 벼 보험금 = 10,000,000 × 0.4 × 0.85 = 340만원 (식물체 피해율이 65% 이상이고, 계약자가 신청한 경우)

경과비율(사고발생 월에 따라 다름)

월별	5월	6월	7월	8월
벼	80%	85%	90%	100%
옥수수	80%	80%	90%	100%

✓ 16. 벼 수확불능보험금을 구하시오.

- 보험가입금액 600만원
- 자기부담비율 15%
- 제현율 60%

❗ 풀이 : 보험금 = 6,000,000 × 0.57 = 342만원 (제현율이 65%(가루쌀 70%) 미만이고, 정상 벼로서 출하가 불가능하며, 계약자가 신청한 경우. 자기부담비율에 따라 다름)

자기부담비율	10%형	15%형	20%형	30%형	40%형
보험가입금액 대비 비율	60%	57%	55%	50%	45%

✓ 종합위험방식 과실손해보장

✓ 17. 무화과 과실손해보험금을 구하시오. (피해율은 %로 소수점 셋째 자리에서 반올림)

- 보험가입금액 2,000만원
- 평년수확량 2,000kg
- 자기부담비율 10%
- 7월 31일 이전 사고 발생(수확 전 사고) : 수확량 1,600kg, 미보상감수량 40kg
- 8월 1일 이후 사고 발생 : 경과비율 60%, 결과지 피해율 40%

❗ 풀이

① 7월 31일 이전 사고 피해율 = $\dfrac{2,000 - 1,600 - 40}{2,000}$ = 18%

② 8월 1일 이후 사고 피해율 = (1 - 0.18) × 0.6 × 0.4 = 19.68%

③ (최종) 피해율 = 0.18 + 0.1968 = 37.68%

④ 보험금 = 20,000,000 × (0.3768 - 0.1) = 5,536,000원

✓ 18. 오디 과실손해보험금을 구하시오. (피해율은 %로 소수점 셋째 자리에서 반올림)

- 보험가입금액 1,000만원
- 평년결실수 100개
- 자기부담비율 20%
- 조사결실수 50개
- 미보상감수결실수 5개

❗ 풀이 : ① 피해율 = $\dfrac{100 - 50 - 5}{100}$ = 45% , ② 보험금 = 10,000,000 × (0.45 - 0.2) = 250만원

✓ **19.** 감귤(온주밀감류) ①과실손해보험금 및 ②과실손해추가보장 보험금을 구하시오. (피해율은 %로 소수점 셋째 자리에서 반올림)

- 보험가입금액 4,000만원
- 자기부담비율 15%
- 등급 내 피해과실수 100개
- 등급 외 피해과실수 40개
- 기준과실수 200개
- 미보상비율 10%

❗ 풀이 :

(1) 과실손해보험금

① (주계약) 피해율 $= \dfrac{100 + 40 \times 0.5}{200} \times (1 - 0.1) = 54\%$

② 손해액 $= 40,000,000 \times 0.54 = 2,160$만원

③ 자기부담금 $= 40,000,000 \times 0.15 = 600$만원

④ 보험금 $= 2,160 - 600 = 1,560$만원

(2) 과실손해추가보장 보험금 $= 40,000,000 \times 0.54 \times 0.1 = 216$만원

✓ 종합위험방식 농업수입(감소)보장

✓ **20.** 농업수입보장보험금을 구하시오. (피해율은 %로 소수점 셋째 자리에서 반올림)

- 보험가입금액 1,000만원
- 자기부담비율 20%
- 기준수입 1,000만원
- 실제수입 600만원

❗ 풀이 : ① 피해율 $= \dfrac{1,000 - 600}{1,000} = 40\%$, ② 보험금 $= 10,000,000 \times (0.4 - 0 2) = 200$만원

✓ 종합위험방식 품목별 · 재해별 · 시기별 손해수량 조사 방법

✓ **21.** (　　　)를 알맞게 채우시오

이앙(직파)불능피해 조사	(①)	이앙(직파)불능 상태 및 통상적인 영농활동 실시 여부 조사	(②)만 해당
재이앙(재직파) 조사	사고접수 후 지체 없이	해당 농지에 보상하는 손해로 인하여 재이앙(재직파)이 필요한 면적 또는 면적비율 조사	

🅰 ① 이앙 한계일 (7.31)이후, ② 벼

경작불능 조사	사고접수 후 지체 없이	해당 농지의 피해면적비율 또는 보험목적인 식물체 피해율 조사	벼·밀, 밭작물((①)제외), (②)만 해당

📝 ① 차(茶), ② 복분자

과실 손해조사	수정완료 후	살아있는 (①) 조사 및 수정불량(송이)피해율 조사 • 조사방법 : 표본조사	복분자만 해당
	결실완료 후	(②) 조사 • 조사방법 : 표본조사	오디만 해당
(③)	사고접수 후 지체 없이	표본주의 과실 구분 • 조사방법 : 표본조사	감귤(온주밀감류) 만 해당

📝 ① 결과모지수, ② 결실수, ③ 수확 전 사고조사

착과수 조사	수확 직전	해당 농지의 (②) 직전 총 착과수를 조사 • 피해와 관계없이 전 과수원 조사 • 조사방법 : 표본조사	(①)만 해당

📝 ① 포도, 복숭아, 자두, 감귤(만감류), ② 최초 품종 수확

동상해 과실손해조사	사고접수 후 지체 없이	표본주의 착과피해 조사 : 12월 21일~익년 2월 말일 사고 건에 한함 • 조사방법 : 표본조사	(①)만 해당
(②)	조사 가능일	사고발생 농지의 제현율 및 정상 출하 불가 확인 조사 • 조사방법 : 전수조사 또는 표본조사	벼만 해당

📝 ① 감귤(온주밀감류), ② 수확불능확인 조사

✓ 26. (　　　)를 알맞게 채우시오.

(①)	과실손해조사	사고접수 후 지체 없이	전체 열매수(전체 개화수) 및 수확 가능 열매수 조사 6월1일~6월20일 사고 건에 한함 • 조사방법 : 표본조사	복분자만 해당
			표본주의 고사 및 정상 결과지수 조사 • 조사방법 : 표본조사	(②)만 해당

🔑 ① 태풍(강풍), 우박 , ② 무화과

✓ 생산비보장

✓ 27. 고추(시설고추 제외) 품목의 생산비보장 보험금을 구하시오.

- 보험가입금액 1,000만원
- 기발생 생산비보장보험금 200만원
- 자기부담비율 5%
- 경과비율 50%
- 병충해 등급별 인정비율 70%
- 피해율 40%

❗풀이
① 잔존보험가입금액 = 1,000 - 200 = 800만원

② 자기부담금 = 800만원 × 0.05 = 40만원

③ 보험금 = (8,000,000 × 0.5 × 0.4 × 0.7) - 400,000 = 72만원

- 병충해 등급별 인정비율 적용을 제외하면 브로콜리 보험금 산정방법과 동일하다.

✓ 28. 배추, 파, 무(시설 무 제외), 시금치 품목의 생산비보장 보험금을 구하시오.

- 보험가입금액 1,000만원
- 자기부담비율 20%
- 면적피해율 70%
- 평균 손해정도비율 40%
- 미보상비율 10%

❗풀이
① 피해율 = 0.7 × 0.4 × (1 - 0.1) = 25.2%

② 보험금 = 10,000,000 × (0.252 - 0.2) = 52만원

✓ 29. 단호박, 당근, 양상추 품목의 생산비보장 보험금을 구하시오.

- 보험가입금액 1,000만원
- 자기부담비율 20%
- 피해비율 70%
- 손해정도비율 40%
- 미보상비율 10%

❗풀이 :
① 피해율 = 0.7 × 0.4 × (1 - 0.1) = 25.2%

② 보험금 = 10,000,000 × (0.252 - 0.2) = 52만원

- 피해율 적용 항목의 용어만 다를 뿐 28번 품목과 동일하다.

✓ 30. 메밀 품목의 생산비보장 보험금을 구하시오.

- 보험가입금액 1,000만원
- 자기부담비율 20%
- 재배면적 3,000㎡
- 피해면적 : 도복 피해면적 1,000㎡, 도복 외 피해면적 800㎡
- 평균 손해정도비율 40%
- 미보상비율 10%

❗ 풀이

① 피해율 $= \dfrac{1,000 \times 0.7 + 800 \times 0.4}{3,000} \times (1 - 0.1) = 30.6\%$

② 보험금 $= 10,000,000 \times (0.306 - 0.2) = 106$만원

✓ 31. (   )를 알맞게 채우시오.

생산비 피해조사	사고발생 시 마다	① 재배일정 확인 ② 경과비율 산출 ③ 피해율 산정 ④ ( ) 확인 (노지 고추만 해당)

🅰 병충해 등급별 인정비율

✓ 32. (   )를 알맞게 채우시오.

재파종 조사	사고접수 후 지체 없이	해당 농지에 보상하는 손해로 인하여 재파종이 필요한 면적 또는 면적비율 조사 • (①)만 해당
재정식 조사	사고접수 후 지체 없이	해당 농지에 보상하는 손해로 인하여 재정식이 필요한 면적 또는 면적비율 조사 • (②)만 해당

🅰 ① 월동무, 쪽파, 시금치, 메밀, ② 가을배추, 월동배추, 브로콜리, 양상추

✓ 종합위험방식 나무손해보장

✓ 33. 나무손해보험금을 구하시오.

- 보험가입금액 1,000만원
- 실제결과주수 100주
- 자기부담비율 5%
- 피해(고사)주수 30주

❗ 풀이
① 피해율 = 30 ÷ 100 = 30%
② 보험금 = 10,000,000 × (0.3 − 0.05) = 250만원

✓ 농업시설물

✓ 34. 해가림시설의 보험금을 구하시오.

- 보험가입금액 1,000만원
- 손해액 400만원
- 보험가액 1,200만원
- 자기부담금 40만원

❗ 풀이 : 보험금 = (400 − 40) × (1,000 ÷ 1,200) = 300만원
- 보험가입금액이 보험가액보다 작을 때 : 해가림시설 보험금 = (손해액 − 자기부담금) × (보험가입금액 ÷ 보험가액)

✓ 35. 해가림시설의 보험금을 구하시오.

- 보험가입금액 1,000만원
- 손해액 400만원
- 보험가액 1,000만원
- 자기부담금 40만원

❗ 풀이 : 보험금 = min(400 − 40, 1,000) = 360만원
- 보험가입금액이 보험가액과 같거나 클 때 해가림시설의 보험금 : 비가림시설, 농업용시설물(버섯재배사)의 보험금 산정 방법과 동일하다. min(손해액 − 자기부담금, 보험가입금액)

재배학 및 원예작물학

필수기초문제 113

1 작물 수량을 최대로 하기 위해 갖춰져야 하는 세 가지 요인은?

2 작물 수량 삼각형에서 다른 두 변이 아무리 발달하여도 한 변이 발달하지 못하면 면적, 즉 생산량이 작아지는 법칙을 무엇이라고 하는가?

3 한국의 농업에서 모내기(이앙법)를 이용한 벼농사가 발달한 시기는?

4 한국의 농업에서 목화 종자의 도입, 임산물의 재배가 시작된 시기는?

5 바빌로프는 재배작물의 기원중심지를 (①   )를 기준으로 8개 지역으로 분류하였다. 바빌로프의 이론에 따르면 작물의 발생 중심지는 그 작물의 종류, 즉 (②   )이 가장 풍부한 지역이다.

6 다음은 작물의 분화발달 과정이다. (   )를 알맞게 채우시오.

유전적 변이(자연교잡과 돌연변이)의 발생 → (   ) → 적응 → 순화 → 격절 또는 고립(품종)

7 작물의 분화발달 과정에서 가장 마지막 단계로 '성립된 적응형들이 유전적인 안정상태를 유지하는 것'을 무엇이라 하는가?

8 다음과 같은 작물의 분류 기준은 무엇인지 쓰시오.

식용작물, 특용작물 (공예작물), 사료작물, 녹비작물, 원예작물

9 생산물 자체를 직접 사용하지 않고 공업생산물의 원료로 쓰이거나 또는 가공 과정을 거쳐 식용 이외의 용도로 사용되는 작물을 무엇이라고 하는가?

10 명기가 12시간보다 짧은 일장조건에서 화아분화와 개화가 촉진되고, 일장이 어느 정도 이상되면 개화가 늦어지거나 개화하지 않는 식물을 ① 분류 기준과, ② 분류 명칭을 쓰고, ③ 예시작물을 3개 이상 쓰시오.

정답

1. 환경조건, 유전성, 재배기술,
2. 최소율의 법칙,
3. 조선시대,
4. 고려시대,
5. ① 유전자 중심지, ② 변종

6. 도태
7. 격절 (고립)
8. 용도에 따른 분류
9. 특용작물(공예작물)
10. ① 일장반응, ② 단일성 식물, ③ 늦벼, 늦콩, 옥수수, 수수, 조, 고구마, 담배, 호박, 코스모스, 나팔꽃, 딸기 등

11 (   )를 알맞게 채우시오.

포도, 무화과, 올리브는 내산성이 (①   ) 과수이고, 복숭아, 블루베리, 밤은 내산성이 (②   ) 과수이다.

12 지면을 덮어서 토양침식을 방지하는 효과가 있는 작물을 뜻하는 용어는?

13 (   )를 알맞게 채우시오.

토양 pH 농도가 7.0보다 낮을수록 (   )이 강하다는 의미이다.

14 토양의 구성 성분으로 이른바 토양 3상이라 불리는 것은 무엇인지 쓰시오.

15 토양 공기 중 대기의 성분과 비슷하나 함량이 대기보다 많은 것은 무엇인가?

16 토양 무기성분에서 대기 중의 이산화탄소와 물로부터 공급될 수 있는 성분은?

17 무기성분 중 비료의 3요소를 쓰시오.

18 무기성분의 필수 16원소 중에서 식물체의 90~98%를 차지하는 엽록소의 구성 원소이며, 광합성에 의해 생성되는 여러 유기물의 구성 재료를 쓰시오.

19 무기성분의 필수 16원소 중에서 다음의 특성을 나타내는 원소를 쓰시오.

- 엽록소, 단백질, 효소의 구성성분
- 작물의 생장·개화·결실을 지배
- 부족 : 황백화 현상, 생장 억제, 하엽이 고사(늙은 조직에 먼저 나타남(체내 이동성이 좋음)), 화곡류의 분얼 저해, 화성 촉진
- 과다 : 엽색이 짙어짐, 병해충 저항성 저하

20 무기성분의 필수 16원소 중에서 다음의 특성을 나타내는 원소를 쓰시오.

- 탄수화물·단백질 형성
- 세포 내의 수분공급, 증산에 따른 수분·상실 조절 → 세포 팽압 유지 기능에 관여
- 체내 이동이 용이 → 부족 시 늙은 조직에 먼저 증상
- 효소반응의 활성제

정답

11. ① 약한(낮은), ②강한(높은)	16. 탄소(C), 산소(O), 수소(H)
12. 피복작물(토양보호작물)	17. 질소(N), 인(P), 칼륨(K)
13. 산성	18. 탄소(C), 산소(O), 수소(H)
14. 고상, 액상, 기상 (고체, 액체, 기체)	19. 질소(N)
15. 이산화탄소(CO_2), 수증기	20. 칼륨(K)

21 **토양 유기물의 기능이다. 맞으면 O, 틀리면 X를 표기하시오.**

① 작물 생육에 필요한 필수 원소를 공급한다.   (   )
② 토양의 입단 형성을 저해한다.   (   )
③ 토양의 유실과 침식을 방지한다.   (   )
④ 토양의 염류를 감소시킨다.   (   )
⑤ 유용 미생물의 번식을 촉진한다.   (   )

22 **( )를 알맞게 채우시오.**

C/N율이 높으면 ( )가(이) 유도되고, 낮으면 ( )이 계속된다.

23 **작물의 흡수력을 표시하는 척도로서 토양에서 수분을 제거시키는데 필요한 단위면적당 힘을 뜻하는 용어는?**

24 **토양수분의 5가지 형태를 pF가 큰 순서대로 나열한 것이다. ( )를 채우시오.**

결합수(결정수, 화합수) > ( ) > 모관수 > 중력수(자유수)

25 **토양수분의 형태 중 작물이 주로 이용하며 표면 장력에 의해 토양 공극 내에서 중력에 저항하여 유지되는 수분을 무엇이라고 하는가?**

26 **토양의 수분함량을 나타내는 용어로서 '충분한 관개 또는 강우로 토양이 물로 포화된 후 1~3일이 지나면 토양 공극의 물은 중력에 의해 다 빠지고 소공극의 수분만 남은 상태'를 무엇이라고 하는가?**

27 **시들어 버린 식물을 포화습도 공기 중에 24시간 놓아두어도 회복이 불가능한 토양 수분 상태를 뜻하는 용어를 쓰시오.**

28 **( )를 알맞게 채우시오.**

토양 공기의 조성을 대기의 조성과 비교했을 때, 대기보다 ( )의 함량이 훨씬 높고, ( )의 함량은 낮다.

29 대기 중의 질소를 암모니아를 비롯한 질소화합물로 환원하여 식물이 이용할 수 있도록 하는 생물학적인 과정을 무엇이라고 하는가?

30 토양 중의 질소가 아산화질소(N_2O), 산화질소(NO), 질소가스(N_2) 등으로 변해서 토양 밖으로 달아나는 현상을 무엇이라고 하는가?

정답

21. ① O, ② X, ③ O, ④ X, ⑤ O
22. 개화(화성), 영양생장
23. 토양수분장력(pF)
24. 흡습수(흡착수)
25. 모관수

26. 최소용수량(포장용수량)
27. 영구위조점
28. 이산화탄소(CO_2), 산소(O_2)
29. 질소고정
30. 탈질작용(탈질현상)

31 토양의 물리적 조건 중 하나이며 모래, 미사, 점토의 함량 비율에 따른 토양분류를 뜻하는 용어는?

32 토양의 입단구조를 파괴하는 요인을 두 개 이상 쓰시오.

33 토양이 산성, 중성 또는 염기성의 성질을 나타내는 것을 무엇이라고 하는가?

34 산성과 알칼리성을 나누는 기준이 되는 수소이온농도(pH)는?

35 산성토양의 개량제로 많이 쓰이는 비료로서 Ca, Ca+Mg, Ca+S 의 성분으로 된 비료를 무엇이라고 하는가?

36 작토 중의 중요한 양분이 용탈하여 하층토에 집적하고, 작토에는 작물의 생육에 필요한 양분이 부족하게 되는 현상을 무엇이라고 하는가?

37 특정 환경 또는 시스템에서 물 분자가 자유롭게 움직일 수 있는 정도를 뜻하는 용어는?

38 작물이 가장 잘 생육할 수 있는 온도를 뜻하는 말은?

39 광합성에 의해 잎에서 생성된 탄수화물(동화물질)이 저장 또는 소비기관으로 이동하는 것을 무엇이라고 하는가?

40 광합성에 의해서 소모되는 이산화탄소의 양과 호흡에 의해서 방출되는 이산화탄소의 양이 일치하는 지점(광합성량과 호흡량이 일치하는 지점)의 이산화탄소의 농도를 뜻하는 용어는?

정답

31. 토성
32. 팽창과 수축의 반복, 경운, Na^+ (나트륨 이온)의 첨가, 비와 바람
33. 토양반응
34. pH 7.0
35. 석회(질)비료
36. 노후답 현상
37. 수분퍼텐셜
38. 생육 적온
39. 동화물질의 전류
40. 이산화탄소 보상점

41 식물의 광합성 속도가 더 이상 증가하지 않을 때의 빛의 세기를 뜻하는 용어는?

42 과실의 착색에 영향을 미치는 식물성 색소로 빨강, 파랑, 보라, 흑보라색의 수용성 색소는?

43 대기 중의 이산화탄소 농도를 인위적으로 높여주는 시비 방법은?

44 작물이 싹이 돋고, 마디에서 가지가 나오고, 화성, 등숙 등의 과정을 거치면서 체내의 질적인 재조정 작용이 일어나는 과정을 무엇이라고 하는가?

45 종자식물의 씨앗을 구성하는 조직 중 하나로서 나중에 식물 본체가 되는 배(   )에 영양을 공급하기 위한 조직의 이름은?

46 배유와 종피의 도움으로 식물 본체로 발달하는 기관의 이름은?

47 씨를 뿌리기 전에 병충해를 막고 수확량을 늘릴 목적으로 씨(종자)를 물리적 · 화학적 및 기계적 방법으로 처리하는 일을 무엇이라고 하는가?

48 저온, 고온, 건조 등 불량환경하에서 종자의 내동성, 내염성, 내건성 등을 증대시키기 위한 처리를 의미하는 용어를 쓰시오.

49 발아 시기에 빛에 반응성을 보이는 종자들을 부르는 용어는?

50 경실의 발아 촉진을 위해 종피에 상처를 내는 방법은?

정답

41. 광포화점	46. 배(배아. 씨눈)
42. 안토시안	47. 종자 처리
43. 탄산시비	48. (종자) 경화처리
44. 발육	49. 광발아(호광성) 종자
45. 배유(배젖. 씨젖)	50. 종피 파상법

51 무성생식의 한 종류로서 생식기관을 제외한 영양체 부위가 재분화 등의 단계를 거쳐 완전한 식물체로 발달하는 과정을 무엇이라고 하는가?

52 식물의 영양기관인 잎, 줄기를 잘라 다시 심어서 새로운 식물을 얻는 재배방식은?

53 가지를 잘라내지 않은 상태에서 뿌리를 내어 번식시키는 방법으로 모식물의 줄기(가지) 일부분에서 뿌리가 뻗어 나오는 것을 기다려 모식물에서 떼어내는 영양번식의 방법은?

54 줄기나 가지의 껍질을 3~6mm 정도의 넓이로 둥글게 도려내고, 도려낸 부분에 축적된 탄수화물에 의해 발근, 화아분화 및 숙기를 촉진시키는 방법을 무엇이라고 하는가?

55 다음의 특징을 가진 영양번식 방법은?

- 유용 작물의 품종 육성이나 식물 생명공학 연구에 널리 이용되고 있다.
- 유전적으로 새로운 특성을 가진 개체의 분리이다.
- 단시간 내 대량 번식이 가능하다.
- 무병묘 육성의 육종에 응용된다.

56 다음에서 말하는 식물 생장조절제는 무엇인가?

- 세포분열을 촉진하여 기관분화를 유도한다.
- 식물체 내에서 충분하게 생성되어 부족 현상이 나타나는 경우가 거의 없다.
- 주로 뿌리에서 생성되어 물관을 통해 지상부의 다른 기관으로 전류된다.

57 다음에서 말하는 식물 생장조절제는 무엇인가?

- 세포의 신장, 뿌리 유도를 통해 길이 신장에 관여한다.
- IAA, IAN, PAA(자연 생성 물질), IBA, NAA, 4-D 등(합성물질. 4-D(제초제))이 있다.
- 정아에서 생성되어 정아의 생장을 촉진하지만, 아래로 확산하며 측아의 발달을 억제하는 현상
- 발근, 접목의 활착, 개화, 과실의 비대 · 성숙을 촉진한다.
- 토마토의 단위결과 유도제로 쓰인다.
- 이층을 억제하여 낙과를 방지하며, 제초제로도 이용된다.

58 작휴 방법 중 '이랑을 세우고 이랑에 파종하는 방식'을 무엇이라고 하는가?

59 다른 양분이 충분히 있을 경우 제한인자를 점차 올려주면 수확량이 어느 한도까지는 증가하다가 최고점에 이르면 그 이상 늘지 않고 오히려 감소하는 법칙을 무엇이라고 하는가?

60 필요할 경우 비료를 용액의 상태로 잎에 살포하는 시비법은?

51. 영양번식
52. 꺾꽂이(삽목)
53. 휘묻이(취목)
54. 환상박피
55. 조직배양

56. 시토키닌
57. 옥신
58. 휴립휴파법
59. 수량 점감의 법칙 (보수 점감의 법칙)
60. 엽면시비

61 병해충의 방제에 있어서 '해충의 천적을 이용한 친환경적 방제법'을 무엇이라고 하는가?

62 환경과 해충의 속성을 고려해 재배적·화학적·물리적·생물적 방제법을 적절히 조합하는 방제법을 뜻하는 용어는?

63 노동력을 덜 들이는 재배 방법으로 노동력의 품귀에 따른 생산비의 증가 등으로 인한 영농의 어려움을 타개하고자 연구되고 있는 것은?

64 관수해의 피해 정도이다. (   )을 부등호로 채우시오.

청수 (   ) 탁수, 흐르는 물 (   ) 정체수, 저수온 (   ) 고수온

65 벼가 관수해를 입었을 때 고수온의 정체 탁수에서는 단백질의 소모가 없이 푸른 색을 띠며 죽는 현상을 무엇이라고 하는가?

66 다음은 내건성이 강한 작물의 특징이다. 맞으면 O, 틀리면 X를 표기하시오.

① 세포의 크기가 작고 기동세포가 발달했다. ( )

② 세포액의 삼투압이 낮고 세포 내 효소가 활성화되어 있다. ( )

③ 원형질 점도가 높고 응고가 적다. ( )

④ 원형질막의 투과성이 적다. ( )

⑤ 기공의 수가 적고 크기가 작으며, 잎의 크기가 작다. ( )

67 ( )을 채우시오.

벼는 내습성이 강한 작물로 ( )가 발달되어 있어 뿌리로의 산소 공급 능력이 크다.

68 냉해의 종류 중 '감수분열기에 발생하며 생식기관이 정상적으로 형성되지 못해 부실한 열매를 맺게 되는 냉해'를 무엇이라고 하는가?

69 한지형 목초(북방형 목초)이 8~24℃에서 생육이 감퇴하고 24℃ 이상에서 생육이 정지되어 고사하는 현상은?

70 내동성이 큰 작물의 생리적 특징이다. 맞으면 O, 틀리면 X를 표기하시오.

① 원형질의 수분 투과성이 크다. ( )

② 원형질의 친수성 콜로이드가 적다. ( )

③ 원형질의 점도와 연도가 높다. ( )

④ 세포질 내 당분 함량이 많다. ( )

⑤ 세포질 내 전분 함량이 적다. ( )

정답

61. 생물적 방제법

62. 병해충 종합관리(IPM)

63. 생력재배

64. <, <, <

65. 청고현상

66. ① O, ② X, ③ O, ④ X, ⑤ O

67. 통기계

68. 장해형 냉해

69. 하고 현상

70. ① O, ② X, ③ X, ④ O, ⑤ O

71 성숙기에 가까운 화곡류의 이삭이 도복이나 강우로 젖은 상태가 오래 지속되면 이삭에서 싹이 트는 것을 무엇이라고 하는가?

72 한국에서 가장 많이 재배되고 있는 조미채소 품목은?

73 원예작물의 세 가지 분류는?

74 채소의 이용 부위에 따른 분류는?

75 감자, 토란 등 덩이줄기가 발달한 것을 이용하는 채소를 무엇이라 하는지 쓰시오.

76 채소를 온도 적응성에 따라 분류할 때 가지, 고추, 토마토, 오이, 참외, 수박, 멜론 등의 분류는?

77 식물의 일장 반응에서 경계나 기준이 되는 낮의 길이를 뜻하는 용어는?

78 산성토양의 중화, 토양 입단 형성 촉진, 토양미생물 활동 촉진, 인산 흡수 조절을 조장하기 위한 비료의 종류를 쓰시오.

79 오이의 ① 암수를 결정하는 가장 중요한 요인 두 가지와 ② 낙과량이 증가되는 경우의 주 요인을 쓰시오.

80 과수의 구조에 따른 분류를 쓰시오.

71. 수발아
72. 고추
73. 채소, 과수, 화훼
74. 엽경채류, 근채류, 과채류, 화채류
75. 괴경류

76. 호온성 채소
77. 한계일장
78. 석회(질)비료
79. ① 온도와 일장조건(저온·단일조건에서 암꽃 착생 증가), ② 일조량 부족
80. 인과류, 준인과류, 핵과류, 장과류, 각과류

81 과수의 분류에서 자방이 발달하여 과실이 된 것을 무엇이라고 하는지 쓰시오.

82 과수재배 시 깨끗이 김을 매주는 대신에 목초, 녹비 등을 나무 밑에 가꾸며 재배하는 방법을 쓰시오.

83 꽃눈의 형성에 관여하는 식물 내적 요인 중 질소에 대한 탄수화물의 비율을 나타내는 용어는?

84 (   )를 알맞게 채우시오.

(①)을(를) 포도에 처리하면 1차 처리 시에 (②)가(이) 생산되고, 2차 처리 시에는 과립의 비대와 성숙이 촉진된다.

85 자방과 더불어 꽃받기가 비대 발달하여 과실이 된 것의 ①분류명과 ②예시 작물을 두 개 이상 쓰시오.

86 화훼를 용도에 따라 세가지로 분류하시오.

87 일출을 전후한 2~3시간 동안 온도를 야간온도보다 낮추거나 높여주어 생육을 조절하는 방법을 무엇이라고 하는가?

88 저온으로 인해 마디 사이가 짧아지고 생장점 부근에 꽃이 밀생하는 현상은?

89 국화의 꽃눈분화와 개화를 촉진시키기 위한 일장조건은?

90 주로 겨울철 야간에 인공조명으로 단일조건을 타파하여 꽃눈분화를 조절하는 재배 방식은?

81. 진과
82. 초생재배
83. C/N율(탄질율)
84. ① 지베렐린(GA), ② 무핵과
85. ① 인과류, ② 사과, 배, 비파, 모과 등

86. 절화용, 분화용, 화단용
87. 변온처리(DIF 처리)
88. 로제트현상
89. 단일조건(장야조건)
90. 전조재배

91 국화 등을 재배할 때 재배지 주위에 가로등 등의 인공조명으로 암기가 중단되어 개화(꽃눈분화)가 억제되는 현상을 무엇이라고 하는가?

92 유리온실의 분류 중 처마가 높고 지붕의 폭이 좁은 양지붕형 온실의 일종으로 유럽, 네덜란드를 중심으로 발전한 연동식 온실의 명칭은?

93 (   )를 알맞게 채우시오.

시설 피복재의 구비 조건에 있어서 투광성 · 보온성 · 내구성은 (   ), 열전도율은 (   ) 것이 좋다.

94 피복재의 분류에 있어서 유연 정도에 따른 세 가지 분류를 쓰시오.

95 다음과 같은 특성을 가진 피복재는?

- 연질필름
- 투광성이 우수함
- 보온성, 내구성, 내후성이 약함
- 화학 약품에 대한 내성이 크고 먼지가 잘 부착되지 않음
- 설치 비용이 저렴하지만 수명이 짧음
- 피복재 중 가장 널리 이용되고 있음. 전체 시설 피복재의 약 82%

96 작물의 생육에 필요한 양분을 작물이 적절하게 흡수할 수 있도록 수용액으로 만들어 재배하는 방법은?

97 다음이 뜻하는 용어는?

- 외부로부터의 작용에 대해 그 영향을 완화시키려는 성질을 말한다.
- 환경이나 조건이 크게 변하여도 자신은 잘 변하지 않는 능력을 말한다.

98 양액을 조성할 때 필수 16원소 중 제외되는 원소를 쓰시오.

99 질이 균일하고 규격화된 묘를 연중 계획적으로 체계화, 장치화한 묘 생산시설에서 생산하는 것을 뜻하는 용어는?

100 외부 환경과 단절된 공간에서 빛, 공기, 온도, 습도, 양분, 이산화탄소 농도 및 배양액 등 식물의 환경을 인공적으로 조정하여 농산물을 계획적으로 생산하는 시설을 무엇이라고 하는가?

정답

91. 광중단현상(암기중단현상)	96. 양액재배
92. 벤로형 온실	97. 완충능
93. 높은, 낮은	98. 탄소(C), 산소(O), 수소(H)
94. 연질, 경질, 경질판 필름	99. 공정육묘
95. 폴리에틸렌 필름(PE)	100. 식물공장

101 패드를 만들어 물을 흘러내려 패드가 완전히 젖게 만든 후 반대편에 팬을 달아 실내공기를 뽑아내면 외부에서 유입되는 젖은 패드를 통과한 공기가 기화되며 냉각되어 실내 온도가 낮아지는 시설 냉방법은?

102 다음의 내용이 맞으면 O, 틀리면 X를 표시하시오.

① 시설 내의 광 분포는 균일하다. (   )
② 시설 내의 토양은 노지의 토양보다 건조하다. (   )
③ 시설 내부에는 어느 위치에서도 공기 성분과 분포 농도가 같다. (   )
④ 시설 내부에서 작물 주위는 통로나 출입구에 비해 탄산가스의 농도가 낮다. (   )
⑤ 시설 내의 토양은 염류가 집적되어 있지 않다. (   )

103 다음이 뜻하는 용어는?

시설 내에 탄산가스를 인위적으로 공급함으로써 탄산가스의 부족 및 농도 불균형을 해소하여 작물 생육을 촉진하는 방법이다.

104 사과의 수확 적기를 판단하는 지표 중의 하나로 전분의 함량을 측정하는 방법은 무엇인가?

105 원예작물의 수확 후의 손실 요인 중 노화를 촉진시켜서 저장성을 떨어트리는 식물호르몬은?

106 식물 증산작용의 90%가 이뤄지는 기관은 무엇인가?

107 일반적으로 수확 후 호흡률이 높은 작물은 (   )이 짧다. (   )에 들어갈 단어는?

108 감소하던 호흡이 성숙 단계에 들어서면서 일시적으로 급등하는 현상을 무엇이라고 하는가?

109 절화의 수분공급에 유리한 방법이다. 맞으면 O, 틀리면 X를 표시하시오.

① 줄기를 사선으로 자른다. (   )
② 물에 잠기는 부분은 잎은 그대로 둔다. (   )
③ 절화보존제를 넣어준다. (   )
④ 물을 자주 갈아준다. (   )

110 절화 장미에서 수곡현상을 보이게 하는 환경 요인은?

111 10℃ 이하에서 저온장해가 발생하는 화훼를 한가지 이상 쓰시오.

112 굴지성으로 인해 수평으로 보관하면 상품성이 저해되는 화훼를 한 가지 이상 쓰시오.

113 수확할 때 기계적 상처를 입은 작물에 병균이 침투하지 못하도록 상처 부위를 미리 치료하는 작업을 의미하는 용어는?

정답

101. 팬앤패드 냉각법 (fan and pad)
102. ① ✕, ② ◯, ③ ✕, ④ ◯, ⑤ ✕
103. 탄산시비
104. 요오드 반응검사 (요오드화칼륨 용액 침지법)
105. 에틸렌
106. 잎의 기공
107. 저장수명

108. 호흡급등현상
109. ① ◯, ② ✕, ③ ◯, ④ ◯
110. 빛(광)환경
111. 안스리움, 극락조화
112. 글라디올러스, 금어초, 델피늄
113. 큐어링

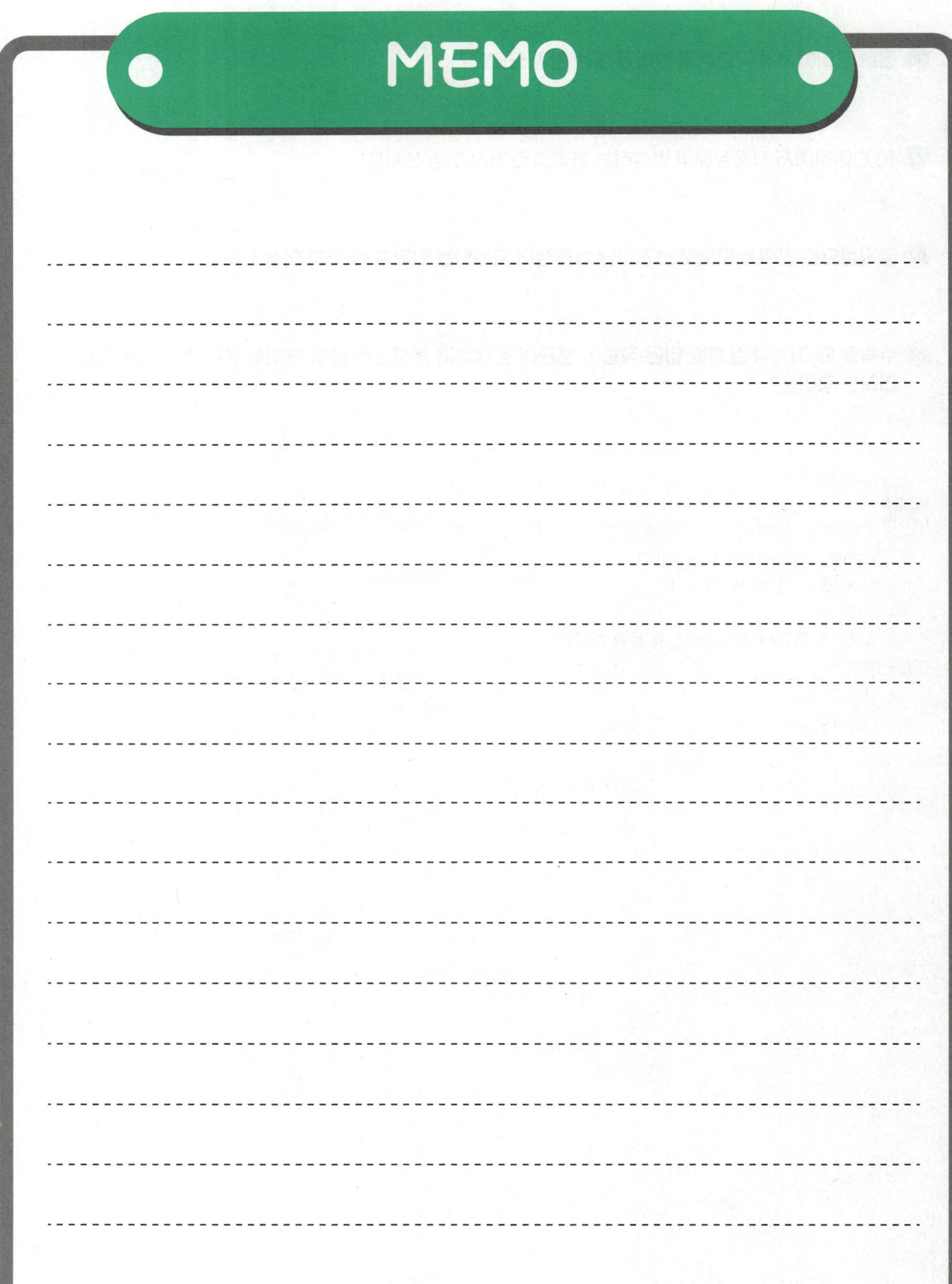

PART 2

기출문제 및 해설

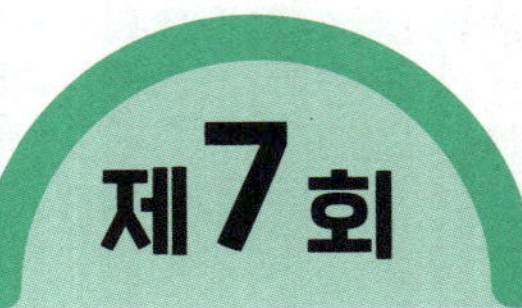

상법 보험편

1 보험계약에 관한 설명으로 옳지 않은 것은?

① 보험계약은 유상 · 쌍무계약이다.
② 보험계약은 보험자의 청약에 대하여 보험계약자가 승낙함으로써 성립한다.
③ 보험계약은 보험자의 보험금 지급 책임이 우연한 사고의 발생에 달려 있으므로 사행계약의 성질을 갖는다.
④ 보험계약은 부합계약이다.

정답 ②

해
- **보험계약의 성립 (제638조의2)** : 보험계약자의 청약 + 보험자의 승낙. 쌍방의 의사 합치
- **보험계약 의의** : '불요식' · 낙성 계약, 사행계약성, 선의계약성, '상행위성(영업성)', 유상 · 쌍무계약성, 계속계약성, 독립 계약성, 부합계약성, 단체계약성

2 타인을 위한 보험에 관한 설명으로 옳은 것은?

① 보험계약자는 위임을 받지 아니하면 특정의 타인을 위하여 보험계약을 체결할 수 없다.
② 타인을 위한 보험계약의 경우에 그 타인은 수익의 의사표시를 하여야 그 계약의 이익을 받을 수 있다.
③ 보험계약자가 불특정의 타인을 위한 보험을 그 타인의 위임 없이 체결할 경우에는 이를 보험자에게 고지할 필요가 없다.
④ 타인을 위한 보험계약의 경우 보험계약자가 보험료의 지급을 지체한 때에는 그 타인이 그 권리를 포기하지 아니하는 한 그 타인도 보험료를 지급할 의무가 있다.

정답 ④

해 **타인을 위한 보험 (제639조)**
- 위임 또는 '위임 받지 않음', 특정 또는 불특정 타인
- 위임 없는 경우 보험계약자는 '보험자에게 고지'
- 불고지 시 보험자에게 대항하지 못함
- 그 타인은 '당연히' 그 계약의 이익을 받음
- 보험계약자 파산 또는 보험료 지급 지체 시 → 권리 포기 없는 한 '보험료 지급 의무'

③ 상법상 보험에 관한 설명으로 옳은 것은?

① 보험증권의 멸실로 보험계약자가 증권의 재교부를 청구한 경우 증권의 작성비용은 보험자의 부담으로 한다.

② 보험기간의 시기는 보험계약 이후로만 하여야 한다.

③ 보험계약 당시에 보험사고가 이미 발생하였을 경우 당사자 쌍광과 피보험자가 이를 알지 못하였어도 그 계약은 무효이다.

④ 보험계약의 당사자는 보험증권의 교부가 있은 날로부터 일정한 기간 내에 한하여 그 증권 내용의 정부(正否)에 관한 이의를 할 수 있음을 약정할 수 있다.

정답 ④

해

- 증권의 재교부청구 (제642조) : 비용은 보험계약자의 부담
- 소급보험 (제643조) : '그 계약전의 어느 시기'를 보험기간의 시기로 할 수 있음
- 보험사고의 객관적 확정의 효과 (제644조)
  - 보험사고가 이미 발생하였거나 또는 발생할 수 없는 것인 때 → 그 계약은 무효
  - 당사자 쌍방과 피보험자가 이를 알지 못한 때에는 그러하지 아니하다.
- 증권에 관한 이의약관의 효력 (제641조)
  - 증권교부일로부터 일정 기간 내 이의 할 수 있음을 약정
  - 1개월보다 짧게 할 수 없음

④ 보험대리상 등의 권한에 관한 설명으로 옳지 않은 것은?

① 보험대리상은 보험계약자로부터 보험계약에 관한 청약의 의사표시를 수령할 수 있다.

② 보험자는 보험계약자로부터 보험료를 수령할 수 있는 보험대리상의 권한을 제한할 수 있다.

③ 보험대리상은 보험계약자에게 보험계약에 관한 해지의 의사표시를 할 수 없다.

④ 보험대리상이 아니면서 특정한 보험자를 위하여 계속적으로 보험계약의 체결을 중개하는 자는 보험계약자로부터 보험계약에 관한 취소의 의사표시를 수령할 수 없다.

정답 ③

해 보험대리상 등의 권한 (제646조의2)
  - 보험료 수령권, 보험증권 교부권, 보험계약에 관한 의사표시 수령권, 보험계약에 관한 의사표시권

⑤ 보험계약의 해지에 관한 설명으로 옳지 않은 것은?

① 보험계약자가 보험계약을 전부 해지했을 때에는 언제든지 미경과보험료의 반환을 청구할 수 있다.

② 타인을 위한 보험의 경우를 제외하고, 보험사고가 발생하기 전에는 보험계약자는 언제든지 보험계약의 전부를 해지할 수 있다.

③ 타인을 위한 보험계약의 경우 보험사고가 발생하기 전에는 그 타인의 동의를 얻으면 그 계약을 해지할 수 있다.

④ 보험금액이 지급된 때에도 보험금액이 감액되지 아니하는 보험의 경우에는 보험계약자는 그 사고 발생 후에도 보험계약을 해지할 수 있다.

정답 ①

📵 사고 발생 전의 임의해지 (제649조)
- 사고 발생 전 해지 시 : 다른 약정이 없으면 미경과보험료의 반환을 청구할 수 있다.
- 보험사고가 발생하기 전 : 언제든지 계약의 전부 또는 일부를 해지할 수 있다.
- 보험자가 보험금액을 지급한 때에도 보험금액이 감액되지 않는 보험 : 보험계약자는 그 사고 발생 후에도 보험계약을 해지 가능
- 타인을 위한 보험계약 : 그 타인의 동의 또는 보험증권을 소지 필요

6 보험료의 지급과 지체의 효과에 관한 설명으로 옳은 것은?

① 보험계약자는 계약체결 후 지체없이 보험료의 전부 또는 제1회 보험료를 지급하여야 한다.
② 계속보험료가 약정한 시기에 지급되지 아니한 때에는 보험자는 상당한 기간을 정하여 보험계약자에게 최고하고 그 기간 내에 지급되지 아니한 때에는 그 계약은 해지된 것으로 본다.
③ 특정한 타인을 위한 보험의 경우에 보험계약자가 보험료의 지급을 지체한 때에는 보험자는 그 계약을 해제 또는 해지할 수 있다.
④ 보험계약자가 최초보험료를 지급하지 아니한 경우에는 다른 약정이 없는 한 계약성립 후 1월이 경과하면 그 계약은 해제된 것으로 본다.

정답 ①

📵 보험료의 지급과 지체의 효과 (제650조)
- 계약체결 후 지체없이 보험료의 전부 또는 제1회 보험료 지급
- 계속보험료 부지급 시 → 상당한 기간을 정하여 보험계약자에게 최고 → 그 기간 내에 지급되지 아니한 때에는 그 계약을 해지 '할 수 있음'
- 특정한 타인을 위한 보험의 경우 → 그 타인에게도 '상당한 기간 최고' → 그 계약을 해제 또는 해지
- 다른 약정이 없는 한 계약성립 후 '2월이 경과하면' 그 계약은 해제된 것으로 봄

7 고지의무에 관한 설명으로 옳지 않은 것은?

① 고지의무를 부담하는 자는 보험계약상의 보험계약자 또는 보험수익자이다.
② 보험계약자가 고의로 중요한 사항을 고지하지 아니한 경우, 보험자는 계약체결일로부터 1월이 된 시점에는 계약을 해지할 수 있다.
③ 보험자가 계약 당시에 보험계약자의 고지의무위반 사실을 알았을 때에는 계약을 해지할 수 없다.
④ 보험계약자가 중대한 과실로 중요한 사항을 고지하지 아니한 경우, 보험자는 계약체결일로부터 5년이 경과한 시점에는 계약을 해지할 수 없다.

정답 ①

📵 고지의무 위반으로 인한 계약 해지 (제651조)
- 고지의무자 : '보험계약자 또는 피보험자'
- '고의' 또는 중대한 과실로 불고지 또는 부실 고지
- 안 날로부터 1월 내, 체결한 날로부터 '3년 내' 계약해지 가능
- 보험자가 '계약 당시에 그 사실을 알았거나' '중대한 과실'로 인하여 알지 못한 때 → 계약해지 불가

8 보험약관에 관한 설명으로 옳은 것을 모두 고른 것은? (다툼이 있으면 판례에 따름)

ㄱ. 보통보험약관이 계약당사자에 대하여 구속력을 가지는 것은 보험계약 당사자 사이에서 계약 내용에 포함시키기로 합의하였기 때문이다.
ㄴ. 보험자가 약관의 교부·설명 의무를 위반한 경우에 보험계약이 성립한 날부터 3개월 이내에는 피보험자 또는 보험수익자도 그 계약을 해지할 수 있다.
ㄷ. 약관의 내용이 이미 법령에 의하여 정하여진 것을 되풀이 하는 정도에 불과한 경우, 보험자는 고객에게 이를 따로 설명하지 않아도 된다.

① ㄱ, ㄴ　　　　② ㄱ, ㄷ　　　　③ ㄴ, ㄷ　　　　④ ㄱ, ㄴ, ㄷ

정답 ②

해 약관의 구속력 및 근거:
- 계약설(합의설, 의사설) – 보험계약 당시에 '당사자 간에 계약 내용에 포함시키기로 합의'하였기 때문이다.

• 보험약관의 교부·설명 의무 (제638조의3)
- 의무 상대방 : 보험계약자
- 위반 시 → '보험계약자'는 계약 성립일로부터 3개월 이내 계약 취소 가능

• 보험자가 보험계약자에게 설명해야 하는 중요한 사항에 해당하지 않는 것
- 보험계약 거래에 있어서 일반적·공통적 내용
- 고객이 충분히 예상할 수 있는 내용
- 보험계약자에게 일반적으로 알려져 있는 내용
- 보험계약법에 규정되어 있는 내용
- 이행 여부가 보험계약의 체결 여부에 영향을 미치지 않는 경우
- '법령에 의해 정해진 것을 되풀이하거나 부연하는 정도'
- 보험계약자나 그 대리인이 그 내용을 충분히 잘 알고 있는 경우

9 위험변경증가의 통지와 계약해지에 관한 설명으로 옳은 것은?

① 보험기간 중에 피보험자가 사고 발생의 위험이 현저하게 변경 또는 증가된 사실을 안 때에는 지체없이 보험자에게 통지하여야 한다.
② 보험계약체결 직전에 보험계약자가 사고 발생의 위험이 변경 또는 증가된 사실을 안 때에는 지체없이 보험자에게 통지하여야 한다.
③ 보험기간 중에 위험변경증가의 통지를 받은 때에는 보험자는 3개월 내에 보험료의 증액을 청구할 수 있다.
④ 보험기간 중에 위험변경증가의 통지를 받은 때에는 보험자는 3개월 내에 계약을 해지할 수 있다.

정답 ①

해 위험변경증가의 통지와 계약해지 (제652조)
- 의무자 : 보험계약자, 피보험자
- 계약의 효과로 발생하는 의무 ('계약 후')
- 해태한 경우 → 안 날로부터 1월 내 해지 가능
- 통지 받은 경우 → 1월 내 보험료 증액 또는 해지 가능

10 보험계약자 등의 고의나 중과실로 인한 위험증가와 계약해지에 관한 설명으로 옳지 않은 것은? (다툼이 있으면 판례에 따름)

① 보험기간 중에 보험계약자의 중대한 과실로 인하여 사고 발생의 위험이 현저하게 증가된 때에는 보험자는 그 사실을 안 날부터 1월 내에 보험료의 증액을 청구할 수 있다.

② 위험의 현저한 변경이나 증가된 사실과 보험사고 발생과의 사이에 인과관계가 부존재한다는 점에 관한 주장·입증책임은 보험자 측에 있다.

③ 보험기간 중에 피보험자의 고의로 인하여 사고발생의 위험이 현저하게 증가된 때에는 보험자는 그 사실을 안 날부터 1월내에 계약을 해지할 수 있다.

④ 사고 발생의 위험이 현저하게 변경 또는 증가된 사실이라 함은 그 변경 또는 증가된 위험이 보험계약의 체결 당시에 존재하고 있었다면 보험자가 보험계약을 체결하지 않았거나 적어도 그 보험료로는 보험을 인수하지 않았을 것으로 인정되는 정도의 것을 말한다.

정답 ②

해 보험계약자 등의 고의나 중과실로 인한 위험 증가와 계약해지 (제653조)
- 보험기간 중
- 보험계약자, 피보험자 또는 보험수익자의 고의 또는 중대한 과실
- 위험이 현저하게 변경 또는 증가
- 안 날부터 1월 내 : 보험료 증액을 청구 또는 계약해지 가능

• 계약해지와 보험금청구권 (제655조)
- 보험사고 발생에 영향을 미치지 아니하였음이 증명된 경우에는 보험금을 지급
- 입증책임 : 보험계약자 측

11 보험자의 계약해지와 보험금청구권에 관한 설명으로 옳은 것을 모두 고른 것은?

ㄱ. 보험사고 발생 후라도 보험계약자의 계속보험료 지급 지체를 이유로 보험자가 계약을 해지하였을 때에는 보험금을 지급할 책임이 있다.

ㄴ. 보험사고 발생 후에 보험계약자가 고지의무를 위반한 사실이 보험사고 발생에 영향을 미치지 아니하였음이 증명된 경우에는 보험자는 보험금을 지급할 책임이 있다.

ㄷ. 보험수익자의 중과실로 인하여 사고발생의 위험이 현저하게 변경되거나 증가된 사실이 보험사고 발생에 영향을 미치지 아니하였음이 증명된 경우에는 보험자는 보험금을 지급할 책임이 있다.

① ㄷ   ② ㄱ, ㄴ   ③ ㄴ, ㄷ   ④ ㄱ, ㄴ, ㄷ

정답 ③

해 계약해지와 보험금청구권 (제655조)
- 보험료 지급 지체, 고지의무 위반, 위험변경·증가 통지의무 위반, 위험유지의무 위반으로 인한 계약 해지 : 보험금을 지급할 책임이 없고 이미 지급한 보험금의 반환을 청구 가능
- '고지의무 위반 또는 현저한 위험의 변경·증가의 사실' : 보험사고 발생에 '영향을 미치지 아니하였음이' 증명된 경우에는 보험금을 지급

12 보험사고 발생의 통지의무에 관한 설명으로 옳은 것은?

① 상법은 보험사고 발생의 통지의무 위반 시 보험자의 계약해지권을 규정하고 있다.

② 보험계약자는 보험사고의 발생을 안 때에는 상당한 기간 내에 보험자에게 그 통지를 발송하여야 한다.

③ 피보험자가 보험사고 발생의 통지의무를 해태함으로 인하여 손해가 증가된 때에는 보험자는 그 증가된 손해를 보상할 책임이 없다.

④ 보험수익자는 보험사고 발생의 통지의무자에 포함되지 않는다.

해 계약해지와 보험금청구권 (제655조) :
- 보험료 지급 지체, 고지의무 위반, 위험변경증가 통지의무 위반, 위험유지의무 위반으로 인한 계약 해지 (사고발생 통지의무 해당 없음)

• 보험사고발생의 통지의무 (제657조)
- 의무자 : 보험계약자, 피보험자, 보험수익자
- 지체없이 보험자에게 통지해야 함
- 통지의무 해태로 인해 손해 증가된 때 → 보험자는 증가된 손해를 보상할 책임 없음

13 손해보험에 관한 설명으로 옳지 않은 것은? (단, 다른 약정이 없음을 전제로 함)

① 보험사고로 인하여 상실된 피보험자가 얻을 보수는 보험자가 보상할 손해액에 산입하여야 한다.

② 보험계약은 금전으로 산정할 수 있는 이익에 한하여 보험계약의 목적으로 할 수 있다.

③ 무효와 실권의 사유는 손해보험증권의 기재사항이다.

④ 당사자 간에 보험가액을 정하지 아니한 때에는 사고 발생 시의 가액을 보험가액으로 한다.

• 상실이익 등의 불산입 (제667조) : 상실된 피보험자가 얻을 이익이나 보수 → '다른 약정이 없으면' 손해액에 불산입
• 미평가보험 (제671조) : '사고발생 시'의 가액을 보험가액으로 함
• 피보험이익 : 손해보험계약에만 존재, 금전으로 산정할 수 있는 이익, 객관적으로 확정될 수 있는 이익, 보험계약의 동일성을 구별하는 표준, 보험자의 책임 범위를 확정, 중복보험 및 초과보험의 방지하는 표준

14 보험금액의 지급에 관한 설명으로 옳지 않은 것은? (다툼이 있으면 판례에 따름)

① 보험금액의 지급에 관하여 약정기간이 있는 경우, 보험자는 그 기간 내에 보험금액을 지급하여야 한다.
② 보험금액의 지급에 관하여 약정기간이 없는 경우, 보험자는 보험사고 발생의 통지를 받은 후 지체없이 지급할 보험금액을 정하여야 한다.
③ 보험금액의 지급에 관하여 약정기간이 없는 경우, 보험금액이 정하여진 날부터 1월내에 보험수익자에게 보험금액을 지급하여야 한다.
④ 보험계약자의 동의없이 보험자와 피보험자 사이에 한 보험금 지급기한 유예의 합의는 유효하다.

해 보험금액의 지급 (제658조)
- 약정기간이 있는 경우에는 그 기간 내
- 약정기간이 없는 경우 : 지체없이 지급할 보험금액을 정하고, 정하여진 날부터 10일 내 지급
- 지급 받을 상대방 : 피보험자 또는 보험수익자
 • 피보험자 : 손해보험에 있어서 피보험이익의 주체로서 손해의 보상을 받을 권리를 가지는 자

15 상법 제662조(소멸시효)에 관한 설명으로 옳은 것은?

① 보험금청구권은 2년간 행사하지 아니하면 시효의 완성으로 소멸한다.
② 보험료의 반환청구권은 3년간 행사하지 아니하면 시효의 완성으로 소멸한다.
③ 보험료청구권은 1년간 행사하지 아니하면 시효의 완성으로 소멸한다.
④ 적립금의 반환청구권은 2년간 행사하지 아니하면 시효의 완성으로 소멸한다.

해 소멸시효 (제662조)
- 보험금청구권은 3년
- 보험료 또는 적립금의 반환청구권은 3년
- 보험료청구권은 2년

16 보험계약자 등의 불이익 변경금지에 관한 설명으로 옳지 않은 것은?

① 상법 보험편의 규정은 당사자 간의 특약으로 피보험자의 이익으로 변경하지 못한다.
② 상법 보험편의 규정은 당사자 간의 특약으로 보험수익자의 불이익으로 변경하지 못한다.
③ 해상보험의 경우 보험계약자 등의 불이익변경금지 규정은 적용되지 아니한다.
④ 재보험의 경우 보험계약자 등의 불이익변경금지 규정은 적용되지 아니한다.

해 보험계약자 등의 불이익변경금지 (제663조)
- 당사자 간 특약으로 보험계약자, 피보험자, 보험수익자의 '불이익'으로 변경하지 못함 → 강행 규정
- 재보험 및 해상보험 기타 이와 유사한 보험의 경우 예외 (기업보험)

17 중복보험에 관한 설명으로 옳은 것을 모두 고른 것은?

ㄱ. 중복보험의 경우 보험자 1인에 대한 권리의 포기는 다른 보험자의 권리 의무에 영향을 미치지 않는다.
ㄴ. 중복보험계약을 체결하는 경우에는 보험계약자는 각 보험자에 대하여 각 보험계약의 내용을 통지하여야 한다.
ㄷ. 중복보험에서 보험금액의 총액이 보험가액을 초과한 때에는 보험자는 각자의 보험금액의 한도에서 연대책임을 진다.

① ㄱ   ② ㄱ, ㄴ   ③ ㄴ, ㄷ   ④ ㄱ, ㄴ, ㄷ

정답 ④

해 중복보험 (제672조)
- 보험자는 각자의 보험금액의 한도에서 연대책임
- 각 보험자의 보상책임은 각자의 보험금액의 비율
- 보험계약자는 각 보험자에 대하여 각 보험계약의 내용을 통지

- **중복보험과 보험자 1인에 대한 권리포기 (제673조)** : 보험자 1인에 대한 권리의 포기는 다른 보험자의 권리의무에 영향을 미치지 않음

18 甲은 보험가액이 2억원인 건물에 대하여 보험금액을 1억원으로 하는 손해보험에 가입하였다. 이에 관한 설명으로 옳지 않은 것은? (단, 다른 약정이 없음을 전제로 함)

① 일부보험에 해당한다.
② 전손(全損)인 경우에는 보험자는 1억원을 지급한다.
③ 1억원의 손해가 발생한 경우에는 보험자는 1억원을 지급한다.
④ 8천만원의 손해가 발생한 경우에는 보험자는 4천만원을 지급한다.

정답 ③

해 일부보험 (제674조) : 보험자는 보험금액의 보험가액에 대한 비율에 따라 보상

- **일부보험의 보험금 계산**
  - 전손 = 손해액 2억원 : 2억원 × (1억원/2억원) = 1억원 (보험금액 전부 지급)
  - 손해액 1억원 : 1억원 × (1억원/2억원) = 5천만원 (보험금액 1억원 한도)
  - 손해액 8천만원 : 8천만원 × (1억원/2억원) = 4천만원 (보험금액 1억원 한도)
  - 다른 약정이 있는 때에는 보험자는 보험금액의 한도 내 보상

19 **일부보험에 관한 설명으로 옳은 것은?**

① 계약체결의 시점에 의도적으로 보험가액보다 낮게 보험금액을 약정하는 것은 허용되지 않는다.

② 일부보험에 관한 상법의 규정은 강행규정이다.

③ 일부보험의 경우에는 잔존물 대위가 인정되지 않는다.

④ 일부보험에 있어서 일부손해가 발생하여 비례보상원칙을 적용하면 손해액은 보상액보다 크다.

정답 ④

해 일부보험 (제674조)
- 보험가액의 일부를 보험에 붙인 보험
- 보험자는 보험금액의 보험가액에 대한 비율에 따라 보상 → 손해액 > 보상액
- '다른 약정이 있는 때에는' 보험자는 보험금액의 한도 내 보상 → 강행규정 아님

· 보험목적에 관한 보험대위 (제681조) : 일부보험. 보험금액의 보험가액에 대한 비율에 따라 권리 취득

20 **손해액 산정에 관한 설명으로 옳지 않은 것은?**

① 보험사고로 인하여 상실된 피보험자가 얻을 이익은 당사자 간에 다른 약정이 없으면 보험자가 보상할 손해액에 산입하지 아니한다.

② 당사자 간에 다른 약정이 있는 때에는 신품가액에 의하여 보험자가 보상할 손해액을 산정할 수 있다.

③ 손해액 산정에 필요한 비용은 보험자와 보험계약자 및 보험수익자가 공동으로 부담한다.

④ 손해보상은 원칙적으로 금전으로 하지만 당사자의 합의로 손해의 전부 또는 일부를 현물로 보상할 수 있다.

정답 ③

해 손해액의 산정기준 (제676조)
- 손해액은 그 손해가 발생한 때와 곳의 가액에 의하여 산정
- 다른 약정이 있는 때에는 그 '신품가액에 의하여 손해액을 산정'
- 비용은 '보험자의 부담'

· 보험금의 지급 방법
- 금전 지급이 원칙이나 현물 또는 기타 급여도 가능
- 손해보험 : 실손보상이 원칙

21 손해보험에 관한 설명으로 옳지 않은 것은?

① 보험자가 손해를 보상할 경우에 보험료의 지급을 받지 아니한 잔액이 있으면 그 지급기일이 도래하지 아니한 때라도 보상할 금액에서 이를 공제할 수 있다.

② 보험계약자가 손해의 방지와 경감을 위하여 필요 또는 유익하였던 비용과 보상액이 보험금액을 초과한 경우에는 보험자는 보험금액의 한도 내에서 이를 부담한다.

③ 보험의 목적에 관하여 보험자가 부담할 손해가 생긴 경우에는 그 후 그 목적이 보험자가 부담하지 아니하는 보험사고의 발생으로 인하여 멸실된 때에도 보험자는 이미 생긴 손해를 보상할 책임을 면하지 못한다.

④ 보험의 목적의 자연소모로 인한 손해는 보험자가 이를 보상할 책임이 없다.

정답 ②

해 보험료체납과 보상액의 공제 (제677조)
- 보험자가 손해를 보상할 경우, 보험료의 미지급 잔액 → 그 지급기일이 도래하지 아니한 때라도 보상할 금액에서 이를 공제 가능

- **손해방지의무 (제680조)** : 비용과 보상액이 보험금액을 초과한 경우라도 보험자 부담

- **사고발생 후의 목적멸실과 보상책임 (제675조)**
  - 보험자가 부담할 손해 발생. 그 후 보험자가 부담하지 않는 사고로 인해 보험의 목적 멸실 → 보험자는 이미 생긴 손해를 보상할 책임

22 보험대위에 관한 설명으로 옳은 것은? (다툼이 있으면 판례에 따름)

① 손해가 제3자의 행위로 인하여 발생한 경우에 보험금을 지급하기 전이라도 보험자는 그 제3자에 대한 보험계약자의 권리를 취득한다.

② 잔존물대위가 성립하기 위해서는 보험 목적의 전부가 멸실하여야 한다.

③ 잔존물에 대한 권리가 보험자에게 이전되는 시점은 보험자가 보험금액을 전부 지급하고, 물권변동 절차를 마무리한 때이다.

④ 재보험에 대하여는 제3자에 대한 보험자대위가 적용되지 않는다.

정답 ②

해 제3자에 대한 보험대위 (제682조)
- '지급한 보험금'의 한도 내에서 그 권리를 취득
- 지급할 보험금 일부를 지급한 경우 → 피보험자의 권리를 해하지 않는 범위에서 취득

- **보험목적에 관한 보험대위 (제681조)** : 전부 멸실 + 전부 지급

- **보험자대위** : 물권변동 절차를 요하지 않는 당연히 발생하는 권리

- **재보험에서의 대위권 행사** : 원보험자의 원보험 제3자에 대한 대위군 → 재보험금을 받은 한도 내에서 재보험자에게 이전

23 화재보험에 관한 설명으로 옳은 것은? (다툼이 있으면 판례에 따름)

① 화재가 발생한 건물을 수리하면서 지출한 철거비와 폐기물처리비는 화재와 상당인과관계가 있는 건물수리비에는 포함되지 않는다.

② 피보험자가 화재 진화를 위해 살포한 물로 보험목적이 훼손된 손해는 보상하지 않는다.

③ 불에 탈 수 있는 목조교량은 화재보험의 목적이 될 수 없다.

④ 보험자가 손해를 보상함에 있어서 화재와 손해 간에 상당인과관계가 필요하다.

정답 ④

해 **화재보험**

- 위험 보편의 원칙 : '화재로 인해 생긴 손해'는 그 화재의 원인을 불문하고 보험자가 보상
- 인과관계가 있는 '직·간접적 손해 모두 보상'
- 소방 등의 조치로 인한 손해의 보상 (제684조) : 화재의 '소방 또는 손해의 감소에 필요한 조치로 인하여 생긴 손해'를 보상

24 건물을 화재보험의 목적으로 한 경우 화재보험증권의 법정기재사항이 아닌 것은?

① 건물의 소재지, 구조와 용도

② 보험가액을 정한 때에는 그 가액

③ 보험기간을 정한 때에는 그 시기와 종기

④ 설계감리법인의 주소와 성명 또는 상호

정답 ④

해 **화재보험증권 (제685조)**

- 건물을 보험의 목적으로 한 때에는 그 소재지, 구조와 용도
- 동산을 보험의 목적으로 한 때에는 그 존치한 장소의 상태와 용도
- 보험가액을 정한 때에는 그 가액
- 손해보험증권 기재사항 추가

25 집합보험에 관한 설명으로 옳은 것은?

① 피보험자의 가족의 물건은 보험의 목적에 포함되지 않는 것으로 한다.

② 피보험자의 사용인의 물건은 보험의 목적에 포함되지 않는 것으로 한다.

③ 보험의 목적에 속한 물건이 보험기간 중에 수시로 교체된 경우에는 보험사고의 발생 시에 현존한 물건이라도 보험의 목적에 포함되지 않는 것으로 한다.

④ 집합보험이란 경제적으로 독립한 여러 물건의 집합물을 보험의 목적으로 한 보험을 말한다.

정답 ④

해 **집합보험의 목적 (제686조, 제687조)**

- 피보험자의 가족과 사용인의 물건도 보험의 목적에 포함
- 그 목적에 속한 물건이 보험기간중에 수시로 교체된 경우
- '보험사고의 발생 시'에 현존한 물건은 보험의 목적에 포함

26 **농어업재해보험법상 용어의 설명으로 옳지 않은 것은?**

① "농어업재해보험"은 농어업재해로 발생하는 인명 및 재산 피해에 따른 손해를 보상하기 위한 보험을 말한다.

② "어업재해"란 양식수산물 및 어업용 시설물에 발생하는 자연재해·질병 또는 화재를 말한다.

③ "농업재해"란 농작물·임산물·가축 및 농업용 시설물에 발생하는 자연재해·병충해 ·조수해(鳥獸害)·질병 또는 화재를 말한다.

④ "보험료"란 보험가입자와 보험사업자 간의 약정에 따라 보험가입자가 보험사업자에게 내야 하는 금액을 말한다.

정답 ①

◉ **농어업재해보험** : 농어업재해로 발생하는 재산 피해에 따른 손해를 보상하기 위한 보험

27 **농어업재해보험법상 재해보험사업을 할 수 없는 자는?**

① 농업협동조합법에 따른 농업협동조합중앙회

② 수산업협동조합법 에 따른 수산업협동조합중앙회

③ 보험업법에 따른 보험회사

④ 산림조합법에 따른 산림조합중앙회

정답 ①

◉ 재해보험사업을 할 수 있는 자
 - 「수산업협동조합법」에 따른 수산업협동조합중앙회(수협중앙회)
 - 「산림조합법」에 따른 산림조합중앙회
 - 「보험업법」에 따른 보험회사

28 **농어업재해보험법상 재해보험에 관한 설명으로 옳지 않은 것은?**

① 재해보험에 가입할 수 있는 자는 농림업, 축산업, 양식수산업에 종사하는 개인 또는 법인으로 하고, 구체적인 보험가입자의 기준은 대통령령으로 정한다.

② 산림조합법의 공제규정에 따른 공제모집인으로서 산림조합중앙회장이나 그 회원조합장이 인정하는 자는 재해보험을 모집할 수 있다.

③ 재해보험사업자는 사고 예방을 위하여 보험가입자가 납입한 보험료의 일부를 되돌려 줄 수 있다.

④ 수산업협동조합법에 따른 조합이 그 조합원에게 재해보험의 보험료 일부를 지원하는 경우에는 보험업법상 해당 보험계약의 체결 또는 모집과 관련한 특별이익의 제공으로 본다.

PART 2

해 재해보험을 모집할 수 있는 자
- 산림조합 · 수협 중앙회와 그 회원 조합의 임직원, 수협은행의 임직원
- 산림조합 · 수협 중앙회장이나 그 회원 조합장이 인정하는 자
- 「보험업법」따라 보험을 모집할 수 있는 자

- 재해보험사업자의 의무 : 사고 예방을 위하여 보험가입자가 납입한 보험료의 일부를 되돌려줄 수 있다.

- 조합이 그 조합원에게 보험료 일부를 지원하는 경우:
「보험업법」제98조에도 불구하고 해당 보험계약의 체결 또는 모집과 관련한 특별이익의 제공으로 보지 않음

29 농어업재해보험법령상 손해평가에 관한 설명으로 옳은 것은?

① 재해보험사업자는 보험업법에 따른 손해평가인에게 손해평가를 담당하게 할 수 있다.
② 고등교육법에 따른 전문대학에서 임산물재배 관련 학과를 졸업한 사람은 손해평가인으로 위촉될 자격이 인정된다.
③ 농림축산식품부장관은 손해평가사가 공정하고 객관적인 손해평가를 수행할 수 있도록 연 1회 이상 정기교육을 실시하여야 한다.
④ 농림축산식품부장관 또는 해양수산부장관은 손해평가 요령을 고시하려면 미리 금융위원회와 협의하여야 한다.

해 보험업법에 따른 손해사정사
- 손해평가인으로 위촉될 수 있는 자격요건 **- 임산물 재해보험**
- 고등교육법 제2조에 따른 학교에서 임산물재배 관련학을 전공하고 임업전문 연구기관 또는 연구소에서 5년 이상 근무한 학사학위 이상 소지자
- 고등교육법 제2조에 따른 전문대학에서 보험 관련 학과를 졸업한(예정인) 사람
- 농림축산식품부장관 또는 해양수산부장관은 손해평가인이 공정하고 객관적인 손해평가를 수행할 수 있도록 연 1회 이상 정기교육(4시간 이상)을 실시해야 한다.

30 농어업재해보험법상 손해평가사에 관한 설명으로 옳은 것은?

① 농림축산식품부장관과 해양수산부장관은 공정하고 객관적인 손해평가를 촉진하기 위하여 손해평가사 제도를 운영한다.

② 임산물재해보험에 관한 피해사실의 확인은 손해평가사가 수행하는 업무에 해당하지 않는다.

③ 손해평가사 자격이 취소된 사람은 그 처분이 있은 날부터 3년이 지나지 아니한 경우 손해평가사 자격시험에 응시하지 못한다.

④ 손해평가사는 다른 사람에게 그 자격증을 대여해서는 아니 되나, 손해평가사 자격증의 대여를 알선하는 것은 허용된다.

정답 ②

- 농림축산식품부 장관은 공정하고 객관적인 손해평가의 촉진하게 위해 손해평가사 제도를 운영한다. (해양수산부 장관 해당 없음)

- **손해평가사의 업무** : 농작물재해보험 및 가축재해보험
  - 피해사실의 확인
  - 보험가액 및 손해액의 평가
  - 그 밖의 손해평가에 필요한 사항

- **손해평가사 자격시험 응시 제한** : 아래 처분일로부터 2년이 지나지 않은 경우 응시 제한
  - 손해평가사 자격시험에서 정지 · 무효 처분을 받은 사람
  - 손해평가사 자격이 취소된 사람

31 농어업재해보험법상 농림축산식품부장관이 손해평가사 자격을 취소하여야 하는 대상을 모두 고른 것은?

ㄱ. 업무정지 기간 중에 손해평가 업무를 수행한 사람
ㄴ. 업무수행과 관련하여 향응을 제공받은 사람
ㄷ. 손해평가사의 자격을 부정한 방법으로 취득한 사람
ㄹ. 손해평가 요령을 준수하지 않고 손해평가를 한 사람

① ㄱ, ㄴ   ② ㄱ, ㄷ   ③ ㄴ, ㄹ   ④ ㄷ, ㄹ

정답 ②

손해평가사 자격 취소 사유

- 손해평가사의 자격을 거짓 또는 부정한 방법으로 취득한 사람 → 자격을 취소하여야 한다.
- 거짓으로 손해평가를 한 사람
- 다른 사람에게 손해평가사의 명의를 사용하게 하거나 그 자격증을 대여한 사람
- 손해평가사 명의의 사용이나 자격증의 대여를 알선한 사람
- 업무정지 기간 중에 손해평가 업무를 수행한 사람 → 자격을 취소하여야 한다.

 농어업재해보험법령상 보험금 수급권에 관한 설명으로 옳은 것은?

① 재해보험사업자는 보험금을 현금으로 지급하여야 하나, 불가피한 사유가 있을 때에는 수급권자의 신청이 없더라도 수급권자 명의의 계좌로 입금할 수 있다.

② 재해보험가입자가 재해보험에 가입된 보험목적물을 양도하는 경우 그 양수인은 재해보험계약에 관한 양도인의 권리 및 의무를 승계한다.

③ 재해보험의 보험목적물이 담보로 제공된 경우에는 보험금을 지급받을 권리를 압류할 수 있다.

④ 농작물의 재생산에 직접적으로 소요되는 비용의 보장을 목적으로 보험금수급전용계좌로 입금된 보험금의 경우 그 2분의 1에 해당하는 액수 이하의 금액에 관하여는 채권을 압류할 수 있다.

정답 ③

⑩ 수급 전용계좌

- 재해보험사업자는 수급권자의 신청이 있는 경우에는 보험금을 수급권자 명의의 지정된 계좌로 입금하여야 한다.
- 예외 상황 : 정보통신장애 또는 대통령령으로 정하는 불가피한 사유(보험금 수급 전용계좌가 개설된 금융기관의 폐업 · 업무 정지 등으로 정상영업이 불가능한 경우)가 있는 경우
- 재해보험가입자가 재해보험에 가입된 보험목적물을 양도하는 경우 그 양수인은 재해보험계약에 관한 양도인의 권리 및 의무를 승계한 것으로 추정한다.

• 수급권의 보호

- 재해보험의 보험금을 지급받을 권리는 압류할 수 없다. 예외 – 보험목적물이 담보로 제공된 경우
- 보험금 수급 전용계좌의 예금 중 대통령령으로 정하는 액수 이하의 금액에 관한 채권은 압류할 수 없다.
- 대통령령으로 정하는 액수 이하의 금액
  - a. 농작물 · 임산물 · 가축 및 양식수산물의 재생산에 직접적으로 소요되는 비용의 보장을 목적으로 보험금 수급 전용계좌로 입금된 보험금 : 입금된 보험금 전액
  - b. 위 a 이외의 목적으로 보험금 수급 전용계좌로 입금된 보험금 : 입금된 보험금의 1/2에 해당하는 액수

 농어업재해보험법령상 재해보험사업자가 재해보험 업무의 일부를 위탁할 수 있는 자가 아닌 것은?

① 농업협동조합법에 따라 설립된 지역축산업 협동조합

② 농업 · 농촌 및 식품산업 기본법에 따라 설립된 농업정책보험금융원

③ 산림조합법에 따라 설립된 품목별 · 업종별 산림조합

④ 보험업법에 따라 손해사정을 업으로 하는 자

정답 ②

⑩ 재해보험사업자 업무 위탁

- 지역 : 농협, 축협, 산림조합
- 품목별 · 업종별 : 협동조합, 산림조합
- 지구별 · 업종별 · 수산물가공 수협, 수협은행
- 손해사정을 업으로 하는 자
- 장관의 허가를 받아 설립된 비영리법인

34 **농어업재해보험법상 재정지원에 관한 설명으로 옳은 것은?**

① 정부는 예산의 범위에서 재해보험가입자가 부담하는 보험료으 전부 또는 일부를 지원할 수 있다.

② 지방자치단체는 예산의 범위에서 재해보험사업자의 재해보험의 운영 및 관리에 필요한 비용의 전부 또는 일부를 지원할 수 있다.

③ 농림축산식품부장관은 정부의 보험료 지원금액을 재해보험가입자에게 지급하여야 한다.

④ 풍수해보험법에 따른 풍수해보험에 가입한 자가 동일한 보험목적물을 대상으로 재해보험에 가입할 경우에는 정부가 재정지원을 하지 아니한다.

정답 ④

해 재정지원 - 정부

- 재해보험가입자가 부담하는 보험료의 일부
- 재해보험사업자의 재해보험의 운영 및 관리에 필요한 비용(운영비)의 전부 또는 일부
- 지원할 수 있다. (지원해야 한다 ×)
- 예외 : 「풍수해 · 지진재해보험법」에 따른 풍수해 · 지진재해보험에 가입한 자가 동일한 보험목적물을 대상으로 재해보험에 가입할 경우에는 정부가 재정지원을 하지 아니한다. (풍수해보험법 → 풍수해 · 지진재해보험법)

• 재정지원 - 지방자치단체 : 재해보험가입자가 부담하는 보험료의 일부를 추가로 지원할 수 있다.

• 지원 금액 : 재해보험사업자에게 지급

35 **농어업재해보험법령상 재보험사업 및 농어업재해재보험기금(이하 "기금"이라 함)에 관한 설명으로 옳지 않은 것은?**

① 기금은 기금의 관리 · 운용에 필요한 경비의 지출에 사용할 수 없다.

② 농림축산식품부장관은 해양수산부장관과 협의하여 기금의 수입과 지출을 명확히 하기 위하여 한국은행에 기금계정을 설치하여야 한다.

③ 재보험금의 회수 자금은 기금 조성의 재원에 포함된다.

④ 정부는 재해보험에 관한 재보험사업을 할 수 있다.

정답 ①

해 다음의 사무처리에 드는 경비는 기금의 부담으로 한다.

- 기금의 관리 · 운용에 관한 회계업무
- 재보험료를 납입받는 업무
- 재보험금을 지급하는 업무
- 여유자금의 운용업무
- 그 밖에 기금의 관리 · 운용에 관하여 농림축산식품부 장관이 해양수산부 장관과 협의를 거쳐 지정하여 고시하는 업무

 농어업재해보험법상 농어업재해재보험기금(이하 "기금"이라 함)에 관한 설명으로 옳지 않은 것은?

① 기금은 농림축산식품부장관이 해양수산부장관과 협의하여 관리·운용한다.
② 농림축산식품부장관은 해양수산부장관과 협의를 거쳐 기금의 관리·운용에 관한 사무의 일부를 농업정책보험금융원에 위탁할 수 있다.
③ 농림축산식품부장관은 해양수산부장관과 협의하여 기금의 수입과 지출에 관한 사무를 수행하게 하기 위하여 소속 공무원 중에서 기금수입징수관 등을 임명한다.
④ 농림축산식품부장관이 농업정책보험금융원의 임원 중에서 임명한 기금지출원인행위 담당임원은 기금지출관의 업무를 수행한다.

정답 ④

농업정책보험금융원	농림축산식품부 및 해양수산부 소속 공무원
기금수입담당임원	기금수입징수관
기금지출원인행위담당임원	기금재무관
기금지출원	기금지출관
기금출납원	기금출납공무원

 농어업재해보험법령상 보험가입촉진계획에 포함되어야 하는 사항을 모두 고른 것은?

ㄱ. 전년도의 성과분석 및 해당 연도의 사업계획
ㄴ. 해당 연도의 보험상품 운영계획
ㄷ. 농어업재해보험 교육 및 홍보계획

① ㄱ, ㄴ　　　　② ㄱ, ㄷ　　　　③ ㄴ, ㄷ　　　　④ ㄱ, ㄴ, ㄷ

정답 ④

해 보험가입촉진계획 포함사항
- 전년도의 성과분석 및 해당 연도의 사업계획
- 해당 연도의 보험상품 운영계획
- 농어업재해보험 교육 및 홍보계획
- 보험상품의 개선·개발계획
- 그 밖에 농어업재해보험 가입 촉진을 위하여 필요한 사항

38 농어업재해보험법상 벌칙에 관한 설명이다. (   )에 들어갈 내용은?

보험업법 제98조에 따른 금품 등을 제공(같은 조 제3호의 경우에는 보험금 지급의 약속을 말한다)한 자 또는 이를 요구하여 받은 보험가입자는 (ㄱ)년 이하의 징역 또는 (ㄴ)천만원 이하의 벌금에 처한다.

	ㄱ	ㄴ		ㄱ	ㄴ
①	1	1	②	1	3
③	3	3	④	3	5

정답 ③

해 3년 이하의 징역 또는 3천만원 이하의 벌금:
보험업법 제98조에 따른 금품 등을 제공(같은 조 제3호의 경우에는 보험금 지급의 약속을 말한다)한 자, 이를 요구하여 받은 보험가입자

39 농업재해보험 손해평가요령상 손해평가인 위촉에 관한 규정이다. (   )에 들어갈 내용은?   [기출 수정]

재해보험사업자는 피해 발생 시 원활한 손해평가가 이루어지도록 농업재해보험이 실시되는 (   )별 보험가입자의 수 등을 고려하여 적정 규모의 손해평가인을 위촉할 수 있다.

① 시 · 도   ② 읍 · 면 · 동   ③ 시 · 군 · 자치구   ④ 특별자치도 · 특별자치시

정답 ③

해 손해평가인의 위촉:
재해보험사업자는 피해 발생 시 원활한 손해평가가 이루어지도록 농업재해보험이 실시되는 시·군·자치구별 보험가입자의 수 등을 고려하여 적정 규모의 손해평가인을 위촉할 수 있다.
- 10회~ 변경 : 위촉하여야 한다. → 위촉할 수 있다.

40 농업재해보험 손해평가요령상 손해평가인 정기교육의 세부 내용에 명시적으로 포함되어 있지 않은 것은?

① 농어업재해보험법 제정 배경   ② 손해평가 관련 민원 사례
③ 피해유형별 보상사례   ④ 농업재해보험 상품 주요 내용

정답 ②

해 정기교육
- 농어업재해보험에 관한 기초지식 : 농어업재해보험법 제정 배경·구성 및 조문별 주요 내용, 농업재해보험 사업 현황
- 농어업재해보험의 종류별 약관 : 농업재해보험 상품 주요 내용 및 약관 일반 사항
- 손해평가의 절차 및 방법 : 농업재해보험 손해평가 개요
- 보험목적물별 손해평가 기준 및 피해유형별 보상사례
- 피해유형별 현지조사표 작성 실습
- 그 밖에 손해평가에 필요한 사항으로서 농림축산식품부 장관 또는 해양수산부 장관이 정하는 사항

41 농업재해보험 손해평가요령상 재해보험사업자가 손해평가인에 대하여 위촉을 취소하여야 하는 경우는?

[기출 수정]

① 피성년후견인이 된 때
② 업무수행과 관련하여 개인정보보호법 등 정보보호와 관련된 법령을 위반한 때
③ 업무수행상 과실로 손해평가의 신뢰성을 약화시킨 경우
④ 현지조사서를 허위로 작성한 경우

정답 ①

해 위촉 취소
- 취소할 수 있는 자 : 재해보험사업자
- 취소 사유 : 피성년후견인, 파산선고를 받은 자로서 복권되지 아니한 자, 벌금 이상의 형을 선고받고 그 집행이 종료 (집행이 종료된 것으로 보는 경우를 포함)되거나 집행이 면제된 날로부터 2년이 경과되지 아니한 자, 동 조에 따라 위촉이 취소된 후 2년이 경과하지 아니한 자, 거짓 그 밖의 부정한 방법으로 손해평가인으로 위촉된 자, 업무정지 기간 중에 손해평가 업무를 수행한 자
• 10회~ 변경 : 피한정후견인 또는 피성년후견인 → 피성년후견인

42 농업재해보험 손해평가요령상 손해평가사 甲을 손해평가반 구성에서 배제하여야 하는 경우를 모두 고른 것은?

ㄱ. 甲의 이해관계자가 가입한 보험계약에 관한 손해평가
ㄴ. 甲의 이해관계자가 모집한 보험계약에 관한 손해평가
ㄷ. 甲의 이해관계자가 실시한 손해평가에 대한 검증조사

① ㄱ, ㄴ   ② ㄱ, ㄷ   ③ ㄴ, ㄷ   ④ ㄱ, ㄴ, ㄷ

정답 ①

해 반 구성에서의 배제
- 다음의 어느 하나에 해당하는 손해평가에 대하여는 해당자를 손해평가반 구성에서 배제
- 자기 또는 자기와 생계를 같이 하는 친족(이하 "이해관계자"라 한다)이 가입한 보험계약에 관한 손해평가
- 자기 또는 이해관계자가 모집한 보험계약에 관한 손해평가
- 직전 손해평가일로부터 30일 이내의 보험가입자 간 상호 손해평가
- 자기가 실시한 손해평가에 대한 검증조사 및 재조사

43 **농업재해보험 손해평가요령상 손해평가에 관한 설명으로 옳지 않은 것은?** [기출 수정]

① 손해평가반은 손해평가인, 손해평가사, 손해사정사 중 어느 하나에 해당하는 자로 구성하며, 5인 이내로 한다.

② 교차손해평가에 있어서 거대재해 발생 등으로 신속한 손해평가가 불가피하다고 판단되는 경우에도 손해평가반 구성에 지역손해평가인을 포함하여야 한다.

③ 재해보험사업자는 손해평가반이 실시한 손해평가 결과와 손해평가업무를 수행한 손해평가반 구성원을 기록할 수 있도록 현지조사서를 마련하여야 한다.

④ 손해평가반이 손해평가를 실시할 때에는 재해보험사업자가 해당 보험가입자의 보험계약사항 중 손해평가와 관련된 사항을 손해평가반에게 통보하여야 한다.

정답 ②

해 **손해평가반(10회~ 변경)**
- 어느 하나에 해당하는 자를 1인 이상 포함하여 5인 이내로 구성 → 어느 하나에 해당하는 자로 구성하며, 5인 이내로 한다.
- 손해평가 결과를 기록할 수 있도록 현지조사서를 마련 → 손해평가 결과와 손해평가업무를 수행한 손해평가반 구성원을 기록할 수 있도록 현지조사서를 마련

- **교차손해평가의 담당**
- 대상으로 선정한 시 · 군 · 구 내에서 손해평가 경력, 타지역 조사 가능 여부 등을 고려하여 교차손해평가를 담당할 지역손해평가인을 선발해 1인 이상 포함
- 예외 : 거대재해 발생, 평가인력 부족 등으로 신속한 손해평가가 불가피하다고 판단되는 경우

44 **농업재해보험 손해평가요령상 손해평가결과 검증에 관한 설명으로 옳지 않은 것은?**

① 검증조사 결과 현저한 차이가 발생된 경우 해당 손해평가반이 조사한 전체 보험목적물에 대하여 검증조사를 하여야 한다.

② 보험가입자가 정당한 사유 없이 검증조사를 거부하는 경우 검증조사반은 검증조사가 불가능하여 손해평가결과를 확인할 수 없다는 사실을 보험가입자에게 통지한 후 검증조사결과를 작성하여 재해보험사업자에게 제출하여야 한다.

③ 재해보험사업자 및 재해보험사업의 재보험사업자는 손해평가반이 실시한 손해평가결과를 확인하기 위하여 손해평가를 실시한 보험목적물 중에서 일정 수를 임의 추출하여 검증조사를 할 수 있다.

④ 농림축산식품부장관은 재해보험사업자로 하여금 검증조사를 하게 할 수 있다.

정답 ①

해 **검증조사 결과에 따른 재조사**
- 검증조사 결과 현저한 차이가 발생되어 재조사가 불가피하다고 판단될 경우
- 해당 손해평가반이 조사한 전체 보험목적물에 대하여 '재조사를' 할 수 있다.
- 검증조사의 실시 : 재해보험사업자 및 재해보험사업의 재보험사업자 → 재해보험사업자 및 사업관리위탁기관(농업정책보험금융원) (10 회~ 변경)

45 농업재해보험 손해평가요령상 보험목적물별 손해평가 단위이다. (   )에 들어갈 내용은?

• 농작물 : (ㄱ   )
• 가축(단, 벌은 제외) : (ㄴ   )
• 농업시설물 : (ㄷ   )

	ㄱ	ㄴ	ㄷ
①	농지별	축사별	보험가입 목적물별
②	품종별	축사별	보험가입자별
③	농지별	개별가축별	보험가입 목적물별
④	품종별	개별가축별	보험가입자별

정답 ③

보험목적물	손해평가 단위
농작물	농지별
가축	개별가축별(단, 벌은 벌통 단위)
농업시설물	보험가입 목적물별

46 농업재해보험 손해평가요령상 종합위험방식 수확감소보장에서 "벼"의 경우, 다음의 조건으로 산정한 보험금은?   [기출 수정]

• 보험가입금액 : 100만원
• 자기부담비율 : 20%
• 평년수확량 : 1,000kg
• 수확량 : 500kg
• 미보상감수량 : 50kg

① 10만원　　　　② 20만원　　　　③ 25만원　　　　④ 45만원

정답 ③

해

• 피해율 = (평년수확량 − 수확량 − 미보상감수량) ÷ 평년수확량 → (1,000 − 500 − 50) ÷ 1,000 = 45%
• 보험금 = 보험가입금액 × (피해율 − 자기부담비율) → 100만원 × (45% − 20%) = 25만원

47 농업재해보험 손해평가요령에 따른 종합위험방식 상품의 조사내용 중 "재정식 조사"에 해당되는 품목은?

① 벼　　　　　　　　② 콩　　　　　　　　③ 양배추　　　　　　　　④ 양파

☉ 종합위험방식 상품 중 재정식, 재파종, 재이앙·재직파 조사

- 양배추 – 재정식 조사
- 마늘 – 재파종 조사
- 벼 – 재이앙·재직파 조사

• 생산비보장 상품 중

- 재정식 조사 : 가을배추, 월동배추, 브로콜리, 양상추
- 재파종 조사 : 월동무, 쪽파, 시금치, 메밀만 해당

48 농업재해보험 손해평가요령상 종합위험방식 "마늘"의 재파종 보험금 산정에 관한 내용이다. (　　　)에 들어갈 내용은?

- 보험가입금액 × (　　　) % × 표준출현피해율
- 단, 10a당 출현주수가 30,000주보다 작고, 10a당 30,000주 이상으로 재파종한 경우에 한함

① 10　　　　　　　　② 20　　　　　　　　③ 25　　　　　　　　④ 35

마늘 재파종	• 보험가입금액 × 35% × 표준출현피해율 - 단, 10a당 출현주수가 30,000주보다 작고, 1Ca당 30,000주 이상으로 재파종한 경우에 한함 • 표준출현피해율(10a 기준) = (30,000 - 출현주수) ÷ 30,000

• 마늘 외의 재파종(생산비보장) 보험금, 재정식 보험금

- 보험금 = 보험가입금액 × 20% × 면적피해율
- 면적피해율 = 피해면적 ÷ 보험가입면적
- 단, 면적피해율이 자기부담비율을 초과하고, 재정식·재파종한 경우에 한함

49 농업재해보험 손해평가요령상 농작물의 품목별·재해별·시기별 손해수량 조사방법 중 적과전종합위험방식 "떫은감"에 관한 기술이다. (   )에 들어갈 내용은?

생육시기	재해	조사내용	조사시기	조사방법
적과 후 ~수확기 종료	가을 동상해	(ㄱ)	(ㄴ)	재해로 인하여 달려있는 과실의 피해과실 수 조사 • (ㄱ)는 보험약관에서 정한 과실피해분류기준에 따라 구분하여 조사 • 조사방법 : 표본조사

	ㄱ	ㄴ		ㄱ	ㄴ
①	피해사실 확인 조사,	사고접수 후 지체 없이	②	피해사실 확인 조사	수확 직전
③	착과피해조사	사고접수 후 지체 없이	④	착과피해조사	수확 직전

적과후 ~ 수확기 종료	우박, 일소, 가을동상해	착과피해 조사	수확 직전	재해로 인하여 달려있는 과실의 피해과실 수 조사 • 착과피해조사는 보험약관에서 정한 과실피해분류기준에 따라 구분하여 조사 • 조사방법 : 표본조사

50 농업재해보험 손해평가요령상 가축 및 농업시설물의 보험가액 및 손해액 산정에 관한 설명으로 옳은 것은?

① 가축에 대한 보험가액은 보험사고가 발생한 때와 곳에서 평가한 보험목적물의 수량에 적용가격을 곱한 후 감가상각액을 차감하여 산정한다.

② 보험가입 당시 보험가입자와 재해보험사업자가 가축에 대한 보험가액 및 손해액 산정방식을 별도로 정한 경우에는 그 방법에 따른다.

③ 농업시설물에 대한 보험가액은 보험사고가 발생한 때와 곳에서 평가한 재조달가액으로 한다.

④ 농업시설물에 대한 손해액은 보험사고가 발생한 때와 곳에서 산정한 피해목적물 수량에 적용가격을 곱하여 산정한다.

해 **가축**
- 보험가액 = 보험사고가 발생한 때와 곳에서 평가한 보험목적물의 수량×적용가격
- 보험 가입 당시 보험가입자와 재해보험사업자가 보험가액 및 손해액 산정 방식을 별도로 정한 경우 : 그 방법에 따름

• 농업시설물
- 보험가액 = 피해목적물의 재조달가액-감가상각액
  → 재조달가액 : 보험사고가 발생한 때와 곳에서 평가
  → 감가상각액 : 내용연수에 따른 감가상각률을 적용하여 계산
- 손해액 : 보험사고가 발생한 때와 곳에서 산정한 피해목적물의 원상복구비용
- 보험 가입 당시 보험가입자와 재해보험사업자가 보험가액 및 손해액 산정 방식을 별도로 정한 경우 : 그 방법에 따름

51 채소의 식용 부위에 따른 분류 중 화채류에 속하는 것은?

① 양배추 ② 브로콜리 ③ 우엉 ④ 고추

정답 ②

해

- **과채류** : 완두, 오이, 가지, 고추, 호박, 참외, 멜론 수박, 토마토
- **근채류** : 괴근류 – 고구마, 감자, 토란, 마, 생강, 연근 / 직근류 – 무, 순무, 당근, 우엉
- **엽경채류** : 배추, 상추, 양배추, 갓, 셀러리, 미나리, 쑥갓, 시금치, 아스파라거스, 죽순, 파, 양파, 쪽파, 마늘
- **꽃채소** : 브로콜리, 콜리플라워(꽃양배추)

52 작물의 건물량을 생산하는데 필요한 수분량을 말하는 요수량이 가장 작은 것은?

① 호박 ② 기장 ③ 완두 ④ 오이

정답 ②

해 요수량 (증산계수)

- 요수량이 큰 작물 : 명아주(약 950g), 호박, 오이, 알팔파, 완두(약 780g) 등
- 기타 밭작물 (약 600~700g)
- 맥류 : 호밀 > 귀리 > 메밀 > 보리 > 밀 (약 500g)
- 잡곡류 : 옥수수, 수수, 조, 기장 (약 300g)

53 수분과잉 장해에 관한 설명으로 옳지 않은 것은?

① 생장이 쇠퇴하며 수량도 감소한다.
② 건조 후에 수분이 많이 공급되면 열과 등이 나타난다.
③ 뿌리의 활력이 높아진다.
④ 식물이 웃자라게 된다.

정답 ③

해

- **열과** : 고온건조기 후 다량의 수분 공급 시 과피가 터져 갈라지는 현상
- **토양과습** : 웃자람(도장), 과번무, 뿌리 호흡 및 생리작용 저해, 수량 감소

PART 2

54 고온장해에 관한 증상으로 옳지 않은 것은?

① 발아 불량   ② 품질 저하   ③ 착과 불량   ④ 추대 지연

해 고온장해 (열해)
- 종자의 발아 · 착화 및 결과 · 결구의 불량
- 조기 추대, 작물 수량의 감소와 품질 저하

55 다음에서 설명하는 냉해로 올바르게 짝지어진 것은?

ㄱ. 작물 생육 기간 중 특히 냉온에 대한 저항성이 약한 시기에 저온의 접촉으로 뚜렷한 피해를 받게 되는 냉해
ㄴ. 오랜 기간 동안 냉온이나 일조 부족으로 생육이 늦어지고 등숙이 충분하지 못해 감수를 초래하게 되는 냉해

	ㄱ	ㄴ		ㄱ	ㄴ
①	지연형 냉해	장해형 냉해	②	접촉형 냉해	감수형 냉해
③	장해형 냉해	지연형 냉해	④	피해형 냉해	장기형 냉해

해 장해형 냉해
- 감수분열기에 발생하며 생식기관이 정상적으로 형성되지 못해 부실한 열매를 맺게 되는 냉해
- 수정에 이상, 불임 등
- 냉온에 대한 저항성이 약한 시기 : 생식세포의 감수분열기

• 지연형 냉해
- 작물생육 초기부터 출수기에 이르기까지 여러 차례의 냉온 현상으로 인해 수확량이 떨어지는 냉해
- 출수 지연, 등숙 불량 등

• 병해형 냉해
- 호흡 및 증산작용의 이상 → 규산 흡수 감소 → 병균의 침입에 대항하는 능력이 감소.
- 광합성 및 질소 대사 저하 → 당분의 생성 감소 → 단백질 합성 저하 → 작물 체내 암모니아 축적 → 병해의 발생
- 벼. 도열병 등

56 C4 작물이 아닌 것은?

① 보리   ② 사탕수수   ③ 수수   ④ 옥수수

해
• C3식물 : 광합성 반응의 초기 생성물로서 탄소원자가 3개인 식물. 지구상 식물의 95%가 C3 식물이다. 예시. 벼, 밀 등
• C4 식물 : 탄소원자가 4개인 식물. 예시. 수수, 옥수수, 사탕수수, 잔디, 질경이 등

57 작물의 일장형에 관한 설명으로 옳지 않은 것은?

① 보통 16-18시간의 장일조건에서 개화가 유도, 촉진되는 식물을 장일식물이라고 하며 시금치, 완두, 상추, 양파, 감자 등이 있다.

② 보통 8-10시간의 단일조건에서 개화가 유도, 촉진되는 식물을 단일식물이라고 하며 가지, 콩, 오이, 호박 등이 있다.

③ 일장의 영향을 받지 않는 식물을 중성식물이라고 하며 토마토, 당근, 강낭콩 등이 있다.

④ 좁은 범위에서만 화성이 유도, 촉진되는 식물을 정일식물 또는 중간식물이라고 한다.

정답 ②, ③

해
- 단일 식물 : 벼, 늦콩, 옥수수, 수수, 조, 고구마, 담배, 호박, 코스모스, 나팔꽃, 딸기 등
- 중성(중일) 식물 : 일장의 영향을 '거의 받지 않는' 작물 : 토마토, 당근, 강낭콩, 가지, 고추 등(출처. 농사로)
- 장일 식물 : 밀, 호밀, 보리, 귀리, 완두, 무, 순무, 양파, 배추, 상추, 시금치, 유채, 감자 등
- 정일 식물 : 단일이나 장일에서 개화하지 않고 어느 좁은 범위의 특정한 일장에서만 개화하는 식물

58 과수원의 바람 피해에 관한 설명으로 옳지 않은 것은?

① 강풍은 증산작용을 억제하여 광합성을 촉진한다.

② 강풍은 매개 곤충의 활동을 저하시켜 수분과 수정을 방해한다.

③ 작물의 열을 빼앗아 작물 체온을 저하시킨다.

④ 해안지방은 염분 피해를 받을 수 있다.

정답 ①

해 풍해
- 상처로 인한 호흡 작용의 증대 → 체내 양분 소모의 증가
- 강한 풍속과 건조한 공기 → 증산작용의 증대 → (팽압 감소) 작물의 위조
- 강한 풍속 → 잎의 기공 폐쇄 → 이산화탄소 흡수의 감소 → 광합성의 저해
- 냉풍 → 작물 체온의 저하 → 냉해 유발

59 식물의 필수 원소 중 엽록소의 구성성분으로 다양한 효소반응에 관여하는 것은?

① 아연(Zn)　　　　② 몰리브덴(Mo)　　　　③ 칼슘(Ca)　　　　④ 마그네슘(Mg)

정답 ④

해 마그네슘(Mg)
- 엽록소의 구성 원소로 잎에 많이 함유
- 효소의 활성을 높임
- 체내 이동 용이, 부족하면 늙은 조직으로부터 어린 조직으로 이동
- 부족 : 황백화, 줄기·뿌리의 생장점 발육 저해, 탄수화물 감소, 종자의 성숙 불량

60 **염류집적에 대한 대책이 아닌 것은?**

① 흡비작물 재배　　　　② 무기물 시용　　　　③ 심경과 객토　　　　④ 담수 처리

해

- **염류의 집적 원인** : 강우차단, 비료의 과용, 흡비력 약화
- **염류의 집적 대책**
  - 객토 및 환토, 심경, 담수처리, 흡비작물의 이용
  - 유기물의 시용, 완효성 비료의 시용, 질소비료의 과용 회피
  - 완충능 강화 및 염기치환능력의 증가

61 **벼의 수발아에 관한 설명으로 옳지 않은 것은?**

① 결실기에 종실이 이삭에 달린 채로 싹이 트는 것을 말한다.
② 결실기의 벼가 우기에 도복이 되었을 때 자주 발생한다.
③ 조생종이 만생종보다 수발아가 잘 발생한다.
④ 휴면성이 강한 품종이 약한 것보다 수발아가 잘 발생한다.

해 수발아
  - 성숙기에 가까운 화곡류의 이삭이 도복이나 강우로 젖은 상태가 오래 지속되면 이삭에서 싹이 트는 것.
  - 맥류와 벼에서 특히 문제가 된다.
  - 고온다습한 조건에서 발생하기 쉽다.
  - 휴면성이 약한 품종에서, 조생종이 중만생종보다 발생이 많다.
  - 대책 : 만숙종보다 조숙종, 조생종보다 중만생종 재배, 도복 방지, 발아억제제 살포 등

62 **정식기에 가까워지면 묘를 외부 환경에 미리 노출시켜 적응시키는 것은?**

① 춘화　　　　② 동화　　　　③ 이화　　　　④ 경화

해 경화 : 저온, 고온, 건조 환경(불량환경) 하에서 내동성, 내염성, 내건성을 증대시키기 위한 처리

63 다음이 설명하는 번식 방법으로 올바르게 짝지어진 것은?

	ㄱ	ㄴ		ㄱ	ㄴ
①	삽목	분주	②	취목	삽목
③	삽목	접목	④	접목	분주

정답 ①

해

- **삽목(꺾꽂이)** : 식물의 영양기관인 잎, 줄기를 잘라 다시 심어서 새로운 식물을 얻는 재배 방법
- **분주(포기나누기)** : 밑둥에 나 있는 여러 개의 줄기나 싹 중에서 그 일부를 나누어 알맞은 곳에 따로 이식하는 재배 방법

64 육묘에 관한 설명으로 옳지 않은 것은?

① 직파에 비해 종자가 절약된다.   ② 토지이용도가 낮아진다.
③ 직파에 비해 발아가 균일하다.   ④ 수확기 및 출하기를 앞당길 수 있다.

정답 ②

해 **육묘의 목적**
 - 종자의 절약, 조기 수확 및 수량 증대, 토지이용도의 향상
 - 화아분화의 억제 및 추대 방지
 - 어린 묘 기간에의 보호 및 관리비용의 절감, 본포 적응력의 향상

65 한계일장보다 짧을 때 개화하는 식물끼리 올바르게 짝지어진 것은?

① 국화, 포인세티아   ② 장미, 시클라멘
③ 카네이션, 페튜니아   ④ 금잔화, 금어초

정답 ①

해 **단일성 화훼** : 칼랑코에, 국화, 코스모스, 살비아, 포인세티아, 나팔꽃, 메리골드, 프리지아 등

66 4℃에 저장 시 저온장해가 발생하는 절화류로 짝지어진 것은?

① 장미, 카네이션   ② 백합, 금어초
③ 극락조화, 안스리움   ④ 국화, 글라디올러스

정답 ③

해

- **안스리움, 극락조화** : 10℃ 이하에서 저온장해
- **장미** : 수확 직후 5~6℃에서 예냉처리

67 채소 작물의 온도 적응성에 따른 분류가 같은 것끼리 짝지어진 것은?

① 가지, 무　　　　　　② 고추, 마늘　　　　　　③ 딸기, 상추　　　　　　④ 오이, 양파

정답 ③

해 **호냉성 채소**
- 상추, 배추, 양배추, 파, 양파, 무, 순무, 당근, 감자, 딸기, 시금치, 파슬리, 근대, 완두, 아스파라거스 등
- 대부분의 엽경채류(잎줄기채소)

· **호온성 채소**
- 가지, 고추, 토마토, 오이, 참외, 수박, 멜론 등
- 대부분의 과채류(열매채소)

68 저장성을 향상시키기 위한 저장 전 처리에 관한 설명으로 옳지 않은 것은?

① 수박은 고온기 수확 시 품온이 높아 바로 수송할 경우 부패하기 쉬우므로 예냉을 실시한다.
② 감자는 수확 시 생긴 상처를 빨리 아물게 하기 위해 큐어링을 실시한다.
③ 마늘은 휴면이 끝나면 싹이 자라 상품성이 저하될 수 있으므로 맹아 억제 처리를 한다.
④ 결구배추는 수분 손실을 줄이기 위해 수확한 후 바로 저장고에 넣어 보관한다.

정답 ④

해
· **큐어링** : 수확 후 병균이 침투하지 못하도록 상처 부위를 미리 치료하는 작업
· **맹아억제제의 처리** : 상온저장 시에 맹아의 발생을 억제
· **예냉** : 수분의 함량이 많은 채소에 더욱 큰 효과
· **예건** : 배추, 앵배추 등은 저장 전 외엽을 어느 정도 건조한 후 저장하면 건조된 외엽이 증산을 억제하여 수분 손실이 감소

69 식물 분류학적으로 같은 과(科)에 속하지 않는 것은?

① 배　　　　　　　　② 블루베리　　　　　　③ 복숭아　　　　　　④ 복분자

정답 ②

해
· **진달래과** : 블루베리
· **장미과** : 배, 복숭아, 복분자, 사과, 자두, 앵두, 살구, 매실, 체리, 딸기
· **박과** : 참외, 수박, 오이
· **가지과** : 토마토, 고추, 피망, 파프리카, 감자
· **운향과** : 귤

70 멀칭의 목적으로 옳은 것은?

① 휴면 촉진 ② 단일 촉진 ③ 잡초 발생 억제 ④ 단위결과 억제

해 **멀칭**
- 토양침식 방지, 토양수분 유지, 지온 조절, 토양오염 방지 등
- 잡초 억제, 토양 전염성 병균 방지

71 물리적 병충해 방제 방법을 모두 고른 것은?

ㄱ. 토양 가열	ㄴ. 천적 곤충 이용	ㄷ. 증기 소독	ㄹ. 윤작 등 작부체계의 변경

① ㄱ, ㄷ ② ㄱ, ㄹ ③ ㄴ, ㄷ ④ ㄴ, ㄹ

해
- **물리적 방제법 (기계적 방제법)** : 방충망을 사용하거나 온도, 빛 등을 이용한 방제법. 가열법, 냉각법, 고추파법, 초음파법
- **생물적 방제** : 천적 이용 방제
- **재배적 방제법 (생태적 방제법. 경종적 방제법)** : 작부체계의 변경, 재배 밀도 조절, 재배 시기 조절, 토성 개량, 저항성 품종 재배 등
- **화학적 방제법** : 농약 등을 이용한 방제법. 접촉제, 기피제, 유인제 등

72 과수에서 세균에 의한 병으로만 나열한 것은?

① 근두암종병, 화상병, 궤양병 ② 근두암종병, 탄저병, 부란병
③ 화상병, 탄저병, 궤양병 ④ 화상병, 근두암종병, 부란병

- **균류(곰팡이류)** : 역병, 탄저병, 균핵병, 도열병, 노균병, 잿빛곰팡이병, 잘록병, 흰가루병, 갈색무늬병 등
- **세균류** : 과수화상병, 풋마름병, 벼흰잎마름병, 둘레썩음병, 궤양병, 반점세균병, 무름병, 근암종병, 빗자루병 등
- **바이러스** : 오이모자이크바이러스(CMV), 담배모자이크바이러스(TMV), 오갈병 등

73 **다음이 설명하는 온실형은?**

- 처마가 높고 폭이 좁은 양지붕형 온실을 연결한 형태이다.
- 토마토, 파프리카(착색단고추) 등 과채류 재배에 적합하다.

① 양쪽지붕형　　　② 터널형　　　③ 벤로형　　　④ 쓰리쿼터형

정답 ③

해 **벤로형 온실**
- 처마가 높고 지붕의 폭이 좁은 양지붕형 온실의 일종
- 지붕의 폭이 좁아 경량 골재의 사용이 가능
- 토마토, 오이, 피망 등 키가 큰 호온성 과채류와 장미, 카네이션, 국화, 분화류 등 화훼류를 많이 재배

74 **다음 피복재 중 투과율이 가장 높은 연질필름은?**

① 염화비닐(PVC) 필름　　　② 불소계수지(ETFE) 필름
③ 에틸렌아세트산비닐(EVA) 필름　　　④ 폴리에틸렌(PE) 필름

정답 ④

해 **폴리에틸렌(PE) 필름**
- 연질필름, 투광성이 우수함
- 보온성, 내구성, 내후성이 약함
- 화학 약품에 대한 내성이 크고 먼지가 잘 부착되지 않음
- 설치 비용이 저렴하지만 수명이 짧음
- 피복재 중 가장 널리 이용되고 있음. 전체 시설 피복재의 약 82%

75 **담액수경의 특징에 관한 설명으로 옳은 것은?**

① 산소 공급 장치를 설치해야 한다.
② 베드의 바닥에 일정한 구배를 만들어 양액이 흐르게 해야 한다.
③ 배지로는 펄라이트와 암면 등이 사용된다.
④ 베드를 높이 설치하여 작업효율을 높일 수 있다.

정답 ①

해 **담액수경**
- 양액 속에 뿌리를 완전히 담근 채 재배하는 방식. 수경재배(비고형배지경)
- 뿌리에 산소를 공급하기 위해 양액을 통기 장치(에어펌프 등)를 사용하거나 주기적으로 수위를 조절
- **고설재배** : 땅에서 1m 높이 베드에 재배하며 정해진 영양액을 일정한 간격으로 공급하는 방법. 딸기 재배
- **고형배지경 재배** : 펄라이트, 암면, 피트모스, 버미큘라이트 등

상법 보험편 

1. 상법상 손해보험계약에 관한 설명으로 옳은 것은?

① 피보험자는 보험계약에서 정한 불확정한 사고가 발생한 경우 보험금의 지급을 보험자에게 청구할 수 없다.

② 보험자가 보험계약자로부터 보험계약의 청약과 함께 보험료 상당액의 전부 또는 일부의 지급을 받은 때는 다른 약정이 없으면 30일 이내에 낙부통지를 발송해야 한다.

③ 보험자는 보험사고가 발생한 경우 보험금이 아닌 형태의 보험급여를 지급할 것을 약정할 수 없다.

④ 보험기간의 시기(始期)는 보험계약 체결 시점과 같아야 한다.

정답 ②

해 보험계약의 의의 (제638조) :
- 보험계약은 당사자 일방이 약정한 보험료를 지급하고 재산 또는 생명이나 신체에 불확정한 사고가 발생할 경우에 상대방이 일정한 보험금이나 그 밖의 급여를 지급할 것을 약정함으로써 효력이 생긴다.

• 보험자의 보험금액 지급 의무
- 금전 지급이 원칙이다.
- 예외적으로 현물 급여 또는 그 밖의 급여도 있을 수 있다.

• 소급보험 (제643조) : 보험계약은 그 계약 전의 어느 시기를 보험기간의 시기로 할 수 있다.

2. 甲 보험회사의 화재보험 약관에는 보험계약자에게 설명해야 하는 중요한 내용을 포함하고 있으나 甲 회사가 이를 설명하지 않고 보험계약을 체결하였다. 이에 관한 설명으로 옳지 않은 것은? (다툼이 있으면 판례에 따름)

① 보험계약이 성립한 날로부터 1개월이 된 시점이라면 보험계약자는 보험계약을 취소할 수 있다.

② 甲 보험회사는 화재보험약관을 보험계약자에게 교부해야 한다.

③ 보험계약이 성립한 날로부터 4개월이 된 시점이라면 보험계약자는 보험계약을 취소할 수 없다.

④ 보험계약자가 보험계약을 취소하지 않았다면 甲 보험회사는 중요한 약관조항을 계약의 내용으로 주장할 수 있다.

정답 ④

해 보험약관의 교부 · 설명 의무 (제638조의3)
- 보험자는 보험계약을 체결할 때에 보험계약자에게 보험약관을 교부하고 그 약관의 중요한 내용을 설명하여야 한다.
- 보험자가 제1항을 위반한 경우 보험계약자는 보험계약이 성립한 날부터 3개월 이내에 그 계약을 취소할 수 있다.

③ 상법상 보험증권에 관한 설명으로 옳은 것은?

① 보험계약자가 보험증권을 멸실한 경우에는 보험자에 대하여 증권의 재교부를 청구할 수 있으며, 그 증권 작성의 비용은 보험계약자가 부담한다.
② 기존의 보험계약을 변경한 경우 보험자는 그 보험증권에 그 사실을 기재함으로써 보험증권의 교부에 갈음할 수 없다.
③ 타인을 위한 보험계약이 성립된 경우에는 보험자는 그 타인에게 보험증권을 교부해야 한다.
④ 보험계약자가 최초의 보험료를 지급하지 아니한 경우에도 보험계약이 성립한 때에는 보험자는 지체없이 보험증권을 작성하여 보험계약자에게 교부하여야 한다.

정답 ①

⑩ 보험증권의 교부 (제640조)
- 보험자는 보험계약이 성립한 때에는 지체없이 보험증권을 작성하여 '보험계약자에게' 교부하여야 한다. 그러나 보험계약자가 보험료의 전부 또는 최초의 보험료를 지급하지 아니한 때에는 그러하지 아니하다.
- 기존의 보험계약을 연장하거나 변경한 경우에는 보험자는 그 보험증권에 그 사실을 기재함으로써 보험증권의 교부에 갈음할 수 있다.

④ 타인을 위한 손해보험계약(보험회사 A, 보험계약자 B, 타인 C)에서 보험사고의 객관적 확정이 있는 경우 그 보험계약의 효력에 관한 설명으로 옳지 않은 것은?

① 보험계약 당시에 보험사고가 이미 발생하였음을 B가 알고서 보험계약을 체결하였다면 그 계약은 무효이다.
② 보험계약 당시에 보험사고가 이미 발생하였음을 A와 B가 알았을지라도 C가 알지 못했다면 그 계약은 유효하다.
③ 보험계약 당시에 보험사고가 발생할 수 없음을 A가 알면서도 보험계약을 체결하였다면 그 계약은 무효이다.
④ 보험계약 당시에 보험사고가 발생할 수 없음을 A, B, C가 알지 못한 때에는 그 계약은 유효하다.

정답 ②

⑩ 보험사고의 객관적 확정의 효과(제644조)
- 보험계약 당시에 보험사고가 이미 발생하였거나 또는 발생할 수 없는 것인 때에는 그 계약은 무효로 한다. 그러나 '당사자 쌍방과 피보험자가' 이를 알지 못한 때에는 그러하지 아니하다.

5 상법상 보험대리상 등에 관한 설명으로 옳은 것은 모두 몇 개인가?

- 보험대리상은 보험계약자로부터 보험료를 수령할 수 있는 권한을 갖는다.
- 보험대리상이 아니면서 특정한 보험자를 위하여 계속적으로 보험계약의 체결을 중개하는 자는 보험자가 작성한 보험증권을 보험계약자에게 교부할 수 있는 권한을 갖는다.
- 대리인에 의하여 보험계약을 체결한 경우 대리인이 안 사유는 그 본인이 안 것과 동일한 것으로 한다.
- 보험자는 보험대리상이 보험계약자로부터 청약, 고지, 통지 등 보험계약에 관한 의사표시를 수령할 수 있는 권한을 제한할 수 없다.

① 1개   ② 2개   ③ 3개   ④ 4개

정답 ③

🔟 보험대리상 등의 권한 (제646조의2)
- 보험료 수령권, 보험증권 교부권
- 보험계약에 관한 의사표시 수령권, 보험계약에 관한 의사표시권
- 보험자는 위 권한 중 일부 제한 가능 → 그러한 권한 제한을 이유로 선의의 보험계약자에게 대항하지 못함

- 보험대리상이 아니면서 특정한 보험자를 위하여 계속적으로 보험계약의 체결을 중개하는 자의 권한 (보험모집인) (제646조의2)
  - 보험자가 작성한 영수증을 보험계약자에게 교부하는 경우 보험료 수령권
  - 보험자가 작성한 보험증권 교부권

6 상법상 보험계약자가 보험자와 보험료를 분납하기로 약정한 경우에 관한 설명으로 옳지 않은 것은?

① 보험계약 체결 후 보험계약자가 제1회 보험료를 지급하지 아니한 경우, 다른 약정이 없는 한 계약성립 후 2월이 경과하면 보험계약은 해제된 것으로 본다.

② 계속보험료가 연체된 경우 보험자는 즉시 그 계약을 해지할 수는 없다.

③ 계속보험료가 연체된 경우 보험대리상이 아니면서 특정한 보험자를 위하여 계속적으로 보험계약의 체결을 중개하는 자는 보험계약자에 대해 해지의 의사표시를 할 수 있는 권한이 있다.

④ 보험대리상이 아니면서 특정한 보험자를 위하여 계속적으로 보험계약의 체결을 중개하는 자는 보험자가 작성한 영수증을 보험계약자에게 교부하는 경우에 한하여 보험료를 수령할 권한이 있다.

정답 ③

🔟 보험대리상이 아니면서 특정한 보험자를 위하여 계속적으로 보험계약의 체결을 중개하는 자의 권한 (보험모집인) (제646조의2)
- 보험자가 작성한 영수증을 보험계약자에게 교부하는 경우 보험료 수령권
- 보험자가 작성한 보험증권 교부권

7 상법상 특정한 타인(이하 "A"라고 함)을 위한 손해보험계약에 관한 설명으로 옳은 것은?

① 보험계약자는 A의 동의를 얻지 아니하거나 보험증권을 소지하지 아니하면 그 계약을 해지하지 못한다.
② A가 보험계약에 따른 이익을 받기 위해서는 이익을 받겠다는 의사표시를 하여야 한다.
③ 보험계약자가 계속보험료의 지급을 지체한 때에는 보험자는 A에게 보험료 지급을 최고하지 않아도 보험계약을 해지할 수 있다.
④ 보험계약자가 A를 위해 보험계약을 체결하려면 A의 위임을 받아야 한다.

정답 ①

해 타인을 위한 보험 (제639조)
- 타인으로부터의 위임 또는 위임받지 않음, 특정 또는 불특정의 타인
- 위임받지 않았을 때 보험계약자는 보험자에게 고지
- 그 타인은 당연히 계약의 이익 받음
- 보험계약자 파산선고 또는 보험료 지급 지체 시 → 타인 : 권리 포기 않는 한 보험료 지급 의무

• 보험료의 지급과 지체의 효과 (제650조) : 특정한 타인을 위한 보험의 경우 → 그 타인에게도 상당한 기간 최고 → 그 계약을 해제 또는 해지

8 상법상 손해보험계약의 부활에 관한 설명으로 옳지 않은 것은?

① 제1회 보험료의 지급이 이루어지지 않아 보험계약이 해제된 경우 보험계약자는 보험계약의 부활을 청구할 수 있다.
② 계속보험료의 연체로 인하여 보험계약이 해지되고 해지환급금이 지급되지 아니한 경우 보험계약자는 보험계약의 부활을 청구할 수 있다.
③ 계속보험료의 연체로 인하여 보험계약이 해지된 경우 보험계약자가 보험계약의 부활을 청구하려면 연체보험료에 약정이자를 붙여 보험자에게 지급해야 한다.
④ 보험계약자가 상법상의 요건을 갖추어 계약의 부활을 청구하는 경우 보험자는 30일 이내에 낙부통지를 발송해야 한다.

정답 ①

해 보험계약의 부활 (제650조의2)
- 계속보험료 지급 의무가 지체되어 해지된 경우
- 해지환급금이 지급되지 않은 경우
- 일정 기간 내에 '연체보험료 + 약정이자 지급'

9 상법상 고지의무에 관한 설명으로 옳은 것은?

① 타인을 위한 손해보험계약에서 그 타인은 고지의무를 부담하지 않는다.

② 보험자가 서면으로 질문한 사항은 중요한 사항으로 본다.

③ 고지의무자가 고의 또는 중과실로 중요한 사항을 불고지 또는 부실고지 한 사실을 보험자가 보험계약 체결 직후 알게 된 경우, 보험자가 그 사실을 안 날로부터 1월이 경과하면 보험계약을 해지할 수 없다.

④ 고지의무자가 고의 또는 중과실로 중요한 사항을 불고지 또는 부실고지한 경우 보험자가 계약 당시에 그 사실을 알았을지라도 보험자는 보험계약을 해지할 수 있다.

정답 ③

해 **고지의무 위반으로 인한 계약해지 (제651조)**

- 고지의무자 : '보험계약자 또는 피보험자'
- '고의' 또는 중대한 과실로 불고지 또는 부실고지
- 안 날로부터 1월 내, 체결한 날로부터 '3년 내' 계약해지 가능
- 보험자가 '계약 당시에 그 사실을 알았거나' '중대한 과실'로 인하여 알지 못한 때 → 계약해지 불가

• **서면에 의한 질문 (제651조의2)** : 보험자가 서면으로 질문한 사항은 중요한 사항으로 추정

10 보험기간 중 사고 발생의 위험이 현저하게 변경된 경우에 관한 설명으로 옳은 것을 모두 고른 것은?

ㄱ. 보험수익자가 이 사실을 안 때에는 지체없이 보험자에게 통지하여야 한다.
ㄴ. 보험자가 보험계약자로부터 위험변경의 통지를 받은 때로부터 2월이 경과하면 계약을 해지할 수 없다.
ㄷ. 보험수익자의 고의로 인하여 위험이 현저하게 변경된 때에는 보험자는 보험료의 증액을 청구할 수 있다.
ㄹ. 피보험자의 중대한 과실로 인하여 위험이 현저하게 변경된 때에는 보험자는 계약을 해지할 수 없다.

① ㄱ, ㄴ　　　　② ㄴ, ㄷ　　　　③ ㄷ, ㄹ　　　　④ ㄱ, ㄴ, ㄷ, ㄹ

정답 ②

해 **위험변경증가의 통지와 계약해지 (제652조)**

- 의무자 : 보험계약자, 피보험자
- 해태한 경우 → 안 날로부터 1월 내 해지 가능
- '통지 받은 경우' → 1월 내 보험료 증액 또는 해지 가능

• **보험계약자 등의 고의나 중과실로 인한 위험증가와 계약해지 (제653조)**

- 보험계약자, 피보험자 또는 보험수익자의 고의 또는 중대한 과실
- 사고발생의 위험이 현저하게 변경 또는 증가
- 그 사실을 안 날부터 1월내에 보험료의 증액을 청구 또는 계약 해지

11 보험계약의 해지에 관한 설명으로 옳지 않은 것은? (다툼이 있으면 판례에 따름)

① 보험자가 파산의 선고를 받은 때에는 보험계약자는 계약을 해지할 수 있다.

② 보험자가 보험기간 중에 사고 발생의 위험이 현저하게 증가하여 보험계약을 해지한 경우 이미 지급한 보험금의 반환을 청구할 수 없다.

③ 보험자가 파산의 선고를 받은 경우 해지하지 아니한 보험계약은 파산선고 후 3월을 경과한 때에는 그 효력을 잃는다.

④ 보험자가 보험기간 중 사고 발생의 위험이 현저하게 변경되었음을 이유로 계약을 해지하려는 경우 그 사실을 입증하여야 한다.

정답 ②

해 보험자의 파산선고와 계약해지 (제654조)
- 보험계약자는 계약을 해지 가능
- 파산선고 후 3월을 경과한 때에는 그 효력 없음

• 계약해지와 보험금청구권 (제655조)
- 보험료 지급 지체, 고지의무 위반, 위험변경증가 통지의무 위반, 위험유지의무 위반으로 인한 계약 해지 : 보험금을 지급할 책임이 없고 이미 지급한 보험금의 반환을 청구 가능
- '고지의무 위반 또는 현저한 위험의 변경 · 증가의 사실' : 보험사고 발생에 '영향을 미치지 아니하였음이' 증명된 경우에는 보험금을 지급

12 상법상 보험사고의 발생에 따른 보험자의 책임에 관한 설명으로 옳은 것은?

① 보험수익자가 보험사고의 발생을 안 때에는 보험자에게 그 통지를 할 의무가 없다.

② 보험사고가 보험계약자의 고의로 인하여 생긴 때에는 보험자는 보험금액을 지급할 책임이 없다.

③ 보험자는 보험금액의 지급에 관하여 약정기간이 없는 경우 지급할 보험금액이 정하여진 날로부터 5일 내에 지급하여야 한다.

④ 보험자의 책임은 당사자 간에 다른 약정이 없으면 보험계약자가 보험계약의 체결을 청약한 때로부터 개시한다.

정답 ②

해 보험사고발생의 통지의무 (제657조)
- 의무자 : 보험계약자 또는 피보험자나 보험수익자
- 해태함으로 인하여 손해가 증가된 때 → 그 증가된 손해를 보상할 책임 없음

• 보험자의 면책사유
- 보험계약자 또는 피보험자나 보험수익자의 고의 또는 중대한 과실
- (당사자 간에 다른 약정이 없으면) 전쟁 기타의 변란으로 인한 보험사고
- 보험의 목적의 성질, 하자 또는 자연소모로 인한 손해

• 보험금액의 지급 (제658조)
- 약정기간이 있는 경우에는 그 기간 내
- 약정기간이 없는 경우 : 지체없이 지급할 보험금액을 정하고 정하여진 날부터 10일 내 지급

• 보험자의 책임개시 (제656조)
- 다른 약정이 없으면 최초의 보험료의 지급을 받은 때로부터 개시

13 상법 보험편에 관한 설명으로 옳지 않은 것은? (다툼이 있으면 판례에 따름)

① 재보험에서는 당사자 간의 특약에 의하여 상법 보험편의 규정을 보험계약자의 불이익으로 변경할 수 있다.

② 보험계약자 등의 불이익변경 금지원칙은 보험계약자와 보험자가 서로 대등한 경제적 지위에서 계약조건을 정하는 기업보험에 있어서는 그 적용이 배제된다.

③ 상법 보험편의 규정은 그 성질에 반하지 아니하는 범위에서 공제에도 준용된다.

④ 상법 보험편의 규정은 약관에 의하여 피보험자나 보험수익자의 이익으로 변경할 수 없다.

정답 ④

🖐 보험계약자 등의 불이익변경금지 (제663조)
- 당사자간의 특약으로
- 보험계약자 또는 피보험자나 보험수익자의 '불이익으로 변경' 금지
- 기업 간의 보험 (재보험 및 해상보험 기타 이와 유사한 보험) 예외

14 상법상 손해보험증권에 기재되어야 하는 사항으로 옳은 것은 모두 몇 개인가?

- 보험수익자의 주소, 성명 또는 상호
- 무효의 사유
- 보험사고의 성질
- 보험금액

① 1개　　　　② 2개　　　　③ 3개　　　　④ 4개

정답 ③

🖐 손해보험증권 (제666조)
- 보험의 목적, 보험사고의 성질
- 보험금액, 보험료와 그 지급 방법
- 보험기간을 정한 때에는 그 시기와 종기, 무효와 실권의 사유
- 보험계약자의 주소와 성명 또는 상호
- '피보험자의' 주소, 성명 또는 상호
- 보험계약의 연월일, 보험증권의 작성지와 그 작성년월일

15 상법상 손해보험에 관한 설명으로 옳지 않은 것은?

① 당사자 간에 보험가액을 정한 때에는 그 가액은 사고 발생 시의 가액으로 정한 것으로 본다.

② 당사자는 약정에 의하여 보험사고로 인하여 상실된 피보험자가 얻을 보수를 보험자가 보상할 손해액에 산입할 수 있다.

③ 화재보험의 보험자는 화재의 소방 또는 손해의 감소에 필요한 조치로 인하여 생긴 손해를 보상할 책임이 있다.

④ 보험계약은 금전으로 산정할 수 있는 이익에 한하여 보험계약의 목적으로 할 수 있다.

해 **기평가보험 (제670조)**
- 사고발생 시의 가액으로 정한 것으로 '추정'
- 현저하게 초과할 때 → 사고발생시의 가액을 보험가액으로 함

• **상실이익 등의 불산입 (제667조)** : 상실된 피보험자가 얻을 이익이나 보수 → 다른 약정이 없으면 손해액에 불산입

16 **손해보험에서의 보험가액에 관한 설명으로 옳은 것은?**

① 초과보험에 있어서 보험계약의 목적의 가액은 사고 발생 시의 가액에 의하여 정한다.
② 보험금액이 보험계약의 목적의 가액을 현저하게 초과한 때에는 보험계약자는 소급하여 보험료의 감액을 청구할 수 있다.
③ 보험가액이 보험계약 당시가 아닌 보험기간 중에 현저하게 감소된 때에는 보험자는 보험료와 보험금액의 감액을 청구할 수 없다.
④ 초과보험이 보험계약자의 사기로 인하여 체결된 때에는 그 계약은 무효이며 보험자는 그 사실을 안 때까지의 보험료를 청구할 수 있다.

해 **초과보험 (제669조)**
- 보험금액이 보험계약의 목적의 가액을 현저하게 초과
- 계약체결 시의 보험가액을 기준으로 판단
- 보험자 : 보험금액, 보험계약자 : 보험료의 감액 청구 가능 → 보험료의 감액은 장래에 대하여서만 효력
- 보험가액이 보험기간 중에 현저하게 감소된 때에도 적용
- 사기로 인한 초과보험 계약은 무효 → 안 때까지의 보험료 청구 가능

17 **상법상 소멸시효에 관하여 (　　　)에 들어갈 내용으로 옳은 것은?**

보험금청구권은 (　ㄱ　)년간, 보험료청구권은 (　ㄴ　)년간, 적립금의 반환청구권은 (　ㄷ　)년간 행사하지 아니하면 시효의 완성으로 소멸한다.

	ㄱ	ㄴ	ㄷ		ㄱ	ㄴ	ㄷ
①	2	3	2	②	2	3	3
③	3	2	3	④	3	3	2

해 **소멸시효 (제662조)**
- 보험금청구권은 3년
- 보험료 또는 적립금의 반환청구권은 3년
- 보험료청구권은 2년

18 **상법상 중복보험에 관한 설명으로 옳지 않은 것은?**

① 보험계약자가 중복보험의 체결 사실을 보험자에게 통지하지 아니한 경우 보험자는 보험계약을 취소할 수 있다.

② 중복보험을 체결한 경우 보험계약자는 각 보험자에 대하여 각 보험계약의 내용을 통지하여야 한다.

③ 중복보험이라 함은 동일한 보험계약의 목적과 동일한 사고에 관하여 수 개의 보험계약이 동시에 또는 순차로 체결된 경우를 말한다.

④ 중복보험은 하나의 보험계약을 수인의 보험자와 체결한 공동보험과 구별된다.

정답 ①

해 중복보험 (제672조)

- 보험계약자는 각 보험자에 대하여 각 보험계약의 내용을 통지

- 중복보험 통지의무 해태 시의 불이익이나 효과 : 상법에는 규정되어 있지 않다.

19 **다음 사례에 관한 설명으로 옳은 것은? (단, 다른 약정이 없고, 보험사고 당시 보험가액은 보험계약 당시와 동일한 것으로 전제함)**

<사례 1> 甲은 보험가액이 3억원인 자신의 아파트를 보험목적으로 하여 A 보험회사 및 B 보험회사와 보험금액을 3억원으로 하는 화재보험계약을 각각 체결하였다.

<사례 2> 乙은 보험가액이 10억원인 자신의 건물을 보험목적으로 하여 C 보험회사와 보험금액을 5억원으로 하는 화재보험계약을 체결하였다.

① 화재로 인하여 甲의 아파트가 전부 소실된 경우 甲은 A와 B로부터 각각 3억원의 보험금을 수령할 수 있다.

② 화재로 인하여 甲의 아파트가 전부 소실된 경우 甲이 A에 대한 보험금 청구를 포기하였다면 甲에게 보험금 3억원을 지급한 B는 A에 대해 구상금을 청구할 수 없다.

③ 화재로 인하여 乙의 건물에 5억원의 손해가 발생한 경우 C는 乙에게 5억원을 보험금으로 지급하여야 한다.

④ 화재로 인하여 甲의 아파트가 전부 소실된 경우 A는 甲에 대하여 3억원의 한도에서 B와 연대책임을 부담한다.

정답 ④

해 사례 1

- 중복보험 : 보험자는 각자의 보험금액의 한도에서 연대책임, 각 보험자의 보상책임은 각자의 보험금액의 비율에 따름

- A, B 사로부터 각각 지급받는 보험금 : 3억원 × (3억원/6억원) = 1.5억원

- 보험자 1인에 대한 권리의 포기는 다른 보험자의 권리의무에 영향을 미치지 않음

• 사례 2

- 일부보험 : 보험금액의 보험가액에 대한 비율에 따라 보상

- C사로부터 지급받는 보험금 : 5억원 × (5억원 ÷ 10억원) = 2.5억원

- 다른 약정이 있는 때에는 보험자는 보험금액의 한도 내 보상

20 화재보험에 있어서 보험자의 보상 의무에 관한 설명으로 옳지 않은 것은? (다툼이 있으면 판례에 따름)

① 보험사고의 발생은 보험금 지급을 청구하는 보험계약자 등이 입증해야 한다.
② 보험자의 보험금지급 의무는 보험기간 내에 보험사고가 발생하고 그 보험사고의 발생으로 인하여 피보험자의 피보험이익에 손해가 생기면 성립된다.
③ 손해란 피보험이익의 전부 또는 일부가 멸실됐거나 감손된 것을 말한다.
④ 보험의 목적에 관하여 보험자가 부담할 손해가 생긴 경우에는 그 후 그 목적이 보험자가 부담하지 아니하는 보험사고의 발생으로 인하여 멸실된 때에는 보험자는 이미 생긴 손해를 보상할 책임을 면한다.

정답 ④

해 보험사고 발생의 입증책임 (판례) : 보험사고가 발생하였다는 점에 대한 입증 책임은 보험금을 청구하는 자가 부담한다.

• 사고발생 후의 목적 멸실과 보상책임 (제675조) : 보험자가 부담하지 아니하는 보험사고의 발생으로 인하여 멸실 → 이미 생긴 손해를 보상

21 상법상 손해보험에서 손해액의 산정 기준 등에 관한 설명으로 옳지 않은 것은?

① 보험자가 보상할 손해액은 그 손해가 발생한 때와 곳의 가액에 의하여 산정하는 것이 원칙이다.
② 손해액의 산정에 관한 비용은 보험계약자의 부담으로 한다.
③ 보험자가 손해를 보상할 경우에 보험료의 지급을 받지 아니한 잔액이 있으면 그 지급기일이 도래하지 아니한 때라도 보상할 금액에서 이를 공제할 수 있다.
④ 보험자는 약정에 따라 신품가액에 의하여 손해액을 산정할 수 있다.

정답 ②

해 손해액의 산정기준 (제676조)
  - 그 손해가 발생한 때와 곳의 가액에 의함
  - 다른 약정이 있는 때에는 그 신품가액에 의하여 산정 가능
  - 비용은 보험자의 부담

22 상법상 손해보험에 있어 보험자의 면책사유로 옳은 것을 모두 고른 것은?

ㄱ. 보험의 목적의 성질로 인한 손해
ㄴ. 보험의 목적의 하자로 인한 손해
ㄷ. 보험의 목적의 자연소모로 인한 손해
ㄹ. 보험사고가 보험계약자의 고의 또는 중대한 과실로 인하여 생긴 경우

① ㄱ, ㄴ   ② ㄴ, ㄷ   ③ ㄷ, ㄹ   ④ ㄱ, ㄴ, ㄷ, ㄹ

정답 ④

해 보험자의 면책사유 (제659조)
  - 보험계약자 또는 피보험자나 보험수익자의 고의 또는 중대한 과실
  - (당사자 간에 다른 약정이 없으면) 전쟁 기타의 변란으로 인한 보험사고
  - 보험의 목적의 성질, 하자 또는 자연소모로 인한 손해

23 **상법상 손해보험에서 손해방지의무에 관한 설명으로 옳지 않은 것은? (다툼이 있으면 판례에 따름)**

① 손해방지의무의 주체는 보험계약자와 피보험자이다.

② 손해방지를 위하여 필요 또는 유익하였던 비용은 보험자가 부담한다.

③ 손해방지를 위하여 필요 또는 유익하였던 비용과 보상액이 보험금액을 초과한 경우에는 보험금액의 한도에 서만 보험자가 이를 부담한다.

④ 피보험자가 손해방지의무를 고의 또는 중과실로 위반한 경우 보험자는 손해방지의무 위반과 상당인과관계가 있는 손해에 대하여 배상을 청구할 수 있다.

정답 ③

해 손해방지의무 (제680조)

- 의무자 : 보험계약자와 피보험자
- 비용과 보상액이 보험금액을 초과한 경우라도 보험자 부담
- 보험사고의 발생을 전제로 하므로 (발생 이후의 비용) 선급 청구 X
- 보험자가 책임지는 손해에 대해서만 부담
- 해태한 경우 : 상법에는 별도의 규정이 없지만, 표준약관에서는 방지 또는 경감할 수 있었을 것으로 밝혀진 값을 손해액에서 차감할 수 있는 것이 통설이다.
- 고의 또는 중대한 과실로 인해 이 의무를 해태한 경우 : 상당한 인과관계가 있는 손해에 대해 보험자는 배상을 청구할 수도 있다.

24 **보험목적에 관한 보험대위에 관한 설명이다. (   )에 들어갈 내용으로 옳은 것은?**

보험의 목적의 전부가 멸실한 경우에 (ㄱ)의 (ㄴ)를 지급한 보험자는 그 목적에 대한 (ㄷ)의 권리를 취득한다. 그러나 (ㄹ)의 일부를 보험에 붙인 경우에는 보험자가 취득할 권리는 보험금액의 보험가액에 대한 비율에 따라 이를 정한다.

	ㄱ	ㄴ	ㄷ	ㄹ
①	보험금액	전부	피보험자	보험가액
②	보험금액	일부	보험계약자	보험금액
③	보험가액	일부	피보험자	보험가액
④	보험가액	전부	피보험자	보험가액

정답 ①

해 보험목적에 관한 보험대위(제681조)

- 전부 멸실 + 전부 지급
- 일부보험 : 보험금액의 보험가액에 대한 비율에 따라 권리 취득
- 피보험자의 권리 취득
- 보험금 지급 시 '법률상 당연한 권리' (물권변동 절차 필요 없음)
- 피보험자가 보험의 목적을 타인에게 처분한 경우
- 보험금 지급 전 → '보험금에서 이를 공제'
- 보험금 지급 후 → 보험자는 피보험자에게 손해배상을 청구 가능

25 제3자에 대한 보험대위에 관한 설명으로 옳지 않은 것은? (다툼이 있으면 판례에 따름)

① 제3자에 대한 보험대위의 취지는 이득금지 원칙의 실현과 부당한 면책의 방지에 있다.

② 보험자는 피보험자와 생계를 같이 하는 가족에 대한 피보험자의 권리는 취득하지 못하는 것이 원칙이다.

③ 보험금을 지급한 보험자는 그 지급한 금액의 한도에서 그 제3자에 대한 피보험자의 권리를 취득한다.

④ 보험약관상 보험자가 면책되는 사고임에도 불구하고 보험자가 보험금을 지급한 경우 피보험자의 제3자에 대한 권리를 대위취득할 수 있다.

정답 ④

해 제3자에 대한 보험대위 (제682조)
- '지급한 보험금'의 한도 내에서 그 권리를 취득
- 지급할 보험금 일부를 지급한 경우 → 피보험자의 권리를 해하지 않는 범위에서 취득
- 생계를 같이 하는 가족에 대한 것 → 보험자는 그 권리를 취득하지 못함(고의로 인하여 발생한 경우는 예외)
- 면책사고임에도 보험금을 지급한 경우 → 제3자에 대한 권리를 대위취득할 수 없음

26 농어업재해보험법상 재해보험 발전 기본계획에 포함되어야 하는 사항으로 명시되지 않은 것은?

① 재해보험의 종류별 가입률 제고 방안에 관한 사항
② 손해평가인의 정기교육에 관한 사항
③ 재해보험사업에 대한 지원 및 평가에 관한 사항
④ 재해보험의 대상 품목 및 대상 지역에 관한 사항

정답 ②

해 재해보험 발전 기본계획 포함되어야 하는 내용
- 재해보험사업의 발전 방향 및 목표
- 재해보험의 종류별 가입률 제고 방안에 관한 사항
- 재해보험의 대상 품목 및 대상 지역에 관한 사항
- 재해보험사업에 대한 지원 및 평가에 관한 사항
- 그 밖에 재해보험 활성화를 위해 장관이 필요하다고 인정하는 사항

27 농어업재해보험법상 농업재해보험심의회의 심의사항에 해당되는 것을 모두 고른 것은?

ㄱ. 재해보험에서 보상하는 재해의 범위에 관한 사항
ㄴ. 손해평가의 방법과 절차에 관한 사항
ㄷ. 농어업재해재보험사업에 대한 정부의 책임 범위에 관한 사항
ㄹ. 농어업재해재보험사업 관련 자금의 수입과 지출의 적정성에 관한 사항

① ㄱ, ㄴ   ② ㄴ, ㄷ   ③ ㄱ, ㄷ, ㄹ   ④ ㄱ, ㄴ, ㄷ, ㄹ

정답 ④

해 심의회 심의사항 :
보상하는 재해의 범위, 재정지원, 손해평가의 방법과 절차, 재보험사업에 대한 정부의 책임 범위, 재보험사업 자금 수입과 지출의 적정성, 목적물의 선정, 기본계획의 수립 · 시행, 다른 법률에서 심의사항으로 정하고 있는 사항, 그 밖에 위원장이 재해보험 및 재보험에 관하여 회의에 부치는 사항

28 농어업재해보험법상 재해보험을 모집할 수 있는 자에 해당하지 않는 것은?

① 산림조합중앙회의 임직원
②「수산업협동조합법」에 따라 설립된 수협은행의 임직원
③「산림조합법」제48조의 공제규정에 따른 공제모집인으로서 능림축산식품부장관이 인정하는 자
④「보험업법」제83조 제1항에 따라 보험을 모집할 수 있는 자

᳁ 재해보험을 모집할 수 있는 자
- 산림조합 · 수협 중앙회와 그 회원 조합의 임직원, 수협은행의 임직원
- 산림조합 · 수협 중앙회장이나 그 회원 조합장이 인정하는 자
- 「보험업법」따라 보험을 모집할 수 있는 자

29 농어업재해보험법상 손해평가 등에 관한 설명으로 옳은 것은?

① 재해보험사업자는 동일 시 · 군 · 구 내에서 교차손해평가를 수행할 수 없다.
② 농림축산식품부장관은 손해평가인이 공정하고 객관적인 손해평가를 수행할 수 있도록 연 1회 이상 정기교육을 실시하여야 한다.
③ 농림축산식품부장관이 손해평가 요령을 정한 뒤 이를 고시하려면 미리 금융위원회의 인가를 거쳐야 한다.
④ 농림축산식품부장관은 손해평가인 간의 손해평가에 관한 기술 · 정보의 교환을 금지하여야 한다.

᳁ 교차손해평가 : 재해보험사업자는 공정하고 객관적인 손해평가를 위해 동일 시 · 군 · 구(자치구) 내에서 교차손해평가를 수행할 수 있다.

• 손해평가 요령을 고시 : 농림축산식품부 장관 또는 해양수산부 장관은 손해평가 요령을 고시하기 전에 미리 금융위원회와 협의해야 한다.

30 농어업재해보험법령상 손해평가사의 자격 취소 사유로 명시되지 않은 것은?

① 손해평가사의 자격을 거짓 또는 부정한 방법으로 취득한 경우
② 거짓으로 손해평가를 한 경우
③ 업무수행과 관련하여 보험계약자로부터 향응을 제공받은 경우
④ 법 제11조의4 제7항을 위반하여 손해평가사 명의의 사용이나 자격증의 대여를 알선한 경우

᳁ 손해평가사 자격 취소
- 손해평가사의 자격을 거짓 또는 부정한 방법으로 취득한 사람 → 자격을 취소하여야 한다.
- 거짓으로 손해평가를 한 사람
- 다른 사람에게 손해평가사의 명의를 사용하게 하거나 그 자격증을 대여한 사람
- 손해평가사 명의의 사용이나 자격증의 대여를 알선한 사람
- 업무정지 기간 중에 손해평가 업무를 수행한 사람 → 자격을 취소하여야 한다.

• 손해평가사 자격 취소(개별기준)
- 위의 사항 중 아래 제외한 사항 : 모두 1회 위반 시 자격 취소
- 거짓으로 손해평가를 한 경우 : 1회 위반 시정명령 → 2회 이상 위반 자격 취소

• 손해평가사 업무정지 처분
- 업무수행과 관련하여 보험계약자 또는 보험사업자로부터 금품 또는 향응을 제공받은 경우
- 개별기준 : 1회 위반 업무정지 6개월, 2회 위반 업무정지 1년, 3회 위반 업무정지 1년

31 농어업재해보험법령상 보험금의 압류 금지에 관한 조문의 일부이다. (   )에 들어갈 내용은?

법 제12조제2항에서 "대통령령으로 정하는 액수"란 다음 각 호의 구분에 따른 보험금 액수를 말한다.
1. 농작물 · 임산물 · 가축 및 양식수산물의 재생산에 직접적으로 소요되는 비용의 보장을 목적으로 법 제11조의7 제1항
   본문에 따라 보험금수급전용계좌로 입금된 보험금: 입금된 (ㄱ)
2. 제1호 외의 목적으로 법 제11조의7 제1항 본문에 따라 보험금수급전용계좌로 입금 된 보험금: 입금된 (ㄴ)에 해
   당하는 액수

	ㄱ	ㄴ
①	보험금의 2분의 1	보험금의 3분의 1
②	보험금의 2분의 1	보험금의 3분의 2
③	보험금 전액	보험금의 3분의 1
④	보험금 전액	보험금의 2분의 1

정답 ④

해 **수급권의 보호**
- 재해보험의 보험금을 지급 받을 권리는 압류할 수 없다.
- 예외. 보험목적물이 담보로 제공된 경우
- 보험금 수급 전용계좌의 예금 중 대통령령으로 정하는 액수 이하의 금액에 관한 채권은 압류할 수 없다.
- 대통령령으로 정하는 액수 이하의 금액
• 농작물 · 임산물 · 가축 및 양식수산물의 재생산에 직접적으로 소요되= 비용의 보장을 목적으로 보험금 수급 전용계좌
  로 입금된 보험금 : 입금된 보험금 전액
• 이외의 목적으로 보험금 수급 전용계좌로 입금된 보험금 : 입금된 보험금의 1/2에 해당하는 액수

32 농어업재해보험법령상 재해보험사업자가 보험모집 및 손해평가 등 재해보험 업무의 일부를 위탁할 수
있는 자에 해당하지 않는 것은?

① 「농업협동조합법」에 따라 설립된 지역농업협동조합
② 「수산업협동조합법」에 따라 설립된 지구별 수산업협동조합
③ 「보험업법」 제187조에 따라 손해사정을 업으로 하는 자
④ 농어업재해보험 관련 업무를 수행할 목적으로 「민법」에 따라 설립된 영리법인

정답 ④

해 **재해보험사업자 업무 위탁**
- 지역 : 농협, 축협, 산림조합
- 품목별 · 업종별 : 협동조합, 산림조합
- 지구별 · 업종별 · 수산물가공 수협, 수협은행
- 손해사정을 업으로 하는 자
- 장관의 허가를 받아 설립된 비영리법인

33 농어업재해보험법상 재정지원에 관한 설명으로 옳지 않은 것은?

① 정부는 재해보험사업자의 재해보험의 운영 및 관리에 필요한 비용의 전부를 지원하여야 한다.

② 지방자치단체는 예산의 범위에서 재해보험가입자가 부담하는 보험료의 일부를 추가로 지원할 수 있다.

③ 「풍수해보험법」에 따른 풍수해보험에 가입한 자가 동일한 보험목적물을 대상으로 재해보험에 가입할 경우에는 정부가 재정지원을 하지 아니한다.

④ 법 제19조제1항에 따른 보험료와 운영비의 지원 방법 및 지원 절차 등에 필요한 사항은 대통령령으로 정한다.

정답 ①

해 재정지원

- **정부**
  - 재해보험가입자가 부담하는 보험료의 일부를 지원할 수 있다.
  - 재해보험사업자의 재해보험의 운영 및 관리에 필요한 비용(운영비)의 전부 또는 일부를 '지원할 수 있다.'
  - 「풍수해·지진재해보험법」에 따른 풍수해·지진재해보험에 가입한 자가 동일한 보험목적물을 대상으로 재해보험에 가입할 경우에는 정부가 재정지원을 하지 아니한다.
- **10회~ 변경** : 풍수해보험법 → 풍수해·지진재해보험법
- **지방자치단체** : 재해보험가입자가 부담하는 보험료의 일부를 추가로 지원 할 수 있다.

34 농어업재해보험법령상 손해평가인의 자격요건에 관한 내용의 일부이다. (   )에 들어갈 숫자는?

「학점인정 등에 관한 법률」 제8조에 따라 전문대학의 보험 관련 학과 졸업자와 같은 수준 이상의 학력이 있다고 인정받은 사람이나 「고등교육법」 제2조에 따른 학교에서 (ㄱ   )학점(보험 관련 과목 학점이 (ㄴ   )학점 이상이어야 한다)이상을 이수한 사람 등 제7호에 해당하는 사람과 같은 수준 이상의 학력이 있다고 인정되는 사람

	ㄱ		ㄴ			ㄱ		ㄴ
①	60		40		②	60		45
③	80		40		④	80		45

정답 ④

해 법령 개정 : 전문대학의 보험 관련 학과 졸업자(졸업 예정자 포함)

35 농어업재해보험법상 농어업재해재보험기금의 재원에 포함되는 것을 모두 고른 것은?

ㄱ. 재해보험가입자가 재해보험사업자에게 내야 할 보험료의 회수 자금
ㄴ. 정부, 정부 외의 자 및 다른 기금으로부터 받은 출연금
ㄷ. 농어업재해재보험기금의 운용수익금
ㄹ.「농어촌구조개선 특별회계법」제5조제2항제7호에 따라 농어촌구조개선 특별회계의 농어촌특별세사업계정으로부터 받은 전입금

① ㄱ, ㄴ, ㄷ   ② ㄱ, ㄴ, ㄹ   ③ ㄱ, ㄷ, ㄹ   ④ ㄴ, ㄷ, ㄹ

정답 ④

⑯ 기금의 설치 · 조성
- 재해보험사업자가 정부에 내야하는 재보험료
- 정부, 정부 외의 자 및 다른 기금으로부터 받은 출연금
- 재보험금의 회수 자금
- 기금의 운용수익금과 그 밖의 수입금
- 농어촌특별세사업계정으로부터 받은 전입금
- 차입금

36 농어업재해보험법령상 농어업재해재보험기금(이하 "기금"이라 한다)에 관한 설명으로 옳은 것은?

① 농림축산식품부장관은 행정안전부장관과 협의를 거쳐 기금의 관리 · 운용에 관한 사무의 일부를 농업정책보험금융원에 위탁할 수 있다.
② 농림축산식품부장관은 기금의 수입과 지출을 명확히 하기 위하여 농업정책보험금융원에 기금계정을 설치하여야 한다.
③ 기금의 관리 · 운용에 필요한 경비의 지출은 기금의 용도에 해당한다.
④ 기금은 농림축산식품부장관이 환경부장관과 협의하여 관리 · 운용한다.

정답 ③

⑯ 농림축산식품부장관은 해양수산부장관과 협의하여
- 기금을 설치 · 조성, 관리 · 운용
- 기금의 관리 · 운용에 관한 사무의 일부 → 농업정책보험금융원에 위탁할 수 있다.
- 농어업재해재보험기금의 수입과 지출을 명확히 하기 위하여 한국은행에 기금계정을 설치하여야 한다.

37 농어업재해보험법상 보험사업의 관리에 관한 설명으로 옳지 않은 것은?

① 농림축산식품부장관 또는 해양수산부장관은 재해보험사업을 효율적으로 추진하기 위하여 손해평가인력의 육성 업무를 수행한다.
② 농림축산식품부장관은 손해평가사의 업무정지 처분을 하는 경우 청문을 하지 않아도 된다.
③ 농림축산식품부장관은 손해평가사 자격시험의 실시 및 관리에 관한 업무를 「한국산업인력공단법」에 따른 한국산업인력공단에 위탁할 수 있다.
④ 정부는 농어업인의 재해대비의식을 고양하고 재해보험의 가입을 촉진하기 위하여 교육 · 홍보 및 보험가입자에 대한 정책자금 지원, 신용보증 지원 등을 할 수 있다.

해 청문
- 농림축산식품부 장관은 다음의 어느 하나에 해당하는 처분을 하려면 청문을 하여야 한다.
- 손해평가사의 자격 취소, 손해평가사의 업무정지

- **손해평가사 업무정지 처분**
  - 업무정지 처분을 명할 수 있는 자: 농림축산식품부 장관
  - 사유 : 손해평가사가 그 직무를 게을리하거나 직무를 수행하면서 부적절한 행위를 하였다고 인정되는 경우
  - 업무정지 처분 최대 기간: 1년 이내의 기간

38 농어업재해보험법상 손해평가사의 자격을 취득하지 아니하고 그 명의를 사용하거나 자격증을 대여받은 자에게 부과될 수 있는 벌칙은?

① 과태료 5백만원 ② 벌금 2천만원 ③ 징역 6월 ④ 징역 2년

해 1년 이하의 징역 또는 1천만원 이하의 벌금
- 손해평가 요령을 위반하여 고의로 진실을 숨기거나 거짓으로 손해평가를 한 자
- 재해보험을 모집할 수 있는 자의 규정을 위반하여 모집을 한 자
- 다른 사람에게 손해평가사의 명의를 사용하게 하거나 그 자격증을 대여한 자
- 손해평가사의 명의를 사용하거나 그 자격증을 대여받은 자 또는 명의의 사용이나 자격증의 대여를 알선한 자

- **벌칙 ≠ 과태료**

39 농업재해보험 손해평가요령상 용어의 정의에 관한 내용의 일부이다. (   )에 들어갈 내용은?

"(   )"(이)라 함은 「농어업재해보험법」 제11조 제1항과 「농어업재해보험법 시행령」 제12조 제1항에서 정한 자 중에서 재해보험사업자가 위촉하여 손해평가업무를 담당하는 자를 말한다.

① 손해평가인 ② 손해평가사
③ 손해사정사 ④ 손해평가보조인

해 손해평가요령 용어의 정의
- "손해평가"라 함은 「농어업재해보험법」에 따른 피해가 발생한 경우 손해평가인, 손해평가사 또는 손해사정사가 그 피해사실을 확인하고 평가하는 일련의 과정을 말한다.
- "손해평가인"이라 함은 법과 시행령에서 정한 자 중에서 재해보험사업자가 위촉하여 손해평가업무를 담당하는 자를 말한다.
- "손해평가사"라 함은 법에 따른 자격시험에 합격한 자를 말한다.
- "손해평가보조인"이라 함은 손해평가 업무를 보조하는 자를 말한다.
- "농업재해보험"이란 농작물재해보험, 임산물재해보험 및 가축재해보험을 말한다.

40 농업재해보험 손해평가요령상 손해평가인의 업무로 명시되지 않은 것은?

① 보험가액 평가 ② 보험료율 산정
③ 피해사실 확인 ④ 손해액 평가

정답 ②

해 손해평가인의 업무
- 피해사실 확인
- 보험가액 및 손해액 평가
- 그 밖에 손해평가에 관하여 필요한 사항

41 농업재해보험 손해평가요령상 손해평가인의 위촉과 교육에 관한 설명으로 옳은 것은?

① 손해평가인 정기교육의 세부 내용 중 농업재해보험 상품 주요 내용은 농업재해보험에 관한 기초지식에 해당한다.
② 손해평가인 정기교육의 세부 내용에 피해유형별 현지조사표 작성 실습은 포함되지 않는다.
③ 재해보험사업자 및 「농어업재해보험법」 제14조에 따라 손해평가 업무를 위탁받은 자는 손해평가 업무를 원활히 수행하기 위하여 손해평가보조인을 운용할 수 있다.
④ 실무교육에 참여하는 손해평가인은 재해보험사업자에게 교육비를 납부하여야 한다.

정답 ③

해 정기교육
- 교육하는 자 : 농림축산식품부장관 또는 해양수산부장관
- 연 1회 이상 정기교육
- 농어업재해보험에 관한 기초지식

• **농어업재해보험법 제정 배경 · 구성 및 조문별 주요 내용**

• **농업재해보험 사업 현황**
- 농어업재해보험의 종류별 약관

• **농업재해보험 상품 주요 내용 및 약관 일반 사항**
- 손해평가의 절차 및 방법

• **농업재해보험 손해평가 개요**

• **보험목적물별 손해평가 기준 및 피해유형별 보상사례**
- 피해유형별 현지조사표 작성 실습
- 그 밖에 손해평가에 필요한 사항으로서 농림축산식품부 장관 또는 해양수산부 장관이 정하는 사항

• **보조인** : 재해보험사업자 및 법 제14조에 따라 손해평가 업무를 위탁받은 자는 손해평가 업무를 원활히 수행하기 위하여 손해평가보조인을 운용할 수 있다.

42 농업재해보험 손해평가요령상 손해평가인 위촉의 취소에 관한 설명이다. (   )에 들어갈 내용은?

재해보험사업자는 손해평가인이 「농어업재해보험법」 제30조에 의하여 벌금 이상의 형을 선고받고 그 집행이 종료(집행이 종료된 것으로 보는 경우를 포함한다)되거나 집행이 면제된 날로부터 (ㄱ   )년이 경과되지 아니한 자, 또는 (ㄴ   ) 기간 중에 손해평가업무를 수행한 자인 경우 그 위촉을 취소하여야 한다.

	ㄱ	ㄴ		ㄱ	ㄴ
①	1	자격정지	②	2	업무정지
③	1	업무정지	④	3	자격정지

정답 ②

해 손해평가인 위촉 취소
- 거짓 그 밖의 부정한 방법으로 제4조에 따라 손해평가인으로 위촉된 자
- 업무정지 기간 중에 손해평가업무를 수행한 자
- 위촉이 취소된 후 2년이 경과하지 아니한 자
- 벌금 이상의 형을 선고받고 그 집행이 종료되거나 집행이 면제된 날로부터 2년이 경과되지 아니한 자
- 파산선고를 받은 자로서 복권되지 아니한 자
- 피성년후견인

43 농업재해보험 손해평가요령상 손해평가반 구성에 관한 설명으로 옳은 것은?

① 자기가 실시한 손해평가에 대한 검증조사 및 재조사에 해당하는 손해평가의 경우 해당자를 손해평가반 구성에서 배제하여야 한다.
② 자기가 가입하였어도 자기가 모집하지 않은 보험계약에 관한 손해평가의 경우 해당자는 손해평가반 구성에 참여할 수 있다.
③ 손해평가인은 손해평가를 하는 경우에는 손해평가반을 구성하고 손해평가반별로 평가 일정 계획을 수립하여야 한다.
④ 손해평가반은 손해평가인을 3인 이상 포함하여 7인 이내로 구성한다.

정답 ①

해 손해평가반 구성
- 다음의 어느 하나에 해당하는 자로 구성하며, 5인 이내로 한다.
- 손해평가인, 손해평가사, 손해사정사
- **구성** : 구성하는 자 – 재해보험사업자, 평가 일정 계획의 수립 – 손해평가반별로 수립
- **반 구성에서의 배제**
  - 다음의 어느 하나에 해당하는 손해평가에 대하여는 해당자를 손해평가반 구성에서 배제
  - 자기 또는 이해관계자가 가입한, 모집한 보험계약에 관한 손해평가
  - 직전 손해평가일로부터 30일 이내의 보험가입자 간 상호 손해평가
  - 자기가 실시한 손해평가에 대한 검증조사 및 재조사

44 **농업재해보험 손해평가요령상 손해평가준비 및 평가 결과 제출에 관한 설명으로 옳은 것은?**

① 손해평가반은 재해보험사업자가 실시한 손해평가결과를 기록할 수 있도록 현지조사서를 마련하여야 한다.

② 손해평가반은 손해평가를 실시하기 전에 현지조사서를 재해보험사업자에게 배부하고 손해평가에 임하여야 한다.

③ 손해평가반은 보험가입자가 7일 이내에 손해평가가 잘못되었음을 증빙하는 서류 등을 제출하는 경우 다른 손해평가반으로 하여금 재조사를 실시하게 할 수 있다.

④ 손해평가반은 보험가입자가 정당한 사유없이 손해평가를 거부하여 손해평가를 실시하지 못한 경우에는 그 피해를 인정할 수 없는 것으로 평가한다는 사실을 보험가입자에게 통지한 후 현지조사서를 재해보험사업자에게 제출하여야 한다.

정답 ④

해 현지조사서

- 손해평가결과를 기록할 수 있도록 현지조사서를 마련 → 손해평가결과와 손해평가업무를 수행한 손해평가반 구성원을 기록할 수 있도록 현지조사서를 마련(10회~ 변경)
- 재해보험사업자가 마련, 손해평가를 실시하기 전 현지조사서를 손해평가반에 배부

• 재조사 : '재해보험사업자는' 보험가입자가 손해평가반의 손해평가결과에 대하여 설명 또는 통지를 받은 날로부터 7일 이내에 손해평가가 잘못되었음을 증빙하는 서류 또는 사진 등을 제출하는 경우 → 다른 손해평가반으로 하여금 재조사를 실시하게 할 수 있다.

45 **농업재해보험 손해평가요령상 손해평가결과 검증에 관한 설명으로 옳은 것은?**

① 재해보험사업자 및 재해보험사업의 재보험사업자는 손해평가반이 실시한 손해평가결과를 확인하기 위하여 손해평가를 실시한 보험목적물 중에서 일정수를 임의 추출하여 검증조사를 할 수 있다.

② 손해평가반은 농림축산식품부장관으로 하여금 검증조사를 하게 할 수 있다.

③ 손해평가결과와 임의 추출조사의 결과에 차이가 발생하면 해당 손해평가반이 조사한 전체 보험목적물에 대하여 재조사를 하여야 한다.

④ 보험가입자가 검증조사를 거부하는 경우 검증조사반은 손해평가 검증을 강제할 수 있다는 사실을 보험가입자에게 통지하여야 한다.

정답 ①

해 검증조사

- 손해평가반이 실시한 손해평가결과를 확인하기 위하여 손해평가를 실시한 보험목적물 중에서 일정 수를 임의 추출하여 검증조사
- 재해보험사업자 및 재해보험사업의 재보험사업자 → 재해보험사업자 및 사업관리위탁기관(농업정책보험금융원) (10회~ 변경)

• 검증조사 결과에 따른 재조사
- 검증조사 결과 '현저한 차이가 발생되어' 재조사가 불가피하다고 판단될 경우
- 해당 손해평가반이 조사한 전체 보험목적물에 대하여 '재조사를 할 수 있다.'

• 보험가입자의 정당한 사유없는 검증조사 거부 : 검증조사반은 검증조사가 불가능하여 손해평가 결과를 확인할 수 없다는 사실을 보험가입자에게 통지한 후 검증조사결과를 작성하여 재해보험사업자에게 제출

PART 2

46 농업재해보험 손해평가요령상 특정위험방식 중 "인삼"의 경우, 다음의 조건으로 산정한 보험금은?

• 보험가입금액 : 1,000만원
• 보험가액 : 1,000만원
• 피해율 : 50 %
• 자기부담비율 : 20 %

① 200만원　　　② 300만원　　　③ 500만원　　　④ 700만원

정답 ②

해 특정위험방식 인삼
- 피해율 = (1 − 수확량 ÷ 연근별기준수확량 × (피해면적 ÷ 재배면적)
- 보험가입금액 × (피해율 − 자기부담비율) → 1,000만원 × (50% − 20%) = 300만원

47 농업재해보험 손해평가요령상 종합위험방식 '이앙 · 직파불능보장」에서 "벼"의 경우, 보험가입금액이 1,000만원이고 보험가액이 1,500만원이라면 산정한 보험금은? (단, 다른 사정은 고려하지 않음)

[기출 수정]

① 100만원　　　② 150만원　　　③ 250만원　　　④ 375만원

정답 ②

해 종합위험방식 벼
- 이앙·직파불능보험금 = 보험가입금액 × 15%
- 1,000만원 × 15% = 150만원

48 농업재해보험 손해평가요령상 종합위험방식 상품의 조사내용 중 "착과수조사"에 해당되는 품목은?

[기출 수정]

① 사과　　　② 감귤(온주밀감류)　　　③ 자두　　　④ 단감

정답 ③

해 종합위험방식 상품 :
- 착과수조사 : 수확직전. 포도, 복숭아, 자두, 감귤(만감류)만 해당

49 농업재해보험 손해평가요령상 농작물의 품목별 · 재해별 · 시기별 손해수량 조사 방법 중 종합위험방식 상품에 관한 표의 일부이다. (　　)에 들어갈 내용은?

생육 시기	재해	조사내용	조사시기	조사 방법	비고
수확 시작 후 ~ 수확 종료	태풍(강풍), 우박	(ㄱ)	사고접수 후 지체없이	전체 열매수(전체 개화수) 및 수확 가능 열매수 조사 • 6월1일 ~ 6월20일 사고 건에 한함 • 조사 방법 : 표본조사	(ㄴ)만 해당

	ㄱ	ㄴ		ㄱ	ㄴ
①	과실손해조사	복분자	②	과실손해조사	무화과
③	수확량조사	복분자	④	수확량조사	무화과

정답 ①

해 과실손해조사. 수확 시작 후~수확 종료. 태풍(강풍), 우박. 사고접수 후 지체없이

• 복분자
  - 전체 열매수(전체 개화수) 및 수확 가능 열매수 조사
  - 6월 1일~6월 20일 사고 건에 한함. 조사 방법 : 표본조사
• 무화과 : 표본주의 고사 및 정상 결과지수 조사. 조사 방법 : 표본조사-

50 농업재해보험 손해평가요령상 농업시설물의 보험가액 및 손해액 산정에 관한 설명이다. (　　)에 들어 갈 내용은?

• 농업시설물에 대한 보험가액은 보험사고가 발생한 때와 곳에서 평가한 피해목적물의 (ㄱ)에서 내용연수에 따른 감가상각률을 적용하여 계산한 감가상각액을 (ㄴ)하여 산정한다.
• 농업시설물에 대한 손해액은 보험사고가 발생한 때와 곳에서 산정한 피해목적물의 (ㄷ)을 말한다.

	ㄱ	ㄴ	ㄷ
①	시장가격	곱	시장가격
②	시장가격	차감	원상복구비용
③	재조달가액	곱	시장가격
④	재조달가액	차감	원상복구비용

정답 ④

해 농업시설물의 보험가액 및 손해액 산정
  - 농업시설물에 대한 보험가액은 보험사고가 발생한 때와 곳에서 평가한 피해목적물의 재조달가액에서 내용연수에 따른 감가상각률을 적용하여 계산한 감가상각액을 차감하여 산정한다.
  - 농업시설물에 대한 손해액은 보험사고가 발생한 때와 곳에서 산정한 피해목적물의 원상복구비용을 말한다.
  - 제1항 및 제2항에도 불구하고 보험가입당시 보험가입자와 재해보험사업자가 보험가액 및 손해액 산정 방식을 별도로 정한 경우에는 그 방법에 따른다.

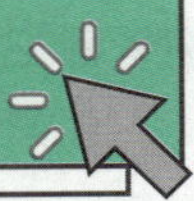

51 작물 분류학적으로 과명(family name)별 작물의 연결이 옳은 것은?

① 백합과 - 수선화 ② 가지과 - 감자
③ 국화과 - 들깨 ④ 장미과 - 블루베리

정답 ②

해 **채소의 분류**
- **국화과** : 쑥갓, 상추, 우엉, 머위, 치커리 등
- **가지과** : 가지, 고추, 감자, 담배, 토마토 등
- **장미과** : 딸기, 라즈베리, 살구, 체리, 사과, 배, 복숭아 등
- **백합과** : 파, 양파, 마늘, 부추, 쪽파, 달래, 아스파라거스 등
- **십자화과(배추과, 겨자과)** : 무, 배추, 양배추, 유채, 냉이 등
- **진달래과** : 블루베리, 크랜베리, 진달래, 철쭉 등
- **수선화과** : 수선화, 문주란 등
- **꿀풀과** : 들깨, 박하, 바질, 로즈마리 등

52 토양침식이 우려될 때 재배법으로 옳지 않은 것은?

① 점토 함량이 높은 식토 경지에서 재배한다.
② 토양의 입단화를 유지한다.
③ 경사지에서는 계단식 재배를 한다.
④ 녹비작물로 초생재배를 한다.

정답 ①

해 **토양관리**
- 청경재배, 초생재배, 부초재배(멀칭법)
- 청경재배 : 토양 유실 및 침식 우려
- 초생재배 및 부초재배 : 토양 침식 방지

• **토성**
- 사토 → 사양토 → 양토 → 식양토 → 식토
- 식토 : 보비력은 좋으나 통기성과 배수성이 불량하므로 물리적 성질이 좋지 않다.
- 토양입자가 미세할수록, 유기물 함량이 낮을수록, 배수가 불량할수록 침식 피해를 받기 쉽다.

53 토양의 생화학적 환경에 관한 내용이다. ( )에 들어갈 내용으로 옳은 것은?

높은 강우 또는 관수량의 토양에서는 용탈작용으로 토양의 (ㄱ)가 측진되고, 이 토양에서는 아연과 망간의 흡수율이 (ㄴ)진다. 반면, 탄질비가 높은 유기물 토양에서는 미생물 밀도가 높아져 부숙 시 토양 질소함량이 (ㄷ)하게 된다.

	ㄱ	ㄴ	ㄷ
①	산성화	높아	감소
②	염기화	낮아	증가
③	염기화	높아	감소
④	산성화	낮아	증가

정답 ①

해 토양 산성화의 원인
- 토양 중의 탄산, 유기산에 의한 수소이온의 생성
- 산성비에 의한 수소이온의 유입 : 산성비. pH 5.6 이하의 비
- 식물 뿌리가 양분을 흡수하면서 생성(방출)하는 수소이온
- 빗물에 의한 염기 용탈
- 염화칼륨, 황산칼륨, 분뇨 등 산성 비료의 연용

- **산성토양 :**
  - 유해 이온의 증가 : Al, Mn, Fe, Cu, Pb, Zn 등은 pH 4-5 이하(산성 토양)에서 용해도가 높아져 식물에 독성을 나타낸다.
- **탄질비(C/N율. 탄질율)**
  - C/N율 높음 : 탄소(탄수화물)가 많고 질소가 적음. 질소를 미생물에 빼앗김
  - C/N율과 미생물 : 미생물의 분해 활동은 분해 물질의 성분 속에서 특히 C/N율에 커다란 영향을 받는다. 미생물의 에너지원인 탄소와 영양원인 질소는 매우 중요하다.

54 토양수분 스트레스를 줄이기 위한 재배 방법으로 옳지 않은 것은?

① 요수량이 낮은 품종을 재배한다.
② 칼륨 결핍이 발생하지 않도록 재배한다.
③ 질소 과용이 발생하지 않도록 한다.
④ 밭재배 시 재식밀도를 높여 준다.

정답 ④

해 요수량
- 작물의 건물 1g을 생산하는데 소비된 수분의 양
- 대체적으로 요수량이 작은 작물이 건조한 토양 환경과 한해에 대한 저항성이 강함

- **비료와 내건성**
  - **질소 과다 시비** : 경엽의 번무 → 증산량이 과다해짐
  - **칼륨 결핍** : 세포의 삼투압 저하, 당분 농도 저하, 뿌리 발달 저하 → 내건성 저하

55 내건성 작물의 생육 특성을 모두 고른 것은?

ㄱ. 기공 크기의 증가　　　　　ㄴ. 지상부보다 근권부 발달　　　　　ㄷ. 낮은 호흡에 따른 저장물질의 소실 감소

① ㄱ, ㄴ　　　　　② ㄱ, ㄷ　　　　　③ ㄴ, ㄷ　　　　　④ ㄱ, ㄴ, ㄷ

정답 ③

해 내건성이 강한 작물의 특징

- **세포적 (세포의 탈수 저항성)**
  - 세포 내 원형질과 양분의 비율, 세포액의 삼투압이 높음 → 수분보유력이 좋음
  - 기동세포 발달, 세포 내 효소의 활성화
  - 원형질 점도가 높고 응고가 적음, 원형질막의 투과성이 큼
  - 세포의 크기가 작음

- **형태적**
  - 작물의 표면적 · 체적, 잎이 작음, 기공의 수가 적고 크기가 작음
  - 잎맥과 울타리조직이 발달, 잎조직이 치밀
  - 지상부에 비해 뿌리의 발달이 좋음
  - 다육화의 경향
  - 기동세포의 발달로 탈수 시 잎이 말려져서 표면적이 작아짐

- **생리적**
  - 건조할 때 증산이 억제되어 수분 손실이 적음
  - 건조할 때 호흡 정도가 낮아져서 단백질과 당분의 손실이 적음
  - 수분 흡수능력이 큼, 수분이 적은 생태에서 생리기능이 원활

56 다음 (   )에 들어갈 내용으로 옳은 것은?

저온에서 일정 기간 이상 경과하게 되면 식물체 내 화아분화가 유기되는 것을 (ㄱ   )라 말하며, 이후 25 ~ 30℃에 3 ~ 4주 정도 노출시켜 이미 받은 저온감응을 다시 상쇄시키는 것을 (ㄴ   )라 한다.

	ㄱ	ㄴ		ㄱ	ㄴ
①	춘화	일비	②	이춘화	춘화
③	춘화	이춘화	④	이춘화	일비

정답 ③

해
- 춘화(버널리제이션) : 작물의 개화를 유도하기 위하여 생육 기간 중의 일정 시기에 온도처리(저온처리)를 하는 것
- 이춘화 : 춘화처리를 받은 후 고온이나 건조상태에 두면 춘화처리의 효과가 상실되는 현상
- 재춘화 : 춘화처리 효과가 상실되었다가(이춘화 되었다가) 다시 나타나는 현상
- 일비현상(bleeding) : (토양수분이 충분하고 지온이 높으면) 식물의 줄기를 절단하거나 도관부에 구멍을 내면 절구에서 다량의 수액이 배출되는 현상
- 일액현상 : 일부 관다발 식물의 잎끝이나 가장자리에 물관부에서 흐르는 수액이 배출되는 현상으로 뿌리압에 의해 발생

57 A 손해평가사가 어떤 농가에게 다음과 같은 조언을 하고 있다. 다음 (   )에 들어갈 내용으로 옳은 것은?

- 농가 : 저희 농가의 딸기가 최근 2℃ 이하에서 생육 스트레스를 받았습니다.
- A : 딸기의 (ㄱ   )를 잘 이해해야 합니다. 그리고 30℃를 넘지 않도록 관리해야 됩니다.
- 농가 : 그럼, 30℃는 딸기 생육의 (ㄴ   )라고 생각해도 되는군요.

	ㄱ	ㄴ		ㄱ	ㄴ
①	생육가능온도	최적적산온도	②	생육최적온도	최적한계온도
③	생육가능온도	최고한계온도	④	생육최적온도	최고적산온도

정답 ③

해 식물의 온도
- 최적온도(생육적온) : 작물이 가장 잘 자랄 수 있는 온도
- 유효온도(가능온도) : 작물 생장과 생육이 가능한 온도
- 적산온도 : 작물의 발아 ~ 수확에 이르기까지 0℃ 이상의 일 평균 기온의 합산

- 작물의 생육 적온
  - 상추, 배추, 양배추, 시금치, 딸기 등은 호냉성 작물로 생육 적온이 10 ~ 18℃이다.
  - 벼, 옥수수, 고추, 오이, 토마토 등은 호온성 작물로 고온에서 생육이 잘 된다.

58 광도가 증가함에 따라 작물의 광합성이 증가하는데 일정 수준 이상에 도달하게 되면 더 이상 증가하지 않는 지점은?

① 광순화점   ② 광보상점   ③ 광반응점   ④ 광포화점

정답 ④

해
- 광포화점 : 식물의 광합성 속도가 더이상 증가하지 않을 때의 빛의 세기
- 광보상점 : 광합성량과 호흡량이 정확히 일치하는 점의 광도
- 광순화 : 강한 광에서 자란 식물이 그늘로 들어갈 때에 생기는 충격을 줄이기 위해서 노출되는 광도를 점차로 줄여가는 과정
- 광반응(명반응. 광의존적 반응)
  - 광합성 반응 : 명반응(광의존적 반응)과 암반응(광비의존적 반응)
    → 명반응(광 의존적 반응) : 빛 에너지를 화학에너지로 전환시키는 반응
    → 암반응(광 비의존적 반응) : 명반응에 이어 일어나며, 빛이 없는 상황에서 발생

59 과수재배에 있어 생장조절물질에 관한 설명으로 옳지 않은 것은?

① 지베렐린 – 포도의 숙기촉진과 과실비대에 이용
② 루톤분제 – 대목용 삽목번식 시 발근 촉진
③ 아브시스산 – 휴면 유도
④ 에틸렌 – 과실의 낙과 방지

정답 ④

해 지베렐린 (GA.)
  - 휴면타파, 줄기 · 잎의 신장 촉진, 발아 · 화성 · 개화 촉진(저온 · 장일조건)
  - 포도의 무핵과 처리 : 1차 처리 무핵과, 2차 처리 포도알 비대 · 성숙

- 옥신 (auxins)
  - 접목의 활착 및 과실의 비대 · 성숙 촉진
  - 개화 촉진, 착과 증대, 단위결과의 유도(토마토), 증수 효과
  - 낙과 방지, 제초제로 이용
  - 발근촉진제 : 옥신 계열(루톤 등)

- 앱시스산 (ABA.)
  - 휴면 유도 · 연장 → 발아 억제
  - 잎의 노화, 이층의 형성(낙엽) 및 화성 촉진(단일 식물의 장일 조건)

- 에틸렌 (ethylene)
  - 무색무취의 기체성 호르몬, 스트레스 호르몬
  - 발아 · 성숙 · 착색 촉진, 이층의 형성(낙엽) 촉진, 정아우세현상 타파
  - 오이 · 호박 등 암꽃의 착생 증대, 아스파라거스의 육질 경화

60 도복 피해를 입은 작물에 대한 피해 경감 대책으로 옳지 않은 것은?

① 왜성 품종 선택　　　　　　　　　　　　② 질소질비료 시용
③ 맥류에서의 높은 복토　　　　④ 밀식재배 지양

정답 ②

해 도복의 대책
- 키가 작고 튼실한 품종(내도복성)의 재배, 방풍림 식재
- 질소비료의 과용 회피, 칼륨 · 인산 · 규산 · 석회의 충분한 시용
- 재식밀도의 균형 유지, 복토 · 배토 · 답압 등
- 병충해의 방제

61 정식기에 어린 묘를 외부 환경에 미리 적응시켜 순화시키는 과정은?

① 경화　　　　　　② 왜화　　　　　　③ 이화　　　　　　④ 동화

정답 ①

해
- **경화** : 생육 성기 이후 이식기에 다가가면 외부 환경에 서서히 적응시킨 후 이식하는 것
- **왜화** : 식물체가 왜소해지는 것으로 키가 작아지는 현상
- **이화** : 고분자 화합물을 분해하여 단순한 분자와 에너지를 생성하는 과정
- **동화** : 단순한 분자와 에너지를 이용하여 보다 복잡한 화합물을 합성하는 과정

62 무성생식에 비해 종자번식이 갖는 상업적 장점이 아닌 것은?

① 대량생산 용이　　　　　　　　　　　　② 결실 연령 단축
③ 원거리 이동 용이　　　　　　　　　　④ 우량종 개발

정답 ②

해 무성번식(무성생식) : 암수 개체 필요없이, 한 개체가 단독으로 새로운 개체를 형성하는 방법
- 유전적 성질이 그대로 보존
- 짧은 기간 내 대량생산
- 초기 생장이 빠르고 개화 · 결실이 촉진
- 환경변화에 대한 적응성이 약함

63 P 손해평가사는 '가지'의 종자 발아율이 낮아 고민하고 있는 육묘 농가를 방문하였다. 이 농가에서 잘못 적용한 영농법은?

① 보수성이 좋은 상토를 사용하였다.
② 통기성이 높은 상토를 사용하였다.
③ 광투과가 높도록 상토를 복토하였다.
④ pH가 교정된 육묘용 상토를 사용하였다.

정답 ③

해 발아의 조건

- **빛** : 일반적으로 종자의 발아에는 빛이 필요하지 않으나 영향을 미치는 경우도 있음
  - **호광성 종자** : 양상추, 담배, 상추, 금어초, 피튜니아, 베고니아, 대부분의 목초 종자
  - **혐광성 종자** : 가지, 오이, 호박, 토마토 등
  - **광무관계 종자** : 옥수수, 콩과작물, 화곡류 등

64 토양 표면을 피복해 주는 멀칭의 효과가 아닌 것은?

① 잡초 억제　　　　② 로제트 발생　　　　③ 토양수분 조절　　　　④ 지온 조절

정답 ②

해 멀칭
- 토양침식 · 전염성 병균 · 양수분 유실 및 토양오염 방지
- 지온 조절 · 잡초 억제

- **로제트 현상** : 저온으로 인해 마디 사이가 짧아지고 생장점 부근에 꽃이 밀생하는 현상

65 경종적 방제 차원의 병충해 방제가 아닌 것은?

① 내병성 품종 선택　　　　② 무병주 묘 이용　　　　③ 콜히친 처리　　　　④ 접목재배

정답 ③

해 병해충 방제법의 분류 : 재배적, 물리적, 화학적, 생물적 방제법

- **재배적 방제법 (생태적 방제법. 경종적 방제법)**
  - 해충의 생태를 고려하여 발생과 피해정도를 경감시키기 위해 환경조건에 변화를 주거나, 기주식물 자체가 저항력을 높이게 하는 방제법
  - 윤작, 혼작 등 작부체계의 변화
  - 재배 밀도 조절, 재배 시기 조절
  - 토성 개량, 저항성 품종 재배, 무병묘 재배

66 농가에서 널리 이용하는 엽삽에 유리한 작물이 아닌 것은?

① 렉스베고니아   ② 글록시니아   ③ 페페로미아   ④ 메리골드

정답 ④

해 꺾꽂이(삽목)
- 인위적인 영양번식
- 식물의 영양기관인 잎, 줄기를 잘라 다시 심어서 새로운 식물을 얻는 재배방식
- 종류 : 줄기꽂이(지삽. 경삽), 숙지삽(경지삽), 잎눈꽂이(엽아삽), 잎꽂이(엽삽), 뿌리꽂이 (근삽)

• 엽삽
- 줄기를 제외한 잎을 잘라 배양토에 꽂아 뿌리를 내리게 하는 방법이다.
- 산세베리아, 베고니아, 글록시니아, 다육식물 등

• 메리골드 : 종자 파종이 가장 좋음

67 화훼작물에 있어 진균에 의한 병이 아닌 것은?

① 잘록병   ② 역병   ③ 잿빛곰팡이병   ④ 무름병

정답 ④

해

• 균류(곰팡이류. 대표적 진균) : 역병, 탄저병, 균핵병, 도열병, 노균병, 잿빛곰팡이병, 잘록병, 흰가루병, 갈색무늬병, 시들음병 등

• 세균류
- 과수화상병, 풋마름병, 벼흰잎마름병, 둘레썩음병, 궤양병, 반점세균병, 근두암종병, 무름병, 빗자루병 등
- 물러 썩거나 악취, 고름과 같은 세균 덩어리 누출 등

• 바이러스 : 오이모자이크바이러스(CMV), 담배모자이크바이러스(TMⅤ), 오갈병 등

68 '잎들깨'를 생산하는 농가에서 생산량 증대를 위해 야간 인공조명을 설치하였다. 이 야간 조명으로 인하여 옆 농가에서 피해가 있을 법한 작물은?

① 장미   칼랑코에   ③ 페튜니아   ④ 금잔화

정답 ②

해 광중단현상 (암기중단 현상)
- 국화 재배지 주위에 가로등 등의 인위적 조명이 야간에 켜져 있는 경우, 암기가 광에 의해 중단되는 현상이다.
- 개화 억제를 위한 장일처리 방법
- 광중단 현상은 국화(단일성)의 꽃눈분화를 억제

• 단일성 화훼 : 칼랑코에, 국화, 코스모스, 살비아, 포인세티아, 나팔꽃, 게리골드, 프리지아 등

69 **오이의 암꽃 수를 증가시킬 수 있는 육묘 관리법은?**

① 지베렐린 처리
② 질산은 처리
③ 저온 단일 조건
④ 고온 장일 조건

정답 ③

해 오이 : 일장조건-암수결정, 단일 · 저온조건-암꽃착생 증가, 일조량 부족-낙과 증가

70 **다음의 해충 방제법은?**

친환경 농산물을 생산하는 농가가 최근 엽채류에 해충이 발생하여 제충국에서 살충성분('피레트린')을 추출 및 살포하여 진딧물 해충을 방제하였다.

① 화학적 방제법
② 물리적 방제법
③ 페로몬 방제법
④ 생물적 방제법

정답 ①

해 화학적 방제법
  - 농약 등을 이용한 방제법이다.
  - 종류 : 접촉제, 소화중독제, 훈증제, 유인제, 기피제, 불임제 등
  - 장점 : 비용이 저렴하고 효과가 가장 확실하다.
  - 부작용 : 자연생태계의 파괴, 해충의 저항성 증가, 잠재적 곤충의 해충화, 잔류 독성

71 **다음이 설명하는 과수의 병은?**

• 기공이나 상처 및 표피를 뚫고 작물 내 침입
• 일정 기간 또는 일생을 기생하면서 병 유발
• 시들음, 부패 등의 병징 발견

① 포도 근두암종병
② 사과 탄저병
③ 감귤 궤양병
④ 대추나무 빗자루병

정답 ②

해 균류 (fungus. 곰팡이류)
  - 역병, 탄저병, 균핵병, 도열병, 시들음병, 노균병, 잿빛곰팡이병, 잘록병, 흰가루병, 갈색무늬병 등
  - 발병 원인 : 병에 걸린 식물의 조직, 토양, 잡초 등에 균사, 포자 등의 형태로 월동하다가 발병 환경이 갖춰지면 식물의 표피나 기공을 통해 세포 내로 침입한다.

72 **과수의 결실에 관한 설명으로 옳지 않은 것은?**

① 타가수분을 위해 수분수는 20% 내외로 혼식한다.
② 탄질비(C/N ratio)가 높을수록 결실률이 높아진다.
③ 꽃가루관의 신장은 저온 조건에서 빨라지므로 착과율이 높아진다.
④ 엽과비(leaf/fruit ratio)가 높을수록 과실의 크기가 커진다.

정답 ③

해 **유성생식의 종류**

• **자식성 식물 (자가수정 식물)** : 같은 식물체에서 생긴 정세포(꽃가루)와 난세포가 수정

• **타식성 식물 (타가수정 식물)**
  - 서로 다른 개체에서 만든 정세포(꽃가루)와 난세포(알세포)의 수정
  - 최소한 수분수 혼식률이 20%는 되어야 함

• **착과 및 결실에 영향을 미치는 요인**
  - C/N율 : 낮음 – 영양생장 촉진, 높음 – 생식생장 촉진,
  - 잎의 영향 : 동화물질의 공급원, 엽과비 : 높으면 꽃눈분화가 촉진도 고 낮으면 저해됨
  - 꽃가루관(화분관)의 신장 : 온도의 영향을 많이 받음, 저온에 의해 감소되고 15℃ 이하에서는 완전히 저해됨

73 **종자 춘화형에 속하는 작물은?**

① 양파, 당근　　　　② 당근, 배추　　　　③ 양파, 무　　　　④ 배추, 무

정답 ④

해 **종자 버널리제이션 (종자춘화)**
  - 종자때부터 저온에 감응하는 식물
  - 추파 맥류, 완두, 잠두, 무, 배추, 스위트피, 스타티스 등

• **녹체 버널리제이션 (녹체춘화. 녹식물춘화)**
  - 어린 식물체일 때 저온에 감응하는 식물
  - 양배추, 양파, 당근, 샐러리, 파슬리, 국화 등

74 **A 농가가 선택한 피복재는?**

A 농가는 재배시설의 피복재에 물방울이 맺혀 광투과율의 저하와 병해 발생이 증가하였다. 그래서 계면활성제가 처리된 필름을 선택하여 필름의 표면장력을 낮춤으로써 물방울의 맺힘 문제를 해결하였다.

① 광파장 변환 필름　　　　② 폴리에틸렌 필름
③ 해충 기피 필름　　　　④ 무적 필름

🖩 시설 피복재 : 연질, 경질, 경질판 필름, 유리
- 폴리에틸렌(PE) 필름 : 연질필름, 투광성이 우수함, 보온성, 내구성, 내후성이 약함, 화학 약품에 대한 내성이 크고 먼지가 잘 부착되지 않음, 설치 비용이 저렴, 수명이 짧음
- 기타 연질필름 : PVC, EVA, PO

• 특수 필름
- 무적(無適)필름 : 물방울이 맺히지 않도록 계면활성제가 도포된 PE 필름
- 기타 수분 관련 특수 필름 : 방무 – 안개(물방울이 안개 형태로 떠다니는 것을 방지), 방적 – 물방울(표면에 부착한 물방울이 잘 흘러내리도록)
- 기타 광 관련 특수 필름 : 삼중, 삼중 EVA, 산광, 무농
- 기타 특수 필름 : 방진 – 먼지

75 다음이 설명하는 재배법은?

• 양액재배 베드를 허리높이까지 설치
• 딸기 '설향' 재배에 널리 활용
• 재배 농가의 노동환경 개선 및 청정재배사 관리

① 고설 재배　　　② 토경 재배　　　③ 고랭지 재배　　　④ NFT 재배

🖩 양액재배 종류
- 수경 재배 : 순환형(NFT(박막) · 환류식), 담액형, 모관수경, 고설재배, 분무경, 분무수경(수기경)
- 고형배지경 재배 : 무기물배지(펄라이트, 암면, 버미큘라이트 등), 유기물배지(피트모스, 왕겨, 코이어 등), 혼합배지
• 고설재배 : 땅에서 1m 높이 베드에 재배하며 정해진 영양액을 일정한 간격으로 공급하는 방법. 딸기 재배에 많이 이용

상법 보험편 

1 상법상 보험자가 보험계약자로부터 손해보험계약의 청약과 함께 보험료 상당액의 전부 또는 일부를 받은 경우 이 보험계약에 관한 설명으로 옳지 않은 것은?

① 보험계약은 낙성계약이므로 보험자가 승낙하면 성립한다.

② 다른 약정이 없으면 보험자는 30일 내에 보험계약자에 대하여 낙부의 통지를 발송하여야 한다.

③ 보험자가 상법이 정하는 낙부의 통지 기간 내에 그 통지를 해태한 때에는 승낙한 것으로 본다.

④ 승낙하기 전에 발생한 보험사고에 대해서 청약을 거절할 사유가 있더라도 보험자는 보험계약상의 책임을 진다.

정답 ④

해 보험계약의 성립 (제638조의2)

- 보험계약의 청약과 함께 보험료 상당액의 '전부 또는 일부'를 받은 경우에 → 그 청약을 승낙 하기 전에 보험계약에서 정한 보험사고가 생긴 때 → '그 청약을 거절할 사유가 없는 한' 보험자는 보험계약상의 책임을 짐

2 상법상 타인을 위한 보험에 관한 설명으로 옳지 않은 것은?

① 보험계약자는 보험자에 대하여 보험료를 지급할 의무가 있다.

② 보험계약자는 위임을 받지 아니하고 타인을 위하여 보험계약을 체결할 수 있다.

③ 타인은 계약 성립 시 특정되어야 한다.

④ 보험계약자가 파산선고를 받은 때에는 그 타인이 그 권리를 포기하지 아니하는 한 그 타인도 보험료를 지급할 의무가 있다.

정답 ③

해 타인을 위한 보험 (제639조) : 위임 또는 불위임, 특정 또는 불특정의 타인, 타인이 그 권리를 포기하지 않는 한 보험료 지급 의무 발생

❸ 상법상 보험증권에 관한 설명으로 옳은 것은?

① 기존의 보험계약을 변경한 경우 보험자는 그 보험증권에 그 사실을 기재함으로써 보험증권의 교부에 갈음할 수 있다.

② 보험자는 보험계약자의 청약이 있는 경우 보험료의 지급 여부와 상관없이 지체없이 보험증권을 작성하여 보험계약자에게 교부하여야 한다.

③ 보험계약의 당사자는 보험증권의 교부가 있은 날부터 14일 내에 한하여 그 증권내용의 정부(正否)에 관한 이의를 할 수 있음을 약정할 수 있다.

④ 보험계약자가 보험증권을 멸실한 경우 보험계약자는 보험자에게 증권의 재교부를 청구할 수 있으며, 그 증권 작성의 비용은 보험자의 부담으로 한다.

해 보험증권 (제640조, 제641조, 제642조)
- 보험계약이 성립한 때에는 지체없이 보험증권을 작성 : 보험료의 전부 또는 최초의 보험료를 지급한 경우 교부 의무 발생
- 이의 신청 : 교부일로부터 1개월보다 짧게 할 수 없음
- 재교부 시 비용은 보험계약자의 부담

❹ 상법상 보험사고 등에 관한 설명으로 옳지 않은 것은?

① 보험계약은 그 계약 전의 어느 시기를 보험기간의 시기(始期)로 할 수 있다.

② 보험계약 당시에 보험사고가 발생할 수 없음이 객관적으로 확정된 경우 당사자 쌍방과 피보험자가 이를 알았는지 여부에 관계없이 그 계약은 무효로 한다.

③ 자기를 위한 보험계약에서 보험사고가 발생하기 전에는 언제든지 보험계약자는 계약의 전부 또는 일부를 해지할 수 있다.

④ 피보험자는 보험사고의 발생을 안 때에는 지체없이 보험자에게 그 통지를 발송하여야 한다.

해 보험사고의 객관적 확정의 효과 (제644조)
- 계약 당시
- 보험사고가 이미 발생하였거나 또는 발생할 수 없는 것인 때 → 그 계약은 무효
- 당사자 쌍방과 피보험자가 이를 알지 못한 때에는 그러하지 아니함

5 甲은 보험대리상이 아니면서 특정한 보험자 乙을 위하여 계속적으로 보험계약의 체결을 중개하는 자로서 丙이 乙과 보험계약을 체결하도록 중개하였다. 甲의 권한에 관한 설명으로 옳지 않은 것은?

① 甲은 자신이 작성한 영수증을 丙에게 교부하는 경우 丙으로부터 보험료를 수령할 권한이 있다.
② 甲은 乙이 작성한 보험증권을 丙에게 교부할 수 있는 권한이 있다.
③ 甲은 丙으로부터 청약, 고지, 통지, 해지, 취소 등 보험계약에 관한 의사표시를 수령할 수 있는 권한이 없다.
④ 甲은 丙에게 보험계약의 체결, 변경, 해지 등 보험계약에 관한 의사표시를 할 수 있는 권한이 없다.

정답 ①

해 보험대리상이 아니면서 특정한 보험자를 위하여 계속적으로 보험계약의 체결을 중개하는 자의 권한 (보험모집인)
(제646조의2)
- 보험자가 작성한 영수증을 보험계약자에게 교부하는 경우 보험료 수령권
- 보험자가 작성한 보험증권 교부권

6 상법상 보험료의 지급 및 반환 등에 관한 설명으로 옳은 것은?

① 보험사고가 발생하기 전에 보험계약자가 계약을 해지한 경우 당사자 간에 약정을 한 경우에 한해 보험계약자는 미경과보험료의 반환을 청구할 수 있다.
② 보험계약자가 계약체결 후 제1회 보험료를 지급하지 아니하는 경우 다른 약정이 없는 한 보험자가 계약성립 후 2월 이내에 그 계약을 해제하지 않으면 그 계약은 존속한다
③ 계속보험료가 약정한 시기에 지급되지 아니한 때에는 보험자는 보험계약자에 대하여 최고 없이 그 계약을 해지할 수 있다.
④ 특정한 타인을 위한 보험의 경우에 보험계약자가 보험료의 지급을 지체한 때에는 보험자는 그 타인에게 상당한 기간을 정하여 보험료의 지급을 최고한 후가 아니면 그 계약을 해제 또는 해지하지 못한다.

정답 ④

해 사고발생전의 임의해지 (제649조)
- 보험사고가 발생하기 전 : 언제든지 계약 해지
- 보험금액이 감액되지 아니하는 보험의 경우 : 사고발생 후에도 보험계약을 해지 가능
- 다른 약정이 없으면 미경과보험료의 반환을 청구 가능

• 보험료의 지급 (제650조1항), 보험자의 책임개시 (제656조)
- 보험계약자 계약체결 후 지체없이 보험료의 전부 또는 제1회 보험료 지급
- 다른 약정이 없는 한 계약성립 후 2월이 경과하면 그 계약은 해제

7 상법상 보험계약자가 부활을 청구할 수 있는 경우는 모두 몇 개인가? (단, 어느 경우든 해지환급금은 지급되지 않음)

- 보험계약자가 계속보험료를 지급하지 않아 보험자가 계약을 해지한 경우
- 피보험자의 고지의무 위반을 이유로 보험자가 계약을 해지한 경우
- 위험이 현저하게 변경되어 보험자가 계약을 해지한 경우
- 위험이 현저하게 증가하여 보험자가 계약을 해지한 경우

① 1개　　　　　② 2개　　　　　③ 3개　　　　　④ 4개

정답 ①

해 **보험계약의 부활** (제650조의2) : 계속보험료 부지급 + 보험계약이 해지 + 해지환급금이 지급되지 않음 + 연체보험료에 약정이자 지급 + 일정 기간 내 부활 청구

8 상법상 고지의무에 관한 설명으로 옳은 것은?

① 보험수익자는 고지의무를 부담한다.
② 보험계약 당시에 고지의무와 관련 보험자가 서면으로 질문한 사항은 중요한 사항으로 의제한다.
③ 고지의무자의 고지의무 위반을 이유로 보험자가 계약을 해지한 경우 보험자는 이미 받은 보험료의 전부를 반환하여야 한다.
④ 고지의무자가 고지의무를 위반한 사실이 보험사고 발생에 영향을 미치지 아니하였음이 증명된 경우 보험자는 보험금을 지급할 책임이 있다.

정답 ④

해 **고지의무 위반으로 인한 계약해지** (제651조):
- 고지의무자 : 보험계약자 또는 피보험자
- 해지 전까지는 유효한 계약 → 해지 시까지 지급된 보험료는 반환하지 않음
- 고지의무 위반 (또는 위험의 변경·증가) 사실이 보험사고 발생과 '인과관계 없을 경우 보험금 지급 책임 있음' ← 해지는 장래를 향하여 효력 발생
- **서면에 의한 질문의 효력** (제651조의2) : 보험자가 서면으로 질문한 사항은 중요한 사항으로 '추정'
- **보험료 반환**
  - 보험약관 설명의무 위반으로 인한 계약 취소 → 납입한 보험료 전액 반환
  - 계약의 무효로 인한 보험료 반환청구 : 계약자, 피보험자, 보험수익자의 선의이며 중대한 과실이 없을 때 → 보험료의 전부 또는 일부 반환
  - 보험사고 발생 전 임의해지 시 미경과보험료의 반환 청구 : 다른 약정이 없으면 미경과보험료의 반환 청구 가능

9 **상법상 보험계약 관련 소멸시효의 기간으로 옳은 것은?**

① 보험금청구권 : 2년 ② 보험료 청구권 : 3년
③ 보험료의 반환청구권 : 2년 ④ 적립금의 반환청구권 : 3년

해 소멸시효 (제662조) : 보험금청구권은 3년간, 보험료 또는 적립금의 반환청구권은 3년간, 보험료 청구권은 2년간

10 **상법상 손해보험증권에 관한 설명으로 옳지 않은 것은?**

① 보험사고의 성질을 기재하여야 한다.
② 보험증권의 작성지를 기재하여야 한다.
③ 보험계약자가 기명날인하여야 한다.
④ 무효와 실권의 사유를 기재하여야 한다.

해 손해보험증권 (제666조)
- 보험의 목적, 보험사고의 성질, 보험금액, 보험료와 그 지급방법, 보험기간을 정한 때에는 그 시기와 종기, 무효와 실권의 사유, 보험계약자의 주소와 성명 또는 상호, 피보험자의 주소·성명 또는 상호, 보험계약의 연월일, 보험증권의 작성지와 그 작성년월일

11 **상법상 초과보험에 관한 설명으로 옳은 것은?**

① 보험자 또는 보험계약자는 보험료와 보험금액의 감액을 청구할 수 있다.
② 보험계약자가 청구한 보험료의 감액은 계약체결일부터 소급하여 그 효력이 있다.
③ 보험가액이 보험기간 중에 현저하게 감소된 때에도 보험계약자는 보험료의 감액을 청구할 수 없다.
④ 보험계약자의 사기로 인하여 체결된 초과보험의 경우 보험자는 그 계약을 체결한 날부터 1월 내에 계약을 해지할 수 있다.

해 보험계약자의 보험료 감액청구권 (제647조)
- 선의에 의한 초과보험 시 : 보험자－보험금액의 감액을 청구, 보험계약자－보험료의 감액을 청구. 보험료의 감액은 장래에 대해서만 효력

• 초과보험 (제669조)
- 보험금액이 보험계약의 목적의 가액을 현저하게 초과
- 보험가액이 보험기간 중에 현저하게 감소된 때에도 적용
- 사기로 인한 초과보험계약은 무효 → 안 때까지의 보험료 청구 가능

12 **상법상 보험가액에 관한 설명으로 옳지 않은 것은?**

① 보험가액이란 피보험이익을 금전적으로 산정 또는 평가한 액수이다.

② 당사자 간에 보험가액을 정한 때에는 그 가액은 사고발생 시의 가액으로 정한 것으로 본다.

③ 당사자 간에 보험가액을 정하지 아니한 때에는 사고발생 시의 가액을 보험가액으로 한다.

④ 기평가보험에서 당사자 간에 정한 보험가액이 사고발생 시의 가액을 현저하게 초과할 때에는 사고발생 시의 가액을 보험가액으로 한다.

정답 ②

해 기평가보험 (제670조)
- 사고발생 시의 가액으로 정한 것으로 '추정'
- 현저하게 초과할 때에는 사고발생 시의 가액을 보험가액으로 함

13 **상법상 손해보험계약에서 보험금액의 지급에 관한 설명으로 옳지 않은 것은?**

① 보험자는 보험금액의 지급에 관하여 약정기간이 있는 경우에는 그 기간 내에 지급할 보험금액을 정하여야 한다.

② 보험사고가 전쟁으로 인하여 생긴 때에도 당사자 간에 다른 약정이 없으면 보험자는 보험금액을 지급할 책임이 있다.

③ 보험사고가 피보험자의 중대한 과실로 인하여 생긴 때에는 보험자는 보험금액을 지급할 책임이 없다.

④ 보험자는 보험금액의 지급에 관하여 약정기간이 없는 경우에는 보험사고 발생의 통지를 받은 후 지체없이 지급할 보험금액을 정하고 그 정하여진 날부터 10일 내에 피보험자에게 보험금액을 지급하여야 한다.

정답 ②

해 보험자의 면책사유
- 보험계약자 또는 피보험자나 보험수익자의 고의 또는 중대한 과실
- (당사자 간에 다른 약정이 없으면) 전쟁 기타의 변란으로 인한 보험사고
- 보험의 목적의 성질, 하자 또는 자연소모로 인한 손해

14 **상법 제663조(보험계약자 등의 불이익변경금지) 규정이다. (   )에 들어갈 내용은?**

이 편의 규정은 당사자 간의 특약으로 보험계약자 또는 피보험자나 보험수익자의 불이익으로 변경하지 못한다. 그러나 (ㄱ) 및 (ㄴ) 기타 이와 유사한 보험의 경우에는 그러하지 아니하다.

	ㄱ	ㄴ		ㄱ	ㄴ
①	책암보험	해상보험	②	책임보험	화재보험
③	재보험	해상보험	④	재보험	화재보험

정답 ③

해 보험계약자 등의 불이익변경금지 (제663조)
- 당사자 간의 특약으로
- 보험계약자 또는 피보험자나 보험수익자의 불이익으로 변경 금지
- 기업 간의 보험 (재보험 및 해상보험 기타 이와 유사한 보험) 예외

15 **상법상 보험기간 중에 사고발생의 위험이 현저하게 변경 또는 증가된 경우에 관한 설명으로 옳은 것은?**

① 보험수익자가 사고발생의 위험이 현저하게 변경된 사실을 안 때에는 지체없이 보험자에게 통지하여야 한다.

② 통지의무자가 사고발생의 위험이 현저하게 증가된 사실의 통지를 해태한 때에는 보험자는 그 사실을 안 날부터 3월 내에 한하여 계약을 해지할 수 있다.

③ 보험수익자의 중대한 과실로 인하여 사고발생의 위험이 현저하게 증가된 때에는 보험자는 그 사실을 안 날부터 2월 내에 계약을 해지할 수 있다.

④ 보험자가 사고발생의 위험변경증가의 통지를 받은 때에는 1월 내에 보험료의 증액을 청구할 수 있다.

정답 ④

해 위험변경증가의 통지와 계약해지 (제652조)
- 보험계약자 또는 피보험자
- 해태 시 보험자는 안 날로부터 1월 내에 한하여 계약 해지
- 통지를 받은 때 1월 내에 보험료의 증액을 청구하거나 계약 해지
- 위험 변경 증가 : 객관적 위험

• 보험계약자 등의 고의나 중과실로 인한 위험증가와 계약해지 (제653조)
- 보험계약자, 피보험자 또는 보험수익자의 고의 또는 중대한 과실
- 그 사실을 안 날부터 1월 내에 보험료의 증액을 청구 또는 계약 해지

16 **상법상 보험계약 해지 및 보험사고 발생에 관한 설명으로 옳지 않은 것은?**

① 보험자가 파산의 선고를 받은 때에는 보험계약자는 계약을 해지할 수 있다.

② 보험수익자는 보험사고의 발생을 안 때에는 지체없이 보험계약자에게 그 통지를 발송하여야 한다.

③ 보험계약자가 사고발생의 통지의무를 해태함으로 인하여 손해가 증가된 때에는 보험자는 그 증가된 손해를 보상할 책임이 없다.

④ 보험자의 파산선고에도 불구하고 보험계약자가 해지하지 아니한 보험계약은 파산선고 후 3월을 경과한 때에는 그 효력을 잃는다.

정답 ②

해 보험사고발생의 통지의무 (제657조)
- 의무자 : 보험계약자, 피보험자, 보험수익자
- 지체없이 보험자에게 통지해야 함
- 통지의무 해태로 인해 손해 증가된 때 → 보험자는 증가된 손해를 보상할 책임 없음

• 보험자의 파산선고와 계약해지 (제654조) : 보험계약자는 계약을 해지 가능, 파산선고 후 3월을 경과한 때에는 그 효력 없음

17 **상법상 손해보험에 관한 설명으로 옳은 것은?**

① 보험자는 보험사고로 인하여 생길 보험수익자의 재산상의 손해를 보상할 책임이 있다.

② 보험사고로 인하여 상실된 피보험자가 얻을 이익이나 보수는 보험자가 보상할 손해액에 산입한다.

③ 대리인에 의하여 손해보험계약을 체결한 경우에 대리인이 안 사유는 그 본인이 안 것과 동일한 것으로 할 수 없다.

④ 보험계약은 금전으로 산정할 수 있는 이익에 한하여 보험계약의 목적으로 할 수 있다.

정답 ④

해

- **피보험이익** : 금전으로 산정할 수 있는 이익, 손해보험 계약에만 존재(보험수익자는 인보험에서 존재)
- **상실이익 등의 불산입 (제667조)** : 보험사고로 인하여 상실된 피보험자가 얻을 이익이나 보수, 다른 약정이 없으면, 보상할 손해액에 산입하지 않는다.
- **대리인이 안 것의 효과** : 대리인이 안 사유는 그 본인이 안 것과 동일한 것으로 함

18 **상법상 손해보험에서 중복보험에 관한 설명으로 옳지 않은 것은?**

① 중복보험은 동일한 보험계약의 목적과 동일한 사고에 관하여 수개의 보험계약이 동시에 또는 순차로 체결되는 방식으로 성립할 수 있다.

② 중복보험에서 그 보험금액의 총액이 보험가액을 초과한 때에는 보험자는 각자의 보험금액의 한도에서 연대책임을 지며 이 경우 각 보험자의 보상책임은 각자의 보험금액의 비율에 따른다.

③ 보험계약자의 사기로 인하여 중복보험 계약이 체결된 경우 보험자는 그 사실을 안 때까지의 보험료를 청구할 수 없다.

④ 보험자 1인에 대한 권리의 포기는 다른 보험자의 권리의무에 영향을 미치지 아니한다.

정답 ③

해 **초과보험 (제669조4항)** : 보험계약자의 사기에 의한 초과보험: 계약 무효, 안 때까지의 보험료를 청구

19 **상법상 손해보험에서 일부보험에 관한 설명으로 옳은 것은?**

① 일부보험이란 보험가액이 보험금액에 미달되는 경우를 말한다.

② 당사자 간에 다른 약정이 없는 한 보험자는 보험가액의 보험금액에 대한 비율에 따라 보상할 책임을 진다.

③ 보험자는 보험금액의 한도 내에서 그 손해를 전부 보상할 책임을 지는 내용의 약정을 할 수 있다.

④ 전부보험계약 체결 후 물가등귀로 인하여 보험가액이 현저히 인상되더라도 일부보험은 발생하지 아니한다.

정답 ③

해 **일부보험 (제674조)**

- **보험금액 < 보험가액**
  - 보험금액의 보험가액에 대한 비율에 따라 보상
  - 다른 약정이 있는 때에는 보험자는 보험금액의 한도 내 보상
  - 계약성립 후 보험가액의 증가 시 일부보험으로 판단

20 상법상 손해보험에서 손해액의 산정기준 등에 관한 설명으로 옳지 않은 것은?

① 보험자가 보상할 손해액의 산정에 관한 비용은 보험자의 부담으로 한다.

② 당사자 간에 다른 약정이 없는 경우 보험자가 보상할 손해액은 그 손해가 발생한 때의 보험계약 체결지의 가액에 의하여 산정한다.

③ 당사자 간의 약정에 의하여 보험의 목적의 신품가액에 의하여 손해액을 산정할 수 있다.

④ 보험의 목적의 성질, 하자 또는 자연소모로 인한 손해는 보험자가 이를 보상할 책임이 없다.

정답 ②

해 손해액의 산정기준 (제676조)
- 그 손해가 발생한 때와 곳의 가액에 의함
- 다른 약정이 있는 때에는 그 신품가액에 의하여 산정 가능
- 산정 비용은 보험자의 부담

21 甲이 자기 소유 건물에 대하여 A보험회사와 화재보험을 체결한 경우에 관한 설명으로 옳지 않은 것은?

① A보험회사가 甲으로부터 보험료의 지급을 받지 아니한 잔액이 있더라도 그 지급기일이 아직 도래하지 아니한 때에는, A보험회사는 甲에게 손해를 보상할 경우에 보상할 금액에서 그 잔액을 공제하여서는 아니된다.

② A보험회사는 보험사고로 인하여 부담할 책임에 대하여 다른 보험자와 재보험계약을 체결할 수 있다.

③ 甲이 보험의 목적인 건물을 乙에게 양도한 때에는 乙은 보험계약상의 권리와 의무를 승계한 것으로 추정한다.

④ 甲이 보험의 목적인 건물을 乙에게 양도한 경우 甲 또는 乙은 A보험회사에 대하여 지체없이 그 사실을 통지하여야 한다.

정답 ①

해 보험료체납과 보상액의 공제 (제677조) : 미지급 잔액이 있으면 지급기 일이 도래하지 아니한 때라도 보상할 금액에서 이를 공제 가능

22 다음 사례와 관련하여 손해방지의무 등에 관한 설명으로 옳지 않은 것은?

甲은 乙이 소유한 창고(시가 1억원)에 대하여 A보험회사와 화재보험계약(보험금액 1억원)을 체결하였다. 이후 보험기간 중 해당 창고에 화재가 발생하였는데 화재사고 당시 甲은 창고의 연소로 인한 손해방지를 위한 비용을 1천만원 지출하였고, 乙은 창고의 연소로 인한 손해의 경감을 위하여 비용을 3천만원 지출하였다.

① 甲과 乙 모두 손해의 방지와 경감을 위하여 노력하여야 한다.

② 甲이 지출한 1천만원이 손해방지를 위하여 필요하였던 비용일 경우 A보험회사는 甲이 지출한 1천만원의 비용을 부담한다.

③ 乙이 지출한 3천만원이 손해경감을 위하여 유익하였던 비용일 경우 A보험회사는 乙이 지출한 3천만원의 비용을 부담한다.

④ 위 사고로 인하여 乙에 대한 보상액이 8천만원으로 책정될 경우 A보험회사는 甲 및 乙이 지출한 비용과 보상액을 합쳐서 1억원의 한도에서 부담한다.

정답 ④

해 **손해방지의무 (제680조)**
- 의무자 : 보험계약자(甲)와 피보험자(乙)
- 손해방지비용 : 손해의 방지와 경감을 위하여 지출한 필요 또는 유익하였던 비용
- 비용과 보상액이 보험금액을 초과한 경우라도 보험자 부담

23 다음 사례와 관련하여 보험자대위에 관한 설명으로 옳은 것은?

보리 농사를 대규모로 영위하는 甲은 금년에 수확하여 팔고 남은 보리를 자신의 창고에 보관하면서, 해당 보리 재고를 보험목적으로 하고 자신을 피보험자로 하는 화재보험계약을 A보험회사와 체결하였다. 그런데 甲의 창고를 방문한 乙이 화재를 일으켰고 그 결과 위 보리 재고가 전소되었다. 이에 A보험회사는 甲에게 보험금을 전액 지급하였다.

① 중과실로 화재를 일으킨 乙이 甲의 이웃집 친구일 경우, A보험회사는 乙에게 보험금 지급사실의 통지를 발송하는 시점에 乙에 대한 甲의 권리를 취득한다.

② 경과실로 화재를 일으킨 乙이 甲의 거래처 지인일 경우, A보험회사는 그 지급한 금액의 한도에서 乙에 대한 甲의 권리를 취득한다.

③ 중과실로 화재를 일으킨 乙이 甲과 생계를 달리 하는 자녀일 경우, A보험회사는 乙에 대한 甲의 권리를 취득하지 못한다.

④ 고의로 방화한 乙이 甲과 생계를 같이 하는 배우자일 경우, A보험회사는 乙에 대한 甲의 권리를 취득하지 못한다.

정답 ②

해 **제3자에 대한 보험대위 (제682조)**
- '지급한 보험금'의 한도 내에서 그 권리를 취득
- 일부 지급 → 피보험자의 권리를 침해하지 않는 범위에서 취득
- 권리 이전 시기 : 보험금 지급 시점
- 권리가 그와 '생계를 같이 하는 가족'에 대한 것 → 보험자는 그 권리를 취득하지 못함
- 그 가족의 고의(중과실 X)로 인하여 발생한 경우 → 보험자는 그 권리를 취득할 수 있음

24 상법상 화재보험계약에 관한 설명으로 옳지 않은 것은?

① 보험자는 화재와 상당인과관계에 있는 손해를 보상하여야 한다.

② 보험자는 화재의 소방 또는 손해의 감소에 필요한 조치로 인하여 생긴 손해를 보상할 책임이 있다.

③ 동일한 건물에 관한 화재보험계약일 경우 그 소유자와 담보권자가 갖는 피보험이익은 같다.

④ 연소 작용이 아닌 열의 작용으로 발생한 손해는 보험자가 보상하지 아니한다.

정답 ③

해 보험의 목적=보험에 붙여지는 객체 vs. 보험계약의 목적=피보험이익

- 예 동일한 건물에 대해 소유자와 임차인이 각각 화재보험에 가입한 경우
- 보험의 목적 : 건물로 동일함
- 보험계약의 목적(피보험이익) : 소유자로서의 피보험이익과 임차인으로서의 피보험이익으로서 다름
- 피보험이익 : 보험계약의 동일성을 구별하는 표준

25 상법상 집합된 물건을 일괄하여 화재보험의 목적으로 한 경우 해당 화재보험에 관한 설명으로 옳은 것을 모두 고른 것은?

ㄱ. 집합된 물건에 피보험자의 가족의 물건이 있는 경우 해당 물건도 보험의 목적에 포함된 것으로 한다.
ㄴ. 집합된 물건에 피보험자의 사용인의 물건이 있는 경우 그 보험은 그 사용인을 위하여서도 체결한 것으로 본다.
ㄷ. 보험의 목적에 속한 물건이 보험기간 중에 수시로 교체된 경우 보험계약의 체결 시에 현존한 물건은 그 보험의 목적에 포함된 것으로 한다.

① ㄱ, ㄴ　　　　　　② ㄱ, ㄷ　　　　　　③ ㄴ, ㄷ　　　　　　④ ㄱ, ㄴ, ㄷ

정답 ①

해 집합보험 (제687조)

- 피보험자의 가족과 사용인의 물건도 보험의 목적에 포함 → 그 보험은 그 가족 또는 사용인을 위하여서도 체결한 것으로 본다.
- 그 목적에 속한 물건이 보험기간 중에 수시로 교체된 경우, '보험사고의 발생 시'에 현존한 물건은 보험의 목적에 포함된 것으로 한다.

26 농어업재해보험법상 용어의 정의로 옳지 않은 것은?

① "농업재해"란 농작물·임산물·가축 및 농업용 시설물에 발생하는 자연재해·병충해·조수해(鳥獸害)·질병 또는 화재를 말한다.

② "농어업재해보험"이란 농어업재해로 발생하는 재산 피해에 따른 손해를 보상하기 위한 보험을 말한다.

③ "보험금"이란 보험가입자와 보험사업자 간의 약정에 따라 보험가입자가 보험사업자에게 내야 하는 금액을 말한다.

④ "보험가입금액"이란 보험가입자의 재산 피해에 따른 손해가 발생한 경우 보험에서 최대로 보상할 수 있는 한도액으로서 보험가입자와 보험사업자 간에 약정한 금액을 말한다.

정답 ③

해 농어업재해

- 농업재해 : 농작물·임산물·가축 및 농업용 시설물에 발생하는 자연재해·병충해·조수해·질병 또는 화재
- 어업재해 : 양식수산물 및 어업용 시설물에 발생하는 자연재해·질병 또는 화재

• 보험금 : 보험가입자에게 재해로 인한 재산 피해에 따른 손해가 발생한 경우 보험가입자와 보험사업자 간의 약정에 따라 보험사업자가 보험가입자에게 지급하는 금액

27 농어업재해보험법령상 농업재해보험심의회에 관한 설명으로 옳지 않은 것은?

① 심의회는 위원장 및 부위원장 각 1명을 포함한 21명 이내의 위원으로 구성한다.

② 심의회의 위원장은 농림축산식품부장관이 위촉한다.

③ 심의회는 그 심의 사항을 검토·조정하고, 심의회의 심의를 보조하게 하기 위하여 심의회에 분과위원회를 둘 수 있다.

④ 심의회의 회의는 재적위원 과반수의 출석으로 개의(開議)하고, 출석위원 과반수의 찬성으로 의결한다.

정답 ②

해 농업재해보험심의회

- 위원장(농림축산식품부 차관) 및 부위원장(위원 중 호선) 각 1명을 포함한 21명 이내의 위원
- 재적위원 1/3 이상의 요구가 있을 때 또는 위원장이 필요하다고 인정할 때에 소집
- 재적위원 과반수의 출석으로 개의하고, 출석위원 과반수의 찬성으로 의결

• 위원장 : 농림축산식품부 차관

28 **농어업재해보험법상 재해보험에 관한 설명으로 옳지 않은 것은?**

① 재해보험에서 보상하는 재해의 범위는 해당 재해의 발생 빈도, 피해 정도 및 객관적인 손해평가방법 등을 고려하여 재해보험의 종류별로 대통령령으로 정한다.
② 양식수산업에 종사하는 법인은 재해보험에 가입할 수 없다.
③「수산업협동조합법」에 따른 수산업협동조합중앙회는 재해보험사업을 할 수 있다.
④ 정부는 재해보험에서 보상하는 재해의 범위를 확대하기 위하여 노력하여야 한다.

정답 ②

해 보험가입자
- 농림업, 축산업, 양식수산업에 종사하는 개인 또는 법인
- 구체적인 보험가입자의 기준은 대통령령으로 정한다.

• **재해보험사업을 할 수 있는 자**
- 「수산업협동조합법」에 따른 수산업협동조합중앙회(수협중앙회)
- 「산림조합법」에 따른 산림조합중앙회
- 「보험업법」에 따른 보험회사

29 **농어업재해보험법상 보험료율의 산정에 관한 내용이다. (　　)에 들어갈 용어는?**

농림축산식품부장관 또는 해양수산부장관과 재해보험사업의 약정을 체결한 자는 재해보험의 보험료율을 객관적이고 합리적인 통계자료를 기초로 하여 (ㄱ) 또는 (ㄴ)로 산정하되, 행정구역과 권역의 구분에 따른 단위로 산정하여야 한다.

	ㄱ	ㄴ		ㄱ	ㄴ
①	보험목적물별	보상방식별	②	보상방식별	보험종류별
③	보험종류별	보험가입금액별	④	보험가입금액별	보험료별

정답 ①

해 보험료율
- 재해보험사업자
- 객관적이고 합리적인 통계자료를 기초로 보험목적물별 또는 보상방식별로 산정
- 행정구역 단위 또는 권역 단위로 산정
→ 행정구역 단위 : 특별시 · 광역시 · 도 · 특별자치도 또는 시 · 군 · 자치구
→ 보험료율 산출 원칙에 부합하는 경우 : 구 · 읍 · 면 · 동 단위로도 '산정할 수 있다.'

• **권역 단위** : 장관이 행정구역 단위와는 따로 구분하여 고시하는 지역 단위

30 농어업재해보험법령상 농작물재해보험 손해평가인의 자격요건에 관한 내용의 일부이다. (   )에 들어갈 숫자는?

「보험업법」에 따른 보험회사의 임직원이나 「농업협동조합법」에 따른 중앙회와 조합의 임직원으로 영농 지원 또는 보험 · 공제 관련 업무를 (ㄱ)년 이상 담당하였거나 손해평가 업무를 (ㄴ)년 이상 담당한 경력이 있는 사람

	ㄱ	ㄴ		ㄱ	ㄴ
①	2	1	②	1	2
③	3	2	④	2	3

정답 ③

해 손해평가인으로 위촉될 수 있는 자격요건
- 2년 이상 : 손해평가 업무
- 3년 이상 : 분야에 관한 연구 · 지도, (품질관리 또는) 통계조사 업무, 영농 · 산림경영 · 수산업 지원 또는 보험 · 공제 관련 업무, 조교수 이상
- 5년 이상 : 경작 · 사육 · 양식한 농업인 · 임업인 · 어업인, 관련학 전공하고 연구기관 또는 연구소에서 근무한 학사 학위 이상, 고등학교 교원
- 기타 학력 : 전문대학에서 보험 관련 학과를 졸업(예정자) 또는 같은 수준 이상의 학력, 80학점(보험 관련 과목 학점이 45학점 이상)
- 자격 : 농산물품질관리사, 수의사, 수산질병관리사 · 수산물품질관리사, 기사 이상의 자격 등

31 농어업재해보험법령상 손해평가사의 시험 등에 관한 설명으로 옳은 것은?

① 금융감독원에서 손해사정 관련 업무에 2년 종사한 경력이 있는 사람에게는 손해평가사 자격시험 과목의 일부를 면제할 수 있다.
② 농림축산식품부장관은 부정한 방법으로 시험에 응시한 사람에 대하여는 그 시험을 정지시키고 그 처분 사실을 14일 이내에 알려야 한다.
③ 농림축산식품부장관은 시험에서 부정한 행위를 한 사람에 대하여는 그 시험을 취소하고 그 처분 사실을 7일 이내에 알려야 한다.
④ 손해평가사는 다른 사람에게 그 명의를 사용하게 하거나 다른 사람에게 그 자격증을 대여해서는 아니 된다.

정답 ④

해 자격시험 일부 면제 (1차 시험)
- 손해평가인 : 위촉된 기간이 3년 이상, 손해평가 업무를 수행한 경력이 있는 사람
- 손해사정사 : 「보험업법」 제186조에 따름
- 3년 이상 손해사정 관련 업무에 종사한 자 : 금융감독원, 농협손해보험이 설립되기 전까지의 농업협동조합중앙회, 손해보험회사, 손해보험협회, 손해사정을 업으로 하는 법인, 한국 화재보험협회

· 손해평가사 자격시험의 정지 또는 무효
- 부정한 방법으로 시험에 응시한 사람, 시험에서 부정한 행위를 한 사람
- 그 시험을 정지 또는 무효 처분하고 그 처분 사실을 지체없이 알려야 한다.

32 **농어업재해보험법령상 손해평가사의 자격취소 사유에 해당하지 않은 것은?**

① 심신장애로 인하여 직무를 수행할 수 없게 된 경우

② 거짓으로 손해평가를 한 경우

③ 업무정지 기간 중에 손해평가 업무를 수행한 경우

④ 손해평가사의 자격을 거짓 또는 부정한 방법으로 취득한 경우

정답 ①

해 손해평가사 자격 취소

- 손해평가사의 자격을 거짓 또는 부정한 방법으로 취득한 사람 → 자격을 취소하여야 한다.
- 거짓으로 손해평가를 한 사람
- 다른 사람에게 손해평가사의 명의를 사용하게 하거나 그 자격증을 대여한 사람
- 손해평가사 명의의 사용이나 자격증의 대여를 알선한 사람
- 업무정지 기간 중에 손해평가 업무를 수행한 사람 → 자격을 취소하여야 한다

• **손해평가사 자격 취소(개별기준)**

- 위의 사항 중 아래 제외한 사항 : 모두 1회 위반 시 자격 취소
- 거짓으로 손해평가를 한 경우 : 1회 위반 시정명령 → 2회 이상 위반 자격 취소

33 **농어업재해보험법상 재해보험사업에 관한 설명으로 옳은 것은?**

① 농림축산식품부장관은 손해평가사가 그 직무를 수행하면서 부적절한 행위를 하였다고 인정하면 1년 이상의 기간을 정하여 업무의 정지를 명할 수 있다.

② 재해보험사업자는 정보통신장애나 그 밖에 대통령령으로 정하는 불가피한 사유로 보험금을 보험금수급계좌로 이체할 수 없을 때에는 현금으로 보험금을 지급할 수 있다.

③ 보험목적물이 담보로 제공된 경우에는 이를 압류할 수 없다.

④ 재해보험가입자가 재해보험에 가입된 보험목적물을 양도하는 경우 재해보험계약에 관한 양도인의 의무는 그 양수인에게 승계되지 않는다.

정답 ②

해 손해평가사 업무정지 처분

- 손해평가사가 그 직무를 게을리하거나 직무를 수행하면서 부적절한 행위를 하였다고 인정되는 경우
- 1년 이내의 기간

• **수급권의 보호**

- 재해보험의 보험금을 지급받을 권리는 압류할 수 없다.
- 예외. 보험목적물이 담보로 제공된 경우

34 농어업재해보험법령상 재보험 약정에 포함되는 사항을 모두 고른 것은?

ㄱ. 재보험 약정의 변경ㆍ해지 등에 관한 사항
ㄴ. 재보험 책임 범위에 관한 사항
ㄷ. 재보험금 지급 및 분쟁에 관한 사항

① ㄱ, ㄴ   ② ㄱ, ㄷ   ③ ㄴ, ㄷ   ④ ㄱ, ㄴ, ㄷ

정답 ④

해 재보험 약정 포함사항
- 재해보험사업자가 정부에 내야 할 보험료(재보험료에 관한 사항)
- 정부가 지급하여야 할 보험금(재보험금)에 관한 사항
- 그 밖에 재보험수수료 등 재보험 약정에 관한 것으로서 대통령령으로 정하는 사항 : 재보험수수료에 관한 사항, 재보험 약정기간에 관한 사항, 재보험 책임 범위에 관한 사항, 재보험 약정의 변경ㆍ해지 등에 관한 사항, 재보험금 지급 및 분쟁에 관한 사항, 그 밖에 재보험의 운영ㆍ관리에 관한 사항

35 농어업재해보험법상 과태료 부과대상인 것은?

① 거짓으로 손해평가를 한 손해평가사
② 재해보험을 모집할 수 없는 자로서 모집을 한 자
③ 다른 사람에게 손해평가사 자격증을 대여한 손해평가사
④ 농림축산식품부장관이 재해보험사업에 관한 업무처리 상황을 보고하게 하였으나 보고하지 아니한 재해보험 사업자

정답 ④

해 과태료 부과 개별기준
- 300만원
  - 「보험업법」에 따른 명령을 위반한 경우
  - 위반하여 보험계약의 체결 또는 모집에 관한 금지행위를 한 자
  - 보고 또는 관계 서류 제출을 하지 아니하거나 보고 또는 관계 서류 제출을 거짓으로 한 자
  - 위반하여 모집한 자, 거짓으로 손해평가, 명의 또는 자격증을 대여한 자, 대여받은 자, 대여를 알선한 자 : 1년 이하의 징역, 1천만원 이하의 벌금

36 농어업재해보험법령상 농어업재해재보험기금에 관한 사항으로 농림축산식품부 장관과 해양수산부장관이 협의하여 하는 것이 아닌 것은?

① 기금의 설치
② 기금의 관리ㆍ운용
③ 기금의 부담으로 금융기관으로부터 자금을 차입하는 것
④ 기금의 결산

해 **기금결산보고서** : 기금수탁관리자 작성 → 기금수탁관리자는 다음 회계연도 2/15까지 장관에게 제출 → 장관 검토 및 심의 → 장관은 다음 회계연도 2월 말일까지 기획재정부장관에게 제출

- **농림축산식품부장관은 해양수산부장관과 협의하여**
  - 기금을 설치 · 조성, 관리 · 운용
  - 기금의 관리 · 운용에 관한 사무의 일부 → 농업정책보험금융원에 위탁할 수 있다.
  - 농어업재해재보험기금의 수입과 지출을 명확히 하기 위하여 한국은행에 기금계정을 설치하여야 한다.

37 **농어업재해보험법령상 보험사업의 관리에 관한 설명으로 옳은 것은?**

① 농림축산식품부장관 또는 해양수산부장관은 손해평가사 제도 운용 관련 업무를 농업정책보험금융원에 위탁할 수 있다.
② 정부가 하는 재해보험 가입 촉진을 위한 조치로서 신용보증 지 원을 할 수 없다.
③ 농림축산식품부장관은 손해평가인의 자격요건에 대하여 매년 그 타당성을 검토하여야 한다.
④ 농림축산식품부장관은 보험가입촉진계획을 매년 수립한다.

해 **정부의 보험가입촉진**
  - 목적 : 농어업인의 재해 대비 의식을 고양하고 재해보험의 가입을 촉진하기 위함
  - 촉진 활동 : 교육 · 홍보 및 보험가입자에 대한 정책자금 지원, 신용보증 지원 등
- **손해평가인의 자격요건 재검토** : 농림축산식품부 장관 또는 해양수산부 장관은 손해평가인의 자격요건에 대해 3년마다 그 타당성을 검토
- **보험가입촉진계획** : 재해보험사업자가 매년 수립 → 해당 연도 1/31까지 농림축산식품부 장관 또는 해양수산부 장관에게 제출
  ※ 최종 정답 없음으로 수정되었다. (모든 보기가 옳지 않음으로 인정) : 보기 ①의 경우 법률 제25조의2(업무위탁)에 따르면 옳은 내용이지만, 법률 제11조의2에 따르면 손해평가사 제도는 농림축산식품부장관이 운영한다.

38 **농업재해보험 손해평가요령상 손해평가반의 구성에 관한 설명으로 옳지 않은 것은?**

① 손해평가반은 재해보험사업자가 구성한다.
②「보험업법」제186조에 따른 손해사정사는 손해평가반에 포함될 수 있다.
③ 손해평가인 2인과 손해평가보조인 3인으로는 손해평가반을 구성할 수 없다.
④ 자기 또는 이해관계자가 모집한 보험계약에 관한 손해평가에 대하여는 해당자를 손해평가반 구성에서 배제하여야 한다.

해 **손해평가반**
  - 구성 : 손해평가인, 손해평가사, 손해사정사 중 어느 하나에 해당하는 자로 구성하며, 5인 이내로 한다.

39 **농업재해보험 손해평가요령상 손해평가인에 관한 설명으로 옳지 않은 것은?**

① 손해평가인은 농업재해보험이 실시되는 시 · 군 · 자치구별 보험가입자의 수 등을 고려하여 적정 규모로 위촉하여야 한다.

② 손해평가인증은 농림축산식품부장관 또는 해양수산부장관이 발급한다.

③ 재해보험사업자는 손해평가 업무를 원활히 수행하기 위하여 손해평가보조인을 운용할 수 있다.

④ 재해보험사업자는 실무교육을 받는 손해평가인에 대하여 소정의 교육비를 지급할 수 있다.

정답 ②

해 손해평가인 위촉
- 재해보험사업자는 원활한 손해평가가 이루어지도록
- 농업재해보험이 실시되는 시 · 군 · 자치구별 보험가입자의 수 등을 고려하여 적정 규모의 손해평가인을 '위촉할 수 있다.' (10회~변경. 위촉하여야 한다 → 위촉할 수 있다)
- 재해보험사업자가 실무교육을 거쳐 손해평가인증 발급

40 **농업재해보험 손해평가요령상 농업재해보험의 종류에 해당하지 않는 것은?**

① 농작물재해보험

② 양식수산물재해보험

③ 가축재해보험

④ 임산물재해보험

정답 ②

해 재해보험의 종류
- 농업재해보험 : 농작물 · 임산물 · 가축재해보험. 농림축산식품부 장관 관장
- 어업재해보험 : 양식수산물재해보험. 해양수산부 장관 관장

41 **농업재해보험 손해평가요령상 손해평가인의 업무에 해당하는 것은?**

① 피해사실 확인

② 재해보험사업의 약정 체결

③ 보험료율의 산정

④ 재해보험상품의 연구와 보급

정답 ①

해 손해평가인, 손해평가사, 손해사정사의 업무(10회~ 변경)
- 피해사실 확인
- 보험가액 및 손해액 평가
- 그 밖에 손해평가에 관하여 필요한 사항

42 농업재해보험 손해평가요령상 손해평가인 위촉의 취소 사유에 해당하는 것은? [기출 수정]

① 업무수행과 관련하여 「개인정보보호법」을 위반한 경우
② 업무수행과 관련하여 보험사업자로부터 금품 또는 향응을 제공받은 경우
③ 손해평가인이 피성년후견인이 된 경우
④ 손해평가인 위촉이 취소된 후 3년이 경과한 때에 다시 손해평가인으로 위촉된 경우

정답 ③

해 손해평가인 위촉 취소
- 거짓 그 밖의 부정한 방법으로 제4조에 따라 손해평가인으로 위촉된 자
- 업무정지 기간 중에 손해평가업무를 수행한 자
- 위촉이 취소된 후 2년이 경과하지 아니한 자
- 벌금 이상의 형을 선고받고 그 집행이 종료되거나 집행이 면제된 날로부터 2년이 경과되지 아니한 자
- 파산선고를 받은 자로서 복권되지 아니한 자
- 피성년후견인(10회~변경 : 피성년후견인 또는 피한정후견인 → 피성년후견인)

- **손해평가인 위촉 해지 · 업무정지 :** 법 및 손해평가요령의 규정을 위반한 때, 법 및 이 손해평가요령에 의한 명령이나 처분을 위반한 때, 정보보호와 관련된 법령을 위반한 때

43 농업재해보험 손해평가요령상 교차손해평가에 관한 설명으로 옳지 않은 것은?

① 평가인력 부족 등으로 신속한 손해평가가 불가피하다고 판단되는 경우 손해평가반의 구성에 지역손해평가인을 포함시키지 않을 수 있다.
② 교차손해평가를 위해 손해평가반을 구성할 경우 농업재해보험 손해평가요령에 따라 선발된 지역손해평가인 2인 이상이 포함되어야 한다.
③ 재해보험사업자가 교차손해평가를 담당할 지역손해평가인을 선발할 때 타지역 조사 가능여부는 고려사항이다.
④ 재해보험사업자는 교차손해평가가 필요한 경우 재해보험 가입규모, 가입분포 등을 고려하여 교차손해평가 대상 시 · 군 · 구를 선정하여야 한다.

정답 ②

해 교차손해평가
- 지역손해평가인 1인 이상 포함. 거대재해 발생, 평가인력 부족 등으로 신속한 손해평가가 불가피하다고 판단되는 경우 예외
- 대상 선정 : 재해보험 가입규모, 가입분포 등을 고려하여 대상 시 · 군 · 구(자치구)를 선정
- 지역손해평가인 선발 : 대상 시 · 군 · 구 내에서 손해평가 경력, 타지역 조사 가능 여부 등을 고려하여 선발

PART 2

44 농업재해보험 손해평가요령상 손해평가결과 검증에 관한 설명으로 옳지 않은 것은?

① 농림축산식품부장관은 재해보험사업자로 하여금 검증조사를 하게 할 수 있으며, 재해보험사업자는 특별한 사유가 없는 한 이에 응하여야 한다.

② 보험가입자가 정당한 사유없이 검증조사를 거부하는 경우 검증조사반은 검증조사가 불가능하여 손해평가 결과를 확인할 수 없다는 사실을 지체없이 농림축산식품부장관에게 보고하여야 한다.

③ 검증조사결과 현저한 차이가 발생되어 재조사가 불가피하다고 판단될 경우에는 해당 손해평가반이 조사한 전체 보험목적물에 대하여 재조사를 할 수 있다.

④ 재해보험사업자 및 재해보험사업의 재보험사업자는 손해평가반이 실시한 손해평가결과를 확인하기 위하여 손해평가를 실시한 보험목적물 중에서 일정수를 임의 추출하여 검증조사를 할 수 있다.

- **보험가입자의 정당한 사유없는 검증조사 거부** : 검증조사반은 검증조사가 불가능하여 손해평가 결과를 확인할 수 없다는 사실을 보험가입자에게 통지한 후 검증조사결과를 작성하여 재해보험사업자에게 제출

- **10회~변경**
  ① 재해보험사업자는 특별한 사유가 없는 한 이에 응하여야 한다. → 재해보험사업자는 특별한 사유가 없는 한 이에 응하여야 하고, 그 결과를 농림축산식품부장관에게 제출하여야 한다.
  ④ 재해보험사업자 및 재해보험사업의 재보험사업자는 → 재해보험사업자 및 사업 관리 위탁 기관은.

45 농업재해보험 손해평가요령상 보험목적물별 손해평가 단위로 옳은 것을 모두 고른 것은?　　[기출 수정]

ㄱ. 농작물 : 농지별(농지라 함은 하나의 보험가입금액에 해당하는 토지로 필지에 따라 구획된 경작지를 말함)
ㄴ. 가축 : 개별가축별(단, 벌은 벌통 단위)
ㄷ. 농업시설물 : 보험가입 목적물별

① ㄱ, ㄴ　　　　　② ㄱ, ㄷ　　　　　③ ㄴ, ㄷ　　　　　④ ㄱ, ㄴ, ㄷ

- **손해평가 단위** : 농작물 - 농지별, 가축 - 개별가축별(단, 벌은 벌통 단위), 농업시설물 - 보험가입 목적물별

- **농지** : 하나의 보험가입금액에 해당하는 토지로 필지(지번) 등과 관계없이 농작물을 재배하는 하나의 경작지

46 농업재해보험 손해평가요령상 '농작물의 품목별 · 재해별 · 시기별 손해수량 조사 방법' 중 '특정위험방식 상품(인삼)'에 관한 것으로 (   )에 들어갈 내용은?

생육시기	재해	조사내용	조사시기
보험기간	태풍(강풍)	수확량 조사	( )

① 수확 직전
③ 수확완료 후 보험 종기 전
② 사고접수 후 지체 없이
④ 피해 확인이 가능한 시기

정답 ④

해 **인삼 품목별 · 재해별 · 시기별 손해수량 조사 방법**
- 태풍(강풍) · 폭설 · 집중호우 · 침수 · 화재 · 우박 · 냉해 · 폭염 - 수확량조사 - 피해확인이 가능한 시기 - 보상하는 재해로 인해 감소된 수량(전수조사 또는 표본조사)

47 농업재해보험 손해평가요령상 종합위험방식의 과실손해보장 보험금 산정 시 피해율로 옳지 않은 것은?

[기출 수정]

① 감귤(온주밀감류) : (등급내 피해과실수＋등급외 피해과실수×50%)÷기준과실수
② 복분자 : 고사결과모지수÷평년결과모지수
③ 오디 : (평년결실수-조사결실수-미보상감수결실수)÷평년결실수
④ 7월 31일 이전에 사고가 발생한 무화과 : (1-수확전 사고 피해율)×경과비율×결과지 피해율

정답 ④

해 **무화과 피해율**
- 7/31 이전 사고＝(평년수확량 - 수확량 - 미보상감수량) ÷ 평년수확량
- 8/1 이후 사고＝(1 - 수확전사고 피해율) × 경과비율 × 결과지 피하율
- 감귤(만감류)피해율 ＝(평년수확량 - 수확량 - 미보상감수량)÷평균수확량

48 농업재해보험 손해평가요령상 가축의 보험가액 및 손해액 산정 등에 관한 설명으로 옳은 것은?

① 가축에 대한 보험가액은 보험사고가 발생한 때와 곳에서 평가한 보험목적물의 수량에 시장가격을 곱하여 산정한다.
② 가축에 대한 손해액 산정 시 보험가입 당시 보험가입자와 재해보험사업자가 별도로 정한 방법은 고려하지 않는다.
③ 가축에 대한 보험가액 산정 시 보험목적물에 대한 감가상각액을 고려해야 한다.
④ 가축에 대한 손해액은 보험사고가 발생한 때와 곳에서 폐사 등 피해를 입은 보험목적물의 수량에 적용가격을 곱하여 산정한다.

정답 ④

해 **가축**
- 보험가액＝보험사고가 발생한 때와 곳에서 평가한 보험목적물의 수량×적용가격
- 손해액＝보험사고가 발생한 때와 곳에서 폐사 등 피해를 입은 보험목적물의 수량×적용가격
- 보험 가입 당시 보험가입자와 재해보험사업자가 보험가액 및 손해액 산정 방식을 별도로 정한 경우 : 그 방법에 따름

49 농업재해보험 손해평가요령상 농작물의 보험가액 산정에 관한 설명이다. (   )에 들어갈 내용은?

> 적과전종합위험방식의 보험가액은 적과후착과수조사를 통해 산정한 (ㄱ)에 보험가입 당시의 단위당 (ㄴ)을 곱하여 산정한다.

	ㄱ	ㄴ		ㄱ	ㄴ
①	기준수확량	가입가격	②	보장수확량	가입가격
③	기준수확량	시장가격	④	보장수확량	시장가격

정답 ①

해 **적과전 종합위험방식 보험가액** = 적과후착과수 조사를 통해 산정한 기준수확량×보험 가입 당시의 단위당 가입가격

50 농업재해보험 손해평가요령에 관한 설명으로 옳은 것은?

① 농림축산식품부장관은 요령에 대하여 매년 그 타당성을 검토하여 개선 등의 조치를 하여야 한다.
② 농업시설물에 대한 손해액은 보험사고가 발생한 때와 곳에서 산정한 피해목적물의 원상복구비용을 말한다.
③ 농업시설물에 대한 보험가액은 보험사고가 발생한 때와 곳에서 평가한 피해목적물의 재조달가액으로 한다.
④ 농림축산식품부장관은 요령의 효율적인 운용 및 시행을 위하여 필요한 세부적인 사항을 규정한 손해평가업무방법서를 작성하여야 한다.

정답 ②

해 **손해평가요령** : 농림축산식품부장관은 매 3년이 되는 시점마다 그 타당성을 검토하여 개선 등의 조치를 취해야 함

- 농업시설물의 보험가액 · 손해액
  - 보험가액 = 피해목적물의 재조달가액-감가상각액
  - 손해액 = 보험사고가 발생한 때와 곳에서 산정한 피해목적물의 원상복구비용
- 손해평가 업무방법서 : 재해보험사업자가 작성

51 작물 분류학적으로 가지과에 해당하는 것을 모두 고른 것은?

| ㄱ. 고추 | ㄴ. 토마토 | ㄷ. 감자 | ㄹ. 딸기 |

① ㄱ, ㄹ ② ㄱ, ㄴ, ㄷ ③ ㄴ, ㄷ, ㄹ ④ ㄱ, ㄴ, ㄷ, ㄹ

정답 ②

해
- 진달래과 : 블루베리
- 장미과 : 배, 복숭아, 복분자, 사과, 자두, 앵두, 살구, 매실, 체리, 딸기
- 박과 : 참외, 수박, 오이
- 가지과 : 토마토, 고추, 피망, 파프리카, 감자
- 운향과 : 귤

52 콩과 작물의 작황부족으로 어려움을 겪고 있는 농가를 찾은 A 손해평가사의 재배지에 대한 판단으로 옳은 것은?

- 작물의 칼슘 부족 증상이 발생했다.
- 근류균 활력이 떨어졌다.
- 작물의 망간 장해가 발생했다.

① 재배지의 온도가 높다. ② 재배지에 질소가 부족하다.
③ 재배지의 일조량이 부족하다. ④ 재배지가 산성화 되고 있다.

정답 ④

해 산성토양이 작물 생육에 미치는 영향
- 유해 이온의 증가 : Al, Mn, Fe, Cu, Pb, Zn 등은 pH 4-5 이하(산성 토양)에서 용해도가 높아져 식물에 독성을 나타냄
- 작물 양분의 결핍 : P, Ca, Mg, Mo, B 등의 결핍
- 유용 미생물의 활성 저하 : 지렁이, 질소고정균, 근류균 등의 약화를 조장

53 작물의 질소에 관한 내용이다. (   )에 들어갈 내용을 순서대로 옳게 나열한 것은?

작물 재배에서 (   ) 작물에 비해 (   ) 작물은 질소 시비량을 늘려 주는 것이 좋으며, 잎의 질소 결핍 증상은 (   ) 보다 (   )에서 먼저 나타난다.

① 콩과, 벼과, 유엽, 성엽
② 벼과, 콩과, 유엽, 성엽
③ 콩과, 벼과, 성엽, 유엽
④ 벼과, 콩과, 성엽, 유엽

정답 ①

해
- **콩과 작물** : 뿌리혹 박테리아의 질소 고정 작용
- **작물의 질소** : 체내 이동이 용이 → 부족 시 늙은 조직에 먼저 증상하엽(늙은 조직, 성엽)에서 먼저 나타남

54 한해 피해 조사를 마친 A 손해평가사가 농가에 설명한 작물 내 물의 역할로 옳은 것은 몇 개인가?

- 물질의 합성과정의 매개
- 양분 흡수의 용매
- 세포의 팽압 유지
- 체내의 항상성 유지

① 1개
② 2개
③ 3개
④ 4개

정답 ④

해 **식물체 내 수분의 기능**
- 원형질의 생활상태를 유지, 식물의 체제 유지를 가능하게 함(팽압)
- 필요 물질 흡수를 위한 용매, 필요 물질을 합성 · 분해하는 매개체, 물질 분포를 고르게 하는 매개체
- 각종 효소활성의 촉매 작용
- 증산을 통한 작물체 내의 온도 유지

55 과수작물의 서리피해에 관한 내용이다. 밑줄 친 부분이 옳은 것을 모두 고른 것은?

최근 지구온난화에 따른 기상이변으로 개화기가 빠른 ㉠ 핵과류에서 피해가 빈번하게 발생한다. 특히, 과수원이 ㉡ 강이나 저수지 옆에 있을 때 발생률이 높다. 따라서 일부 농가에서는 상층의 더운 공기를 아래로 불어내려 과수원의 기온 저하를 막아주는 ㉢ 송풍법을 사용하고 있다.

① ㄱ
② ㄱ, ㄴ
③ ㄴ, ㄷ
④ ㄱ, ㄴ, ㄷ

정답 ④

㉮ 과수의 서리피해

- 조기 개화 지역에서 착과 피해가 발생하기 쉽다.
- 핵과류에 동해 피해가 발생하기 쉽다.
- 잎눈이 꽃눈보다 내한성이 강하다. (영양생장기 > 생식생장기)
- 응급대책 : 살수빙결법, 연소법, 송풍법, 피복법 등
- 피해 많은 지형 : 밤과 낮의 온도 차이가 큰 곳, 사방이 산림으로 둘러싸인 공터, 찬 기류의 통로 지대, 찬 공기가 머무는 지대, 낮은 지대 등

• **기상청의 날씨누리 자료**

- 일반적으로 산간부의 저지대는 서리피해를 받기 쉬우며, 하천이나 호수의 주위는 서리 피해가 적다는 것이 알려져 있다.
- 위와 다르게 본 문제는 강, 저수지 옆이 발생확률이 높은 것을 정답으로 처리하였다.

56 작물의 생장에 영향을 주는 광질에 관한 내용이다. (   )에 들어갈 내용을 순서대로 옳게 나열한 것은?

가시광선 중에서 (   )은 광합성 · 광주기성 · 광발아성 종자의 발아를 주도하는 중요한 광선이다. 근적외선은 식물의 신장을 촉진하여, 적색광과 근적외선의 비가 (   ) 절간신장이 촉진되어 초장이 커진다.

① 청색광, 작으면　　　　　　　　② 적색광, 크면
③ 적색광, 작으면　　　　　　　　④ 청색광, 크면

정답 ③

㉮ 빛과 종자

- 가시광선의 적색광(600~700mm)은 발아에 가장 효과적
- 근적외선(730mm 부근)은 적색광과 반대로 작용해 종자를 휴면상터로 만듦(적색광에 의한 촉진 효과를 소멸)

57 생육적온이 달라 동일 재배사에서 함께 재배할 경우 재배효율이 떨어지는 조합은?

① 상추, 고추　　　　　　　　　　② 당근, 시금치
③ 가지, 호박　　　　　　　　　　④ 오이, 토마토

정답 ①

㉮ 호냉성 채소

- 상추, 배추, 양배추, 파, 양파, 무, 순무, 당근, 감자, 딸기, 시금치, 파슬리, 근대, 완두, 아스파라거스 등
- 대부분의 엽경채류

• **호온성 채소**

- 가지, 고추, 토마토, 오이, 참외, 수박, 멜론 등
- 대부분의 과채류(열매채소)

58 소비자의 기호 변화로 씨가 없는 샤인머스캣 포도가 인기를 모으고 있다. 샤인머스캣을 무핵화하고 과립 비대를 위해 처리하는 생장조절물질은?

① 아브시스산　　　　　② 지베렐린　　　　　③ 옥신　　　　　④ 에틸렌

정답 ②

해 **생장조절제: 지베렐린 (GA.)**
- 휴면타파, 발아촉진, 화성유도 · 개화 촉진(저온 · 장일조건), 줄기와 잎의 신장 촉진
- 포도의 무핵과 처리 : 1차 처리 무핵과, 2차 처리 포도알 비대 · 성숙

59 저온자극을 통해 화아분화가 촉진되는 작물이 아닌 것은?

① 양파　　　　　② 상추　　　　　③ 배추　　　　　④ 무

정답 ②

해 **생육적온에 따른 작물 분류**
- 호냉성 작물 : 상추(고온 화아분화), 배추(저온 화아분화), 양배추, 추파 맥류 등
- 호온성 작물 : 벼, 옥수수, 토마토, 고추, 수박 등

60 식물의 생육 과정에서 강풍의 외부 환경에 따른 영향으로 옳지 않은 것은?

① 화분매개곤충의 활동을 억제한다.
② 상처를 유발하며 호흡량을 증가시킨다.
③ 증산작용은 억제되나 광합성은 촉진된다.
④ 상처를 통한 병해충의 발생을 촉진한다.

정답 ③

해 **풍해**
- 상처로 인한 호흡 작용의 증대 → 체내 양분 소모의 증가
- 강한 풍속과 건조한 공기 → 증산 작용의 증대 → 작물의 위조
- 강한 풍속 → 잎의 기공 폐쇄 → 이산화탄소 흡수의 감소 → 광합성의 저해
- 냉풍 → 작물 체온의 저하 → 냉해 유발
- 병해충 감염과 부패 등의 2차 피해 증가

61 식물의 종자 또는 눈이 휴면에 들어가면서 증가하는 것은?

① 호흡량　　　　　② 옥신　　　　　③ 지베렐린　　　　　④ 아브시스산

정답 ④

해 **앱시스산 (ABA)**
- 성장 중에 일어나는 여러 과정을 억제하는 물질
- 휴면 유도 · 연장 → 발아 억제
- 잎의 노화 및 낙엽 촉진
- 식물의 수분 결핍시 ABA가 많이 합성되고 기공이 닫혀 식물의 수분을 보호

62 시설재배 농가를 찾은 A 손해평가사의 육묘에 관한 조언으로 옳지 않은 것은?

① 출하기 조절이 가능하다.

② 유기질 육묘상토로 피트모스를 추천하였다.

③ 단위면적당 생산량을 증가시킬 수 있다.

④ 공간활용도를 높이기 위해 이동식 벤치보다 고정식 벤치를 추천하였다.

정답 ④

해 **시설재배의 중요성**
- 생산자 : 생산기간의 단축, 주년 생산, 노동력의 절감 → 수량 및 소득 증대, 계획 생산
- 소비자 : 소비의 다양화, 무공해 · 저공해 식품의 공급, 주년 소비
- 피트모스 : 이탄토, 습지, 늪 등에 수생식물류 및 그 밖의 것이 다소 부식화되어 쌓인 것

63 수박재배 농가에서 대목을 사용하는 접목재배로 방제할 수 있는 것은?

① 덩굴쪼김병　　　　② 애꽃노린재　　　　③ 진딧물　　　　④ 잎오갈병

정답 ①

해 **접목 육묘**
- 토양 전염병(특히 덩굴쪼김병) 예방 및 양수분 흡수의 증대
- 저온 신장성의 강화
- 수박, 멜론, 토마토, 오이 등
- 병충해에 내성이 있는 대목을 사용 → 병충해 피해 경감

64 최종 적과 후 우박피해를 입은 사과농가의 대처로 옳은 것을 모두 고른 것은?

A 농가 - 피해 정도가 심한 가지에는 도포제를 발라준다.
B 농가 - 수세가 강한 피해나무에 질소 엽면시비를 한다.
C 농가 - 90% 이상의 과실이 피해를 입은 나무의 과실은 모두 제거한다.
D 농가 - 병해충 방제를 위해 살균제를 살포한다.

① A, C　　　　② A, D　　　　③ B, C　　　　④ B, D

정답 ②

해
- **최종 적과 후:** 결실기이므로 인산, 칼륨의 시비가 좋다. 질소비료는 영양생장을 촉진시킨다.
- **수세가 강한 나무:** 질소비료를 특히 엽면시비의 방법으로 시용하면 수세가 더욱 강해져서 결실이 저해된다.
- **피해 입은 과실을 제거**

65 다음은 벼의 수발아에 관한 내용이다. (   )에 들어갈 내용을 순서대로 옳게 나열한 것은?

수발아는 (   )에 종실이 이삭에 달린 채로 싹이 트는 것을 말하며, 벼가 우기에 도복이 되었을 때 자주 발생한다. 또한 (   )이 (   )보다 수발아가 잘 발생한다.

① 수잉기, 조생종, 만생종
② 결실기, 조생종, 만생종
③ 수잉기, 만생종, 조생종
④ 결실기, 만생종, 조생종

정답 ②

해 수발아
- 성숙기에 가까운 화곡류의 이삭이 도복이나 강우로 젖은 상태가 오래 지속되면 이삭에서 싹이 트는 것(특히 결실기인 황숙기~완숙기)
- 맥류와 벼에서 특히 문제가 된다.
- 고온다습한 조건, 휴면성이 약한 품종, 조생종이 중만생종보다 발생하기 쉽다.
- 대책 : 만숙종보다 조숙종, 조생종보다 중만생종 재배, 도복 방지, 발아억제제 살포 등

• 벼 생육 단계의 세분 : 유묘기(육묘기+착근기) → 분얼기(포기 수가 많아지는 기간) → 신장기(유수형성기(어린이삭)형성기) → 수잉기(이삭이 완성되는 시기) → 출수개화기 → 결실기(유숙기+호숙기+황숙기+완숙기+고숙기)

66 전염성 병해가 아닌 것은?

① 토마토 배꼽썩음병
② 벼 깨씨무늬병
③ 배추 무름병
④ 사과나무 화상병

정답 ①

해

• **Ca 부족 시 생리장해** : 수박 · 고추 · 토마토 배꼽썩음병
• **균류(곰팡이류. 대표적 진균)** : 역병, 탄저병, 균핵병, 도열병, 노균병, 잿빛곰팡이병, 잘록병, 흰가루병, 갈색무늬병, 시들음병 등
• **세균류**
- 과수화상병, 풋마름병, 벼흰잎마름병, 둘레썩음병, 궤양병, 반점세균병, 무름병, 근두암종병, 빗자루병 등
- 물러 썩거나 악취, 고름과 같은 세균 덩어리 누출 등
• **바이러스** : 오이모자이크바이러스(CMV), 담배모자이크바이러스(TMV), 오갈병 등

67 0℃에서 저장할 경우 저온장해가 발생하는 채소만을 나열한 것은?

① 배추, 무   　　　　　　　② 마늘, 양파

③ 당근, 시금치   　　　　　④ 가지, 토마토

정답 ④

🖩 **호냉성 채소**
- 상추, 배추, 양배추, 파, 양파, 무, 순무, 당근, 감자, 딸기, 시금치, 파슬리, 근대, 완두, 아스파라거스 등
- 대부분의 엽경채류

• **호온성 채소**
- 가지, 고추, 토마토, 오이, 참외, 수박, 멜론 등
- 대부분의 과채류(열매채소)

68 다음 (　　　　)에 들어갈 필수원소에 관한 내용을 순서대로 옳게 나열한 것은?

(　　　)원소인 (　　　)은 엽록소의 구성성분으로 부족 시 잎이 황화된다.

① 다량, 마그네슘   　　　　② 다량, 몰리브덴

③ 미량, 마그네슘   　　　　④ 미량, 몰리브덴

정답 ①

🖩 **마그네슘(Mg)**
- 엽록소의 구성 원소로 잎에 많이 함유
- 효소의 활성을 높임
- 체내 이동 용이, 부족하면 늙은 조직으로부터 어린 조직으로 이동
- 부족 : 황백화, 줄기·뿌리의 생장점 발육 저해, 탄수화물 감소, 종자의 성숙 불량

• 마그네슘＝다량원소, 몰리브덴＝미량원소

69 자가수분으로 수분수가 필요 없는 과수는?

① 신고 배   　　　　　　　② 후지 사과

③ 캠벨얼리 포도   　　　　④ 미백도 복숭아

정답 ③

🖩 **자식성 식물(자가수정 식물)**
- 같은 식물체에서 생긴 정세포(꽃가루)와 난세포가 수정하는 것을 말한다.
- 암술이 같은 그루 안의 꽃으로부터 꽃가루를 받아 수정이 이루어지는 식물이다.
- 일반적으로 자연교잡률(타식률) 4% 이하인 식물을 말한다.
- 벼, 콩, 보리, 밀, 토마토, 포도, 복숭아, 담배, 고추, 보리, 수수, 목화 등
- 복숭아 품종 중 백도, 미백도 품종과 같이 화분이 없는 품종은 수분수가 필요하다.

70 다음 설명에 해당하는 해충은?

- 흡즙성 해충이다.
- 포도나무 가지와 잎을 주로 가해한다.
- 약충이 하얀 솜과 같은 왁스 물질로 덮여있다.

① 꽃매미   ② 미국선녀벌레
③ 포도유리나방   ④ 포도호랑하늘소

정답 ②

해 상시해충
- 일반평형밀도가 경제적 피해 수준 이상 또는 그 근처에서 형성되어 피해 정도가 가장 높고 항상 문제가 되는 해충이다.
- 일반적으로 직접 작물에 가해하는 해충으로, 주기적으로 약제 방제를 수행하고 있기 때문에 현재의 일반평형밀도가 변화된 상태에서 형성된다.
- 미국선녀벌레, 갈색날개매미충, 선충류, 복숭아 나방류 등

- 미국선녀벌레
  - 즙을 빨아 먹거나 잎을 갉아 먹음
  - 수액을 빨아먹은 후 소화된 당분을 마치 솜사탕처럼 남김

71 장미의 블라인드 현상의 직접적인 원인은?

① 수분 부족   ② 칼슘 부족
③ 일조량 부족   ④ 근권부 산소 부족

정답 ③

해 블라인드 현상 · 블래스팅 현상
- 블래스팅 현상 : 꽃눈이 미발육(꽃봉오리가 고사)하는 현상의 통칭
- 블라인드 현상 : 꽃눈이 정상적인 꽃으로 자라지 못하고 퇴화하는 현상
- 광도, 야간온도 등 어느 하나의 조건이 부적당하여 생기는 현상으로 일조량이 가장 크게 영향을 미친다.

72 근경으로 영양번식을 하는 화훼작물은?

① 칸나, 독일붓꽃   ② 시클라멘, 다알리아
③ 튤립, 글라디올러스   ④ 백합, 라넌큘러스

정답 ①

해 알뿌리 나누기(구근)
- 비늘줄기(인경), 알줄기(구경), 덩이줄기(괴경), 뿌리줄기(근경), 덩이뿌리(괴근)
- 덩이줄기(괴경) : 토란, 감자, 돼지감자, 시클라멘, 칼라디움, 구근 베고니아, 아네모네 등
- 덩이뿌리(괴근) : 고구마, 달리아, 작약 등
- 비늘줄기(인경) : 마늘, 양파, 쪽파, 튤립, 백합, 수선화 등
- 알줄기(구경. 구슬줄기) : 프리지아, 글라디올러스, 크로커스 등
- 뿌리줄기(근경) : 저먼 아이리스(붓꽃), 칸나, 수련 등

73 유리온실 내 지면으로부터 용마루까지의 길이를 나타내는 용어는?

① 간고 　　　　② 동고 　　　　③ 측고 　　　　④ 헌고

정답 ②

해 **온실의 규격**: 너비(폭), 간고(처마높이), 동고(지붕높이), 길이
- 동고 : 지면에서 지붕 중앙(용마루)까지의 높이
- 간고 : 지면에서 기둥 상단 또는 지붕틀까지의 높이(측고(처마높이)의 유사어)
- 측고 : 온실 측면의 높이로 온실의 지면에서부터 측면이 휘어지기 전까지의 높이

74 베드의 바닥에 일정한 크기의 기울기로 막상의 양액이 흘러 순환하도록 하고 그 위에 작물의 뿌리 일부가 닿게 하여 재배하는 방식은?

① 매트재배 　　　　② 심지재배 　　　　③ NFT재배 　　　　④ 담액재배

정답 ③

해 **양액재배 종류**
- 수경 재배 : 순환형(NFT(박막)·환류식), 담액형, 모관수경, 고설재배, 분무경, 분무수경(수기경)
- 고형배지경 재배 : 무기물배지(펄라이트, 암면, 버미큘라이트 등), 유기물배지(피트모스, 왕겨, 코이어 등), 혼합배지
- **NFT 재배** : 베드 내부로 양액을 조금씩 흘려보내며 그 위에 뿌리가 닿도록 하여 재배. 뿌리 아래는 양액에 뿌리 위는 공중 산소에 닿아 두 가지를 다 같이 이용하는 방법
- **담액형** : 양액 속에 뿌리를 완전히 담근 채 재배하는 방식. 산소의 공급 방법에 따라 분류

75 시설재배에서 필름의 가시광선 투과율이 큰 것부터 작은 것 순으로 옳게 나타낸 것은?

① PE > EVA > PVC 　　　　② EVA > PE > PVA
③ PE > PVC > EVA 　　　　④ PVC > PE > EVA

정답 　모두 정답

해 **시설피복재(연질)**
- PE와 PVC의 중간성을 띠는 것이 EVA이다.
- PE : 투광성이 우수하고 먼지가 잘 부착되지 않음
- PVC : 투광성이 우수하지만 먼지가 잘 부착되어 시간이 지나면 광투과율이 떨어짐
※ 가시광선 투과율에 관한 논란으로 모두 정답으로 인정

PART 2

상법 보험편 

1 **상법상 보험계약관계자에 관한 설명으로 옳지 않은 것은?**

① 손해보험의 보험자는 보험사고가 발생한 경우 보험금 지급의무를 지는 자이다.
② 손해보험의 보험계약자는 자기명의로 보험계약을 체결하고 보험료 지급의무를 지는 자이다.
③ 손해보험의 피보험자는 피보험이익의 주체로서 보험사고가 발생한 때에 보험금을 받을 자이다.
④ 손해보험의 보험수익자는 보험사고가 발생한 때에 보험금을 지급받을 자로 지정된 자이다.

정답 ④

해 보험수익자
- 보험사고 발생 시 보험금을 받는 자
- 보험회사로부터 보험금을 받을 자로 보험계약자의 지정을 받은 자이다.
- 인보험에서만 보험수익자의 개념이 존재한다. 손해보험에는 보험수익자가 없다.
- 손해보험의 피보험자의 개념에 해당한다.

2 **상법상 보험계약의 체결에 관한 설명으로 옳은 것은?**

① 보험계약은 청약과 승낙에 의한 합의와 보험증권의 교부로 성립한다.
② 기존의 보험계약을 연장하거나 변경한 경우에는 보험자는 그 보험증권에 그 사실을 기재함으로써 보험증권의 교부에 갈음할 수 있다.
③ 보험자는 보험계약이 성립된 후 보험계약자에게 보험약관을 교부하고 그 약관의 중요한 내용을 설명하여야 한다.
④ 보험자가 보험계약자로부터 보험계약의 청약과 함께 보험료 상당액의 전부 또는 일부의 지급을 받은 때에는 계약이 성립한 것으로 본다.

정답 ②

해 보험계약의 성립 (제638조의2):
- 청약 + 보험료 상당액의 '전부 또는 일부'의 지급 → 다른 약정이 없으면 '30일 내' 낙부의 통지를 발송
- 계약의 성립 = 청약 + 승낙. 쌍방의 의사 합치

• 보험약관의 교부 · 설명 의무 (제638조의3)
- 계약체결 시 교부 · 설명
- 위반 시 성립일로부터 3개월 이내 취소 가능

3 상법상 보험증권에 관한 설명으로 옳지 않은 것은?

① 타인을 위한 보험계약이 성립된 경우에는 보험자는 그 타인에게 보험증권을 교부해야 한다.

② 보험계약의 당사자는 보험증권의 교부가 있은 날로부터 일정한 기간 내에 한하여 그 증권내용의 정부(正否)에 관한 이의를 할 수 있음을 약정할 수 있다. 이 기간은 1월을 내리지 못한다.

③ 보험증권을 멸실 또는 현저하게 훼손한 때에는 보험계약자는 보험자에 대하여 증권의 재교부를 청구할 수 있고, 그 증권작성의 비용은 보험계약자의 부담으로 한다.

④ 보험자는 보험계약이 성립한 때에는 지체없이 보험증권을 작성하여 보험계약자에게 교부하여야 한다.

정답 ①

해 보험증권

- 계약성립 시 지체없이 증권작성 · 교부 의무 발생 → 보험계약자에게 교부
- 보험료의 전부 또는 최초의 보험료를 지급한 경우 교부 의무 발생(보험료 미지급 시 의무 없음)
- 기존 증권에 갈음 가능
- 이의 신청 : 교부일로부터 1개월보다 짧게 할 수 없음
- 증권의 재교부 청구 : 비용은 보험계약자의 부담
- 계약성립의 조건 또는 계약서가 아님

4 보험설계사가 가진 상법상 권한으로 옳은 것은?

① 보험계약자로부터 고지에 관한 의사표시를 수령할 수 있는 권한

② 보험계약자에게 영수증을 교부하지 않고 보험료를 수령할 수 있는 권한

③ 보험자가 작성한 보험증권을 보험계약자에게 교부할 수 있는 권한

④ 보험계약자로부터 통지에 관한 의사표시를 수령할 수 있는 권한

정답 ③

해

- 보험대리상이 아니면서 특정한 보험자를 위하여 계속적으로 보험계약의 체결을 중개하는 자의 권한
- 보험자가 작성한 영수증을 보험계약자에게 교부하는 경우 보험료 수령권
- 보험자가 작성한 보험증권 교부권

5 **상법상 보험료에 관한 설명으로 옳은 것을 모두 고른 것은?**

① ㄱ, ㄴ   ② ㄱ, ㄷ   ③ ㄴ, ㄹ   ④ ㄷ, ㄹ

정답 ①

해 **보험료의 지급과 지체의 효과 (제650조)**
- 계약체결 후 지체없이 보험료의 전부 또는 제1회 보험료 지급
- 부지급 시 다른 약정이 없는 한 계약성립 후 2월이 경과 → 그 계약은 '해제된 것으로 본다'

- **보험료의 지급과 지체의 효과 (제650조)**
  - 계속보험료 부지급 시 → 상당한 기간을 정하여 보험계약자에게 최고 → 그 기간 내 지급되지 아니한 때에는 그 계약을 '해지할 수 있다'

---

6 **甲이 乙 소유의 농장에 대해 乙의 허락 없이 乙을 피보험자로 하여 A보험회사와 화재보험계약을 체결한 경우, 그 법률관계에 관한 설명으로 옳지 않은 것은?**

① 보험계약 체결 시 A보험회사가 서면으로 질문한 사항은 중요한 사항으로 추정한다.
② 보험사고가 발생하기 전에는 甲은 언제든지 계약의 전부 또는 일부를 해지할 수 있다.
③ 甲이 乙의 위임이 없음을 A보험회사에게 고지하지 않은 때에는 乙이 그 보험계약이 체결된 사실을 알지 못하였다는 사유로 A보험회사에게 대항하지 못한다.
④ 보험계약 당시에 甲 또는 乙이 고의 또는 중대한 과실로 인하여 중요한 사항을 고지하지 아니하거나 부실의 고지를 한 때에는 A보험회사는 그 사실을 안 날로부터 1월 내에, 계약을 체결한 날로부터 3년 내에 한하여 계약을 해지할 수 있다.

정답 ②

해 **사고발생 전의 임의해지 (제649조)**
- 보험사고가 발생 전
- 보험계약자는 계약의 전부 또는 일부를 해지 가능
- 타인을 위한 보험계약의 경우 : 그 타인의 동의 또는 보험증권을 소지

7 **상법상 보험사고에 관한 설명으로 옳지 않은 것은?**

① 보험계약 당시에 보험사고가 이미 발생하였거나 또는 발생할 수 없는 것인 때에는 그 계약은 무효로 한다.

② 보험계약 당시에 보험사고가 발생할 수 없는 것이었지만 당사자 쌍방과 피보험자가 이를 알지 못한 때에는 그 계약은 유효하다.

③ 보험사고의 발생으로 보험자가 보험금액을 지급한 때에도 보험금액이 감액되지 아니하는 보험의 경우에는 보험계약자는 그 사고발생 후에도 보험계약을 해지할 수 있다.

④ 보험사고가 발생하기 전에 보험계약을 해지한 보험계약자는 미경과보험료의 반환을 청구할 수 없다.

정답 ④

해 **사고발생 전의 임의해지 (제649조)**
- 보험사고가 발생하기 전 : 언제든지 계약 해지
- 보험금액이 감액되지 아니하는 보험의 경우 : 사고발생 후에도 보험계약을 해지 가능
- 다른 약정이 없으면 미경과보험료의 반환을 청구 가능

8 **상법상 보험대리상의 권한을 모두 고른 것은?**

ㄱ. 보험료 수령 권한	ㄴ. 고지 수령 권한	ㄷ. 보험계약의 해지 권한	ㄹ. 보험금 수령 권한

① ㄱ, ㄴ, ㄷ　　　② ㄱ, ㄴ, ㄹ　　　③ ㄱ, ㄷ, ㄹ　　　④ ㄴ, ㄷ, ㄹ

정답 ①

해 **보험대리상의 권한 (제646조의2)**
- 보험계약의 체결권 (체약대리상)
- 보험계약을 중개하는 권한 (중개대리상)
- 보험계약자로부터 청약, 고지, 통지, 해지, 취소 등 보험계약에 관한 의사표시 수령권
- 보험계약자로부터의 보험료수령권
- 보험계약자에게 보험계약의 체결, 변경, 해지 등 보험계약에 관한 의사표시권
- 보험증권 교부권

9 보험기간 중에 보험사고의 발생 위험이 현저하게 변경 또는 증가된 경우의 법률관계에 관한 설명으로 옳은 것은?

① 보험수익자의 고의로 인하여 사고 발생의 위험이 현저하게 증가된 때에는 보험자는 그 사실을 안 날로부터 1월 내에 보험계약을 해지할 수 있을 뿐이고, 보험료의 증액을 청구할 수는 없다.

② 보험계약자가 지체없이 위험변경증가의 통지를 한 때에는 보험자는 1월 내에 보험료 증액을 청구할 수 있을 뿐이고 보험계약을 해지할 수는 없다.

③ 보험계약자가 위험변경증가의 통지를 해태한 때에는 보험자는 그 사실을 안 날로부터 1월 내에 한하여 계약을 해지할 수 있다.

④ 타인을 위한 손해보험의 타인이 사고발생 위험이 현저하게 변경 또는 증가된 사실을 알게된 경우 이를 보험자에게 통지할 의무는 없다.

해 위험변경증가의 통지와 계약해지 (제652조)
- 보험계약자 또는 피보험자
- 해태 시 보험자는 안 날로부터 1월 내에 한하여 계약 해지
- 통지를 받은 때 1월 내에 보험료의 증액을 청구하거나 계약 해지
- 위험 변경 증가 : 객관적 위험

• 보험계약자 등의 고의나 중과실로 인한 위험증가와 계약해지 (제653조)
- 보험계약자, 피보험자 또는 보험수익자의 고의 또는 중대한 과실
- 사고발생의 위험이 현저하게 변경 또는 증가
- 그 사실을 안 날부터 1월 내에 보험료의 증액을 청구 또는 계약 해지

10 보험사고가 발생한 경우 그 법률관계에 관한 설명으로 옳지 않은 것은?

① 보험수익자가 보험사고의 발생을 안 때에는 지체없이 보험자에게 그 통지를 발송하여야 한다.

② 보험계약자가 보험사고의 발생을 알았음에도 지체없이 보험자에게 그 통지를 발송하지 않은 경우 보험자는 계약을 해지할 수 있다.

③ 보험계약 당사자 간에 다른 약정이 없으면 최초보험료를 보험자가 지급받은 때로부터 보험자의 책임이 개시된다.

④ 위험이 현저하게 변경 또는 증가된 사실이 보험사고 발생에 영향을 미친 경우, 보험자가 위험변경증가의 통지를 못 받았음을 이유로 유효하게 계약을 해지하면 보험금을 지급할 책임이 없다.

해 보험사고 발생의 통지의무 (제657조)
- 의무자 : 보험계약자 또는 피보험자나 보험수익자
- 해태함으로 인하여 손해가 증가된 때 → 그 증가된 손해를 보상할 책임 없음

11 보험자의 보험금액의 지급에 관한 설명으로 옳지 않은 것은?

① 보험수익자의 중과실로 인하여 보험사고가 생긴 때에는 보험자는 보험금액을 지급할 책임이 없다.
② 보험계약자의 고의로 보험사고가 생긴 때에는 보험자는 보험금액을 지급할 책임이 없다.
③ 보험금액의 지급에 관하여 약정기간이 없는 경우에는 보험자는 보험사고 발생의 통지를 받은 후 지체없이 지급할 보험금액을 정해야 한다.
④ 보험자가 파산선고를 받았으나 보험계약자가 계약을 해지하지 않은 채 3월이 경과한 후에 보험사고가 발생하여도 보험자는 보험금액 지급 책임이 있다.

정답 ④

해 보험자의 면책사유 (제659조)
- 보험계약자 또는 피보험자나 보험수익자의
- 고의 또는 중대한 과실
- 보험자는 보험금액을 지급할 책임이 없다.

· 보험자의 파산선고와 계약해지 (제654조)
- 보험계약자는 계약을 해지 가능
- 파산선고 후 3월을 경과한 때에는 그 효력 없음

12 甲은 자기 소유의 건물에 대해 A보험회사와 화재보험계약을 체결하였고, A보험회사는 이 화재보험계약으로 인하여 부담할 책임에 대하여 B보험회사와 재보험계약을 체결한 경우 그 법률관계에 관한 설명으로 옳은 것은?

① 화재보험계약의 보험기간 개시 전에 화재가 발생한 경우 B보험회사는 A보험회사에게 보험금 지급의무가 없다.
② 甲의 고의로 화재보험계약의 보험기간 중에 화재가 발생한 경우 B보험회사는 A보험회사에게 보험금 지급의무가 있다.
③ A보험회사의 B보험회사에 대한 보험금청구권은 1년간 행사하지 아니하면 시효의 완성으로 소멸한다.
④ B보험회사의 A보험회사에 대한 보험료청구권은 6개월간 행사하지 아니하면 시효의 완성으로 소멸한다.

정답 ①

해 소멸시효 (제662조)
- 보험금청구권은 3년간
- 보험료 또는 적립금의 반환청구권은 3년간
- 보험료청구권은 2년간

13 **가계보험의 약관조항 중 상법상 불이익변경금지원칙에 위반되지 않는 것은?**

① 보험계약자가 계약체결 시 과실없이 중요한 사항을 불고지한 경우에도 보험자의 해지권을 인정한 약관조항

② 보험료청구권의 소멸시효기간을 단축하는 약관조항

③ 보험수익자가 보험계약 체결 시 고지의무를 부담하도록 하는 약관조항

④ 보험사고 발생 전이지만 일정한 기간 동안 보험계약자의 계약 해지를 금지하는 약관조항

정답 ②

해 **보험계약자 등의 불이익변경금지 (제663조)**
- 당사자 간의 특약으로
- 보험계약자 또는 피보험자나 보험수익자의 불이익으로 변경 금지
- 기업 간의 보험 (재보험 및 해상보험 기타 이와 유사한 보험) 예외

14 **상법상 손해보험증권에 기재해야 할 사항으로 옳지 않은 것은?**

① 피보험자의 주민등록번호

② 보험기간을 정한 경우 그 시기와 종기

③ 보험료와 그 지급 방법

④ 무효와 실권의 사유

정답 ①

해 **손해보험증권 (제666조)**
- 보험의 목적
- 보험사고의 성질
- 보험금액
- 보험료와 그 지급방법
- 보험기간을 정한 때에는 그 시기와 종기
- 무효와 실권의 사유
- 보험계약자의 주소와 성명 또는 상호
- 피보험자의 주소, 성명 또는 상호
- 보험계약의 연월일
- 보험증권의 작성지와 그 작성년월일

15 상법상 물건보험의 보험가액에 관한 설명으로 옳지 않은 것은?

① 보험가액과 보험금액은 일치하지 않을 수 있다.

② 보험계약 당사자 간에 보험가액을 정하지 아니한 때에는 사고발생 시의 가액을 보험가액으로 한다.

③ 보험계약의 당사자 간에 보험가액을 정한 경우 그 가액이 사고발생 시의 가액을 현저하게 초과할 경우 보험계약은 무효이다.

④ 보험계약의 당사자 간에 보험가액을 정한 경우 그 가액은 사고발생 시의 가액으로 정한 것으로 추정한다.

정답. ③

웹 기평가보험 (제670조)
- 사고발생 시의 가액으로 정한 것으로 추정한다.
- 현저하게 초과할 때에는 사고발생 시의 가액을 보험가액으로 한다.

· 미평가보험 (제671조)
- 보험가액을 정하지 아니한 때에는 사고발생 시의 가액을 보험가액으로 한다.

16 상법상 초과보험에 관한 설명으로 옳은 것을 모두 고른 것은?

ㄱ. 보험계약자의 사기에 의하여 보험금액이 보험가액을 현저하게 초과하는 보험계약이 체결된 경우 보험기간 중에 보험사고가 발생하면 보험자는 보험가액의 한도 내에서 보험금 지급의무가 있다.

ㄴ. 보험계약 체결 이후 보험기간 중에 보험가액이 보험금액에 비해 현저하게 감소된 때에는 보험자 또는 보험계약자는 보험료와 보험금액의 감액을 청구할 수 있다.

ㄷ. 보험계약 체결 이후 보험기간 중에 보험가액이 보험금액에 비해 현저하게 감소된 때에는 보험자 또는 보험계약자는 보험계약을 취소할 수 있다.

ㄹ. 보험계약자의 사기에 의하여 보험금액이 보험가액을 현저하게 초과하는 계약이 체결된 경우 보험자는 그 사실을 안 때까지의 보험료를 청구할 수 있다.

① ㄱ, ㄷ　　　　② ㄱ, ㄹ　　　　③ ㄴ, ㄷ　　　　④ ㄴ, ㄹ

정답 ④

웹 초과보험 (제669조)
- 보험금액이 보험계약의 목적의 가액을 현저하게 초과
- 보험자 : 보험금액, 보험계약자 : 보험료의 감액 청구 가능
- 보험료의 감액은 장래에 대하여서만 효력
- 보험가액이 보험기간 중에 현저하게 감소된 때에도 적용
- 사기로 인한 초과보험 계약은 무효 → 안 때까지의 보험료 청구 가능

17 甲이 가액이 10억원인 자기 소유의 재산에 대해 A, B보험회사와 보험기간이 동일하고, 보험금액 10억원인 화재보험계약을 순차적으로 각각 체결한 경우 그 법률관계에 관한 설명으로 옳지 않은 것은? (甲의 사기는 없었음)

① 만약 甲이 사기에 의하여 두 개의 화재보험계약을 체결하였다면 보험계약은 무효이다.

② 보험기간 중 화재가 발생하여 甲의 재산이 전소되어 10억원의 손해를 입은 경우 甲은 A, B보험회사에게 각각 5억원까지 보험금청구권을 행사할 수 있다.

③ 甲은 B보험회사와 화재보험계약을 체결할 때 A보험회사와의 화재보험계약의 내용을 통지할 의무가 있다.

④ 甲이 A보험회사에 대한 권리를 포기하더라도 B보험회사의 권리의무에 영향을 미치지 않는다.

해 중복보험 (제672조, 제673조)
- 동시에 또는 순차로 체결
- 보험계약자는 각 보험자에 대하여 각 보험계약의 내용을 통지
- 보험금액의 총액이 보험가액을 초과한 때
- 보험자는 각자의 보험금액의 한도에서 연대책임
- 각 보험자의 보상책임은 각자의 보험금액의 비율
- 보험계약자의 사기로 인하여 체결 → 계약 무효 → 안 때까지의 보험료를 청구 가능
• 보험자 1인에 대한 피보험자의 권리의 포기 → 다른 보험자의 권리의무에 영향을 미치지 않음

18 손해보험의 목적에 관한 설명으로 옳은 것은?

① 피보험자가 보험의 목적을 양도한 때에는 양수인은 보험계약상의 권리와 의무를 승계한 것으로 본다.

② 금전으로 산정할 수 있는 이익에 한하여 보험의 목적으로 할 수 있다.

③ 보험의 목적에 관하여 보험자가 부담할 손해가 생긴 경우에는 그 후 그 목적이 보험자가 부담하지 아니하는 보험사고의 발생으로 인하여 멸실된 때에도 보험자는 이미 생긴 손해를 보상할 책임을 면하지 못한다.

④ 보험의 목적의 성질, 하자 또는 자연소모로 인한 손해는 보험자가 이를 보상할 책임이 있다.

해
• 피보험이익 : '보험계약'의 목적, 금전으로 산정할 수 있는 이익
• 보험목적의 양도 (제679조) : 양수인은 보험계약상의 권리와 의무를 승계한 것으로 '추정'
• 사고발생 후의 목적멸실과 보상책임 (제675조) : 보험자가 부담하지 아니하는 보험사고의 발생으로 인하여 멸실 → 이미 생긴 손해를 보상

19 **손해보험에서 손해액의 산정에 관한 설명으로 옳은 것은?**

① 보험자가 보상할 손해액은 보험계약을 체결한 때와 곳의 가액에 의하여 산정한다.

② 보험사고로 인하여 상실된 피보험자가 얻을 이익이나 보수는 보험자가 보상할 손해액에 산입하여야 한다.

③ 손해액의 산정에 관한 비용은 보험계약자의 부담으로 한다.

④ 당사자 간에 다른 약정이 있는 때에는 그 신품가액에 의하여 손해액을 산정할 수 있다.

정답 ④

해 손해액의 산정기준 (제676조)
- 그 손해가 발생한 때와 곳의 가액에 의함
- 다른 약정이 있는 때에는 그 신품가액에 의하여 산정 가능
- 산정비용은 보험자의 부담

20 **보험자가 손해를 보상할 때에 보험료의 지급을 받지 아니한 잔액이 있는 경우에 관한 설명으로 옳은 것은?**

① 보험자는 보험료의 지급을 받지 아니한 잔액이 있으면 보험계약을 즉시 해지할 수 있다.

② 보험자는 지급기일이 도래하였으나 지급받지 않은 보험료 잔액을 보상할 금액에서 공제하여야 한다.

③ 보험자는 지급받지 않은 보험료 잔액이 있으면 그 지급기일이 도래하지 아니한 때라도 보상할 금액에서 이를 공제할 수 있다.

④ 보험자는 지급기일이 도래한 보험료 잔액의 지급이 있을 때까지 그 손해보상을 전부 거절할 수 있다.

정답 ③

해

• 보험료체납과 보상액의 공제 (제677조) : 잔액이 있으면 그 지급기일이 도래하지 아니한 때라도 보상할 금액에서 이를 '공제할 수 있다'

• 보험료의 지급과 지체의 효과 (제650조)
- '다른 약정이 없는 한' 계약성립 후 2월이 경과 → 그 계약은 '해제'된 것으로 봄.
- 계속보험료 부지급 시 → '상당한 기간'을 정하여 보험계약자에게 최고 → 그 기간 내에 지급되지 아니한 때에는 그 계약을 해지

21 **상법상 손해방지의무에 관한 설명으로 옳은 것은? (다툼이 있으면 판례에 따름)**

① 손해방지의무는 보험계약자는 부담하지 않고 피보험자만 부담하는 의무이다.

② 손해방지의무의 이행을 위하여 필요 또는 유익하였던 비용과 보상액이 보험금액을 초과한 경우라도 보험자가 이를 부담한다.

③ 손해방지의무는 보험사고가 발생하기 이전에 부담하는 의무이다.

④ 손해방지의무의 이행을 위하여 필요 또는 유익하였던 비용은 실제로 손해의 방지와 경감에 유효하게 영향을 준 경우에만 보험자가 이를 부담한다.

정답 ②

🐶 손해방지의무 (제680조)
- 의무자 : 보험계약자와 피보험자
- 비용과 보상액이 보험금액을 초과한 경우라도 보험자 부담
- '보험사고의 발생을 전제'로 하므로 (발생 이후의 비용) 선급 청구 X
- 보험자가 책임지는 손해에 대해서만 부담
- 이를 해태할 경우에 대해 상법에는 별도의 규정이 없으나, 표준약관에서는 방지 또는 경감할 수 있었을 것으로 밝혀진 값을 손해액에서 차감하도록 하고 있다.
- 의무의 범위 : 직접적·간접적 행위 및 행위의 효과를 묻지 않음

22 보험목적에 관한 보험대위(잔존물대위)의 설명으로 옳지 않은 것은?

① 보험의 목적의 전부가 멸실한 경우에 보험대위가 인정된다.
② 피보험자가 보험자로부터 보험금액의 전부를 지급받은 후에는 잔존물을 임의로 처분할 수 없다.
③ 일부보험의 경우에는 잔존물대위가 인정되지 않는다.
④ 보험자가 보험금액의 전부를 지급한 때 잔존물에 대한 권리는 물권변동 절차 없이 보험자에게 이전된다.

정답 ③

🐶 보험목적에 관한 보험대위 (제681조)
- 보험의 목적이 전부 멸실, 보험금 전부 지급
- 보험금 지급 시 법률상 당연한 권리
- 지급한 보험금의 한도 내에서 보험자에게 귀속
- 물건보험 전반에 적용
- 일부보험 : 보험금액의 보험가액에 대한 비율에 따라 권리 인정

23 화재보험자가 보상할 손해에 관한 설명으로 옳은 것을 모두 고른 것은?

ㄱ. 화재가 발생한 건물의 철거비와 폐기물처리비
ㄴ. 화재의 소방 또는 손해의 감소에 필요한 조치로 인하여 생긴 손해
ㄷ. 화재로 인하여 다른 곳에 옮겨놓은 물건의 도난으로 인한 손해

① ㄱ, ㄴ   ② ㄱ, ㄷ   ③ ㄴ, ㄷ   ④ ㄱ, ㄴ, ㄷ

정답 ①

🐶 화재보험자의 책임 (제683조, 제684조)
- 인과관계가 있는 직접적·간접적 손해 모두 보상
- 화재의 소방 또는 손해의 감소에 필요한 조치로 인하여 생긴 손해
- 스스로 연소력을 가진 화력에 의해 생긴 손해
- 피보험자의 재산에 실질적인 발화
- 위험 보편의 원칙 : 화재로 인해 생긴 손해는 그 화재의 원인을 불문하고 보험자가 보상

24 화재보험에 관한 설명으로 옳지 않은 것은?

① 건물을 보험의 목적으로 한 때에는 그 소재지, 구조와 용도를 화재보험증권에 기재하여야 한다.

② 동산을 보험의 목적으로 한 때에는 그 존치한 장소의 상태와 용도를 화재보험증권에 기재하여야 한다.

③ 동일한 건물에 대하여 소유권자와 저당권자는 각각 다른 피보험이익을 가지므로, 각자는 독립한 화재보험계약을 체결할 수 있다.

④ 건물을 보험의 목적으로 한 때 그 보험가액의 일부를 보험에 붙인 경우, 당사자 간에 다른 약정이 없다면 보험자는 보험금액의 한도 내에서 그 손해를 보상할 책임을 진다.

정답. ④

해 일부보험 (제674조)

- 보험가액의 일부를 보험에 붙인 보험
- 보험금액의 보험가액에 대한 비율에 따라 보상
- '다른 약정이 있는 때' → 보험자는 보험금액의 한도내에서 그 손해를 보상

25 집합보험에 관한 설명으로 옳지 않은 것은?

① 집합보험은 집합된 물건을 일괄하여 보험의 목적으로 한다.

② 보험의 목적에 속한 물건이 보험기간 중에 수시로 교체된 경우에도 보험계약의 체결 시에 현존한 물건은 보험의 목적에 포함된 것으로 한다.

③ 피보험자의 가족과 사용인의 물건도 보험의 목적에 포함된 것으로 한다.

④ 보험의 목적에 피보험자의 가족의 물건이 포함된 경우, 그 보험은 피보험자의 가족을 위하여서도 체결한 것으로 본다.

정답 ②

해 집합보험 (제687조)

- 보험기간 중에 수시로 교체된 경우
- '사고의 발생 시'에 현존한 물건
- 보험의 목적에 포함된 것으로 한다.

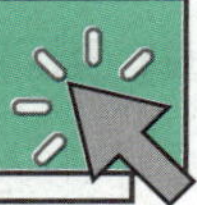

26 농어업재해보험법령상 농업재해보험심의회(이하 '심의회')에 관한 설명으로 옳지 않은 것은?

① 심의회의 위원장은 농림축산식품부차관으로 하고, 부위원장은 위원 중에서 농림축산식품부차관이 지명한다.

② 심의회의 회의는 재적위원 과반수의 출석으로 개의(開議)하고, 출석위원 과반수의 찬성으로 의결한다.

③ 심의회는 위원장 및 부위원장 각 1명을 포함한 21명 이내의 위원으로 구성한다.

④ 심의회의 회의는 재적위원 3분의 1 이상의 요구가 있을 때 또는 위원장이 필요하다고 인정할 때에 소집한다.

정답 ①

해 농업재해보험심의회 구성 :
- 위원장(농림축산식품부차관) 및 부위원장(위원 중에서 호선) 각 1명을 포함한 21명 이내의 위원

• 농업재해보험심의회 회의
- 재적위원 1/3 이상의 요구가 있을 때 또는 위원장이 필요하다고 인정할 때에 소집
- 재적위원 과반수의 출석으로 개의하고, 출석위원 과반수의 찬성으로 의결

27 농어업재해보험법령상 재해보험의 종류 등에 관한 설명으로 옳지 않은 것은?

① 재해보험의 종류는 농작물재해보험, 임산물재해보험, 가축재해보험 및 양식수산물재해보험으로 한다.

② 가축재해보험의 보험목적물은 가축 및 축산시설물이다.

③ 양식수산물재해보험과 관련된 사항은 농림축산식품부장관이 관장한다.

④ 정부는 보험목적물의 범위를 확대하기 위하여 노력하여야 한다.

정답 ③

해 재해보험의 종류
- 농작물재해보험, 임산물재해보험 및 가축재해보험 : 농림축산식품부 장관 관장
- 양식수산물재해보험 : 해양수산부 장관 관장

28 농어업재해보험법령상 재해보험사업을 할 수 있는 자를 모두 고른 것은?

ㄱ. 「수산업협동조합법」에 따른 수산업협동조합중앙회
ㄴ. 「산림조합법」에 따른 산림조합중앙회
ㄷ. 「보험업법」에 따른 보험회사
ㄹ. 「새마을금고법」에 따른 새마을금고중앙회

① ㄱ, ㄹ   ② ㄱ, ㄴ, ㄷ   ③ ㄴ, ㄷ, ㄹ   ④ ㄱ, ㄴ, ㄷ, ㄹ

정답 ②

해 재해보험사업을 할 수 있는 자
- 「수산업협동조합법」에 따른 수산업협동조합중앙회(수협중앙회)
- 「산림조합법」에 따른 산림조합중앙회
- 「보험업법」에 따른 보험회사

29 농어업재해보험법령상 손해평가사의 정기교육에 관한 설명이다. (　　　)에 들어갈 숫자로 옳은 것은?

> • 농림축산식품부장관 또는 해양수산부장관은 손해평가인이 공정하고 객관적인 손해평가를 수행할 수 있도록 연 (　ㄱ　)회 이상 정기교육을 실시하여야 한다.
> • 정기교육의 교육시간은 (　ㄴ　)시간 이상으로 한다.

	ㄱ	ㄴ		ㄱ	ㄴ
①	1	4	②	1	5
③	2	4	④	2	6

정답 ①

해 정기교육
- 교육하는 자 : 농림축산식품부장관 또는 해양수산부장관
- 연 1회 이상, 4시간 이상 정기교육

30 농어업재해보험법령상 손해평가사의 자격 취소 사유에 해당하는 위반 행위를 한 경우, 1회 위반 시에는 자격 취소를 하지 않고 시정명령을 하는 경우는?

① 손해평가사의 자격을 거짓 또는 부정한 방법으로 취득한 경우
② 거짓으로 손해평가를 한 경우
③ 다른 사람에게 손해평가사의 명의를 사용하게 하거나 그 자격증을 대여한 경우
④ 업무정지 기간 중에 손해평가 업무를 수행한 경우

정답 ②

해 손해평가사 자격 취소(법조문)
- 손해평가사의 자격을 거짓 또는 부정한 방법으로 취득한 사람 → 자격을 취소하여야 한다.
- 거짓으로 손해평가를 한 사람
- 다른 사람에게 손해평가사의 명의를 사용하게 하거나 그 자격증을 대여한 사람
- 손해평가사 명의의 사용이나 자격증의 대여를 알선한 사람
- 업무정지 기간 중에 손해평가 업무를 수행한 사람 → 자격을 취소하여야 한다.

• 손해평가사 자격 취소(개별기준)
- 위의 사항 중 아래 제외한 사항 : 모두 1회 위반 시 자격 취소
- 거짓으로 손해평가를 한 경우 : 1회 위반 시정명령 → 2회 이상 위반 자격 취소

31 농어업재해보험법령상 보험금 수급권 등에 관한 설명으로 옳지 않은 것은?

① 재해보험의 보험목적물이 담보로 제공된 경우 보험금을 지급받을 권리는 압류할 수 없다.
② 재해보험사업자는 정보통신장애로 보험금을 보험금수급계좌로 이체할 수 없을 때에는 현금 지급 등 대통령령으로 정하는 바에 따라 보험금을 지급할 수 있다.
③ 보험금수급전용계좌의 해당 금융기관은 「농어업재해보험법」에 따른 보험금만이 보험금 수급전용계좌에 입금되도록 관리하여야 한다.
④ 재해보험가입자가 재해보험에 가입된 보험목적물을 양도하는 경우 그 양수인은 재해보험계약에 관한 양도인의 권리 및 의무를 승계한 것으로 추정한다.

정답 ①

해 수급권의 보호
- 재해보험의 보험금을 지급받을 권리는 압류할 수 없다.
- 예외. 보험목적물이 담보로 제공된 경우

· **수급 전용계좌**
- 재해보험사업자는 수급권자의 신청이 있는 경우에는 보험금을 수급권자 명의의 지정된 계좌로 입금하여야 한다.

· **예외 상황**
- 정보통신장애 또는 대통령령으로 정하는 불가피한 사유가 있는 경우
- 대통령령으로 정하는 불가피한 사유 : 보험금 수급 전용계좌가 개설된 금융기관의 폐업 · 업무정지 등으로 정상영업이 불가능한 경우

32 농어업재해보험법령상 재해보험사업자가 재해보험 업무의 일부를 위탁할 수 있는 자에 해당하지 않는 자는?

① 「수산업협동조합법」에 따라 설립된 수산물가공 수산업협동조합
② 「농업협동조합법」에 따라 설립된 품목별 · 업종별협동조합
③ 「산림조합법」에 따라 설립된 지역산림조합
④ 「보험업법」 제83조제1항에 따라 보험을 모집할 수 있는 자

정답 ④

해 재해보험사업자 업무 위탁
- 지역 : 농협, 축협, 산림조합
- 품목별 · 업종별 : 협동조합, 산림조합
- 지구별 · 업종별 · 수산물가공 수협, 수협은행
- 손해사정을 업으로 하는 자
- 장관의 허가를 받아 설립된 비영리법인

33 농어업재해보험법령상 재정지원에 관한 설명으로 옳은 것은?

① 정부는 예산의 범위에서 재해보험가입자가 부담하는 보험료의 전부를 지원할 수 있다.

② 지방자치단체는 정부의 재정지원 외에 예산의 범위에서 재해보험사업자의 재해보험의 운영 및 관리에 필요한 비용 일부를 추가로 지원할 수 있다.

③ 지방자치단체의 장은 정부의 재정지원 외에 보험료의 일부를 추가 지원하려는 경우 재해보험 가입현황서와 보험가입자의 기준 등을 확인하여 보험료의 지원금액을 결정·지급한다.

④ 「풍수해·지진재해보험법」에 따른 풍수해·지진재해보험에 가입한 자가 동일한 보험목적물을 대상으로 재해보험에 가입할 경우에는 정부가 재정지원을 할 수 있다.

정답 ③

해 재정지원

- **정부**
  - 재해보험가입자가 부담하는 '보험료의 일부를' 지원할 수 있다.
  - 재해보험사업자의 재해보험의 운영 및 관리에 필요한 비용(운영비)의 전부 또는 일부를 지원할 수 있다.
  - 「풍수해·지진재해보험법」에 따른 풍수해·지진재해보험에 가입한 자가 동일한 보험목적물을 대상으로 재해보험에 가입할 경우에는 정부가 재정지원을 하지 아니한다.
- **지방자치단체** : 재해보험가입자가 부담하는 보험료의 일부를 추가로 지원할 수 있다.
- 농림축산식품부 장관·해양수산부 장관 및 지방자치단체의 장은 지원금액을 재해보험사업자에게 지급하여야 한다.

34 농어업재해보험법령상 농림축산식품부장관이 농어업재해재보험기금(이하 '기금')의 관리·운용에 관한 사무를 농업정책보험금융원에 위탁한 경우 기금의 관리·운용에 관한 설명으로 옳지 않은 것은?

① 농림축산식품부장관은 해양수산부장관과 협의하여 농업정책보험금융원의 임원 중에서 기금수입담당임원과 기금지출원인행위담당임원을 임명하여야 한다.

② 기금수입담당임원은 기금수입징수관의 업무를, 기금지출원인행위담당임원은 기금지출관의 업무를 담당한다.

③ 농림축산식품부장관은 해양수산부장관과 협의하여 농업정책보험금융원의 직원 중에서 기금지출원과 기금출납원을 임명하여야 한다.

④ 기금출납원은 기금출납공무원의 업무를 수행한다.

정답 ②

해 업무의 대응 및 수행

농업정책보험금융원	농림축산식품부 및 해양수산부 소속 공무원
기금수입담당임원	기금수입징수관
기금지출원인행위담당임원	기금재무관
기금지출원	기금지출관
기금출납원	기금출납공무원

35 농어업재해보험법령상 농어업재해보험사업의 관리에 관한 설명으로 옳지 않은 것은?

① 농림축산식품부장관 또는 해양수산부장관은 보험상품의 운영 및 개발에 필요한 통계자료를 수집 · 관리하여야 한다.

② 농림축산식품부장관 및 해양수산부장관은 보험상품의 운영 및 개발에 필요한 통계의 수집 · 관리, 조사 · 연구 등에 관한 업무를 대통령령으로 정하는 자에게 위탁할 수 있다.

③ 재해보험사업자는 농어업재해보험 가입 촉진을 위하여 보험가입촉진계획을 3년 단위로 수립하여 농림축산식품부장관 또는 해양수산부장관에게 제출하여야 한다.

④ 농림축산식품부장관이 손해평가사의 자격 취소를 하려면 청문을 하여야 한다.

정답 ③

해 보험가입촉진계획의 수립

– 재해보험사업자는 농어업재해보험 가입 촉진을 위하여 보험가입촉진계획을 '매년 수립하여' 해당 연도 1월 31일까지 농림축산식품부 장관 또는 해양수산부 장관에게 제출하여야 한다.

36 농어업재해보험법령상 재보험사업 및 농어업재해재보험기금(이하 '기금')에 관한 설명으로 옳지 않은 것은?

① 정부는 재해보험에 관한 재보험사업을 할 수 있다.

② 농림축산식품부장관은 해양수산부장관과 협의를 거쳐 재보험사업에 관한 업무의 일부를 농업정책보험금융원에 위탁할 수 있다.

③ 농림축산식품부장관은 해양수산부장관과 협의하여 공동으로 재보험사업에 필요한 재원에 충당하기 위하여 기금을 설치한다.

④ 농림축산식품부장관은 해양수산부장관과 협의하여 기금의 수입과 지출을 명확하게 하기 위하여 대통령령으로 정하는 시중 은행에 기금계정을 설치하여야 한다.

정답 ④

- **재보험기금의 관리 · 운용** : 농림축산식품부 장관은 해양수산부 장관과 협의하여 농업정책보험금융원에 위탁할 수 있다.
- **기금계정의 설치** : 농림축산식품부 장관은 해양수산부 장관과 협의하여 농어업재해재보험기금의 수입과 지출을 명확히 하기 위하여 한국은행에 기금계정을 설치하여야 한다.

37 농어업재해보험법령상 "재해보험사업자는 재해보험사업의 회계를 다른 회계와 구분하여 회계처리함으로써 손익관계를 명확히 하여야 한다."라는 규정을 위반하여 회계를 처리한 자에 대한 벌칙은?

① 500만원 이하의 과태료
② 500만원 이하의 벌금
③ 1,000만원 이하의 벌금
④ 1년 이하의 징역

정답 ②

해 **500만원 이하의 벌금** : 위반하여 회계를 처리한 자

- **500만원 이하의 과태료**
  - 위반하여 보험안내를 한 자로서 재해보험사업자가 아닌 자
  - 위반하여 보험계약의 체결 또는 모집에 관한 금지행위를 한 자
  - 보고 또는 관계 서류 제출을 하지 아니하거나 보고 또는 관계 서류 제출을 거짓으로 한 자

38 농어업재해보험법령상 과태료 부과권자가 금융위원회인 경우는?

① 「보험업법」 제133조에 따른 검사를 거부 · 방해 또는 기피한 재해보험사업자의 임원에게 과태료를 부과하는 경우
② 「보험업법」 제95조를 위반하여 보험안내를 한 자로서 재해보험사업자가 아닌 자에게 과태료를 부과하는 경우
③ 「보험업법」 제97조제1항을 위반하여 보험계약의 체결 또는 모집에 관한 금지행위를 한 자에게 과태료를 부과하는 경우
④ 재해보험사업에 관한 업무 처리 상황의 보고 또는 관계 서류 제출을 하지 아니하거나 보고 또는 관계 서류 제출을 거짓으로 한 자에게 과태료를 부과하는 경우

정답 ①

해 **금융위원회 부과 · 징수**
- 재해보험사업자의 발기인, 설립위원, 임원, 집행간부, 일반간부직원, 파산관재인 및 청산인이 명령을 위반한 경우, 검사를 거부 · 방해 또는 기피한 경우

39 농어업재해보험법령상 용어의 정의에 따를 때 "보험가입자와 보험사업자 간의 약정에 따라 보험가입자가 보험사업자에게 내야 하는 금액"은?

① 보험금
② 보험료
③ 보험가액
④ 보험가입금액

정답 ②

해
- **보험금** : 보험가입자에게 재해로 인한 재산 피해에 따른 손해가 발생한 경우 보험가입자와 보험사업자 간의 약정에 따라 보험사업자가 보험가입자에게 지급하는 금액을 말한다.
- **보험가입금액** : 보험가입자의 재산 피해에 따른 손해가 발생한 경우 보험에서 최대로 보상할 수 있는 한도액으로서 보험가입자와 보험사업자 간에 약정한 금액을 말한다.
- **보험가액** : 손해보험에 있어 보험자가 지급하는 법률상의 최고 한도액을 말한다.

40 농업재해보험 손해평가요령상 손해평가인의 손해평가 업무에 관한 설명으로 옳지 않은 것은?

① 손해평가인은 피해사실 확인, 보험료율의 산정 등의 업무를 수행한다.

② 재해보험사업자가 손해평가인을 위촉한 경우에는 그 자격을 표시할 수 있는 손해평가인증을 발급하여야 한다.

③ 재해보험사업자는 손해평가인을 대상으로 농업재해보험에 관한 기초지식, 보험상품 및 약관 등 손해평가에 필요한 실무교육을 실시하여야 한다.

④ 재해보험사업자는 실무교육을 받는 손해평가인에 대하여 소정의 교육비를 지급할 수 있다.

정답 ①

해 손해평가인, 손해평가사, 손해사정사의 업무
- 피해사실 확인
- 보험가액 및 손해액 평가
- 그 밖에 손해평가에 관하여 필요한 사항

41 농업재해보험 손해평가요령상 손해평가인 위촉 취소에 관한 설명이다. (　　　)에 들어갈 내용으로 옳은 것은?

재해보험사업자는 손해평가인이 「농어업재해보험법」 제30조에 의하여 벌금 이상의 형을 선고받고 그 집행이 종료되거나 집행이 면제된 날로부터 (ㄱ)이 경과되지 아니한 자, 위촉이 취소된 후 (ㄴ)이 경과되지 아니한 자 또는 (ㄷ) 기간 중에 손해평가업무를 수행한 자에 해당되거나 위촉 당시에 해당하는 자이었음이 판명된 때에는 그 위촉을 취소하여야 한다.

	ㄱ	ㄴ	ㄷ
①	2년	2년	업무정지
②	2년	3년	업무정지
③	3년	2년	자격정지
④	3년	3년	자격정지

정답 ①

해 손해평가인 위촉 취소
- 거짓 그 밖의 부정한 방법으로 제4조에 따라 손해평가인으로 위촉된 자
- 업무정지 기간 중에 손해평가업무를 수행한 자
- 위촉이 취소된 후 2년이 경과하지 아니한 자
- 벌금 이상의 형을 선고받고 그 집행이 종료되거나 집행이 면제된 날로부터 2년이 경과되지 아니한 자
- 파산선고를 받은 자로서 복권되지 아니한 자
- 피성년후견인

42 **농업재해보험 손해평가요령상 손해평가반에 관한 설명으로 옳지 않은 것은?**

① 재해보험사업자는 손해평가를 하는 경우 손해평가반을 구성하고 손해평가반별로 평가일정계획을 수립하여야 한다.

② 손해평가반은 손해평가인, 손해평가사, 손해사정사, 손해평가보조인 중 어느 하나에 해당하는 자로 구성한다.

③ 손해평가반은 5인 이내로 구성한다.

④ 손해평가반이 손해평가를 실시할 때에는 재해보험사업자가 해당 보험가입자의 보험 계약사항 중 손해평가와 관련된 사항을 손해평가반에게 통보하여야 한다.

정답 ②

해 **손해평가반 구성**
- 어느 하나에 해당하는 자로 구성하며, 5인 이내로 한다.
• 손해평가인, 손해평가사, 손해사정사

43 **농어업재해보험법 및 농업재해보험 손해평가요령상 교차손해평가에 관한 설명으로 옳지 않은 것을 모두 고른 것은?**

ㄱ. 교차손해평가란 공정하고 객관적인 손해평가를 위하여 재해보험사업자 상호 간에 농어업재해로 인한 손해를 교차하여 평가하는 것을 말한다.
ㄴ. 동일 시·군·구(자치구를 말한다) 내에서는 교차손해평가를 수형할 수 없다.
ㄷ. 교차손해평가를 위해 손해평가반을 구성할 때, 거대재해 발생으로 신속한 손해평가가 불가피하다고 판단되는 경우에는 지역손해평가인을 포함하지 않을 수 있다.

① ㄱ, ㄴ   ② ㄱ, ㄷ   ③ ㄴ, ㄷ   ④ ㄱ, ㄴ, ㄷ

정답 ①

해 **교차손해평가**
- '손해평가인 상호 간에' 담당 지역을 교차하여 평가하는 것
- 재해보험사업자는 공정하고 객관적인 손해평가를 위해 '동일 시·군·구(자치구) 내에서 교차손해평가를 수행할 수 있다'
- 대상으로 선정한 시·군·구 내에서 손해평가 경력, 타지역 조사 가능 여부 등을 고려하여 교차손해평가를 담당할 지역손해평가인을 선발
- 지역손해평가인 1인 이상 포함
- 예외 : 거대재해 발생, 평가인력 부족 등으로 신속한 손해평가가 불가피하다고 판단되는 경우

44 농업재해보험 손해평가요령상 손해평가결과 검증에 관한 설명으로 옳은 것은?

① 재해보험사업자 이외의 자는 검증조사를 할 수 없다.

② 손해평가반이 실시한 손해평가 결과를 확인하기 위하여 검증조사를 할 때 손해평가를 실시한 보험목적물 중에서 일정 수를 임의 추출하여 검증조사를 하여서는 아니 된다.

③ 검증조사 결과 현저한 차이가 발생되어 재조사가 불가피하다고 판단될 경우에는 해당 손해평가반이 조사한 전체 보험목적물에 대하여 재조사를 할 수 있다.

④ 보험가입자가 정당한 사유없이 검증조사를 거부하는 경우 검증조사반은 검증조사가 불가능하여 손해평가 결과를 확인할 수 없다는 사실을 재해보험사업자에게 통지한 후 검증조사 결과를 작성하여 농림축산식품부장관에게 제출하여야 한다.

- **검증조사** : 재해보험사업자 및 사업 관리 위탁 기관이 주관
- **보험가입자의 정당한 사유없는 검증조사 거부** : 검증조사반은 검증조사가 불가능하여 손해평가 결과를 확인할 수 없다는 사실을 '보험가입자에게 통지한 후 검증조사 결과를 작성하여 재해보험사업자에게 제출'

45 농업재해보험 손해평가요령상 보험목적물별 손해평가 단위가 농지인 경우에 관한 설명으로 옳은 것은? (단, 농지는 하나의 보험가입금액에 해당하는 토지임)

① 농작물을 재배하는 하나의 경작지의 필지가 2개 이상인 경우에는 하나의 농지가 될 수 없다.

② 농작물을 재배하는 하나의 경작지가 농로에 의해 구획된 경우 구획된 토지는 각각 하나의 농지로 한다.

③ 농작물을 재배하는 하나의 경작지의 지번이 2개 이상인 경우에는 하나의 농지가 될 수 없다.

④ 경사지에서 보이는 돌담 등으로 구획되어 있는 면적이 극히 작은 것은 동일 작업 단위 등으로 정리하여 하나의 농지에 포함할 수 있다.

 농지

- 하나의 보험가입금액에 해당하는 토지로 '필지(지번) 등과 관계없이' 농작물을 재배하는 하나의 경작지
- 방풍림, 돌담, 도로(농로 제외) 등에 의해 구획된 것 또는 동일한 울타리, 시설 등에 의해 구획된 것 → 하나의 농지로 함
- 경사지에서 보이는 돌담 등으로 구획되어 있는 면적이 극히 작은 것은 동일 작업 단위 등으로 정리 → 하나의 농지에 포함

46 농업재해보험 손해평가요령상 농작물의 보험가액 산정에 관한 조문의 일부이다. ( )에 들어갈 내용으로 옳은 것은?

> 적과전종합위험방식의 보험가액은 적과후착과수(달린 열매 수)조사를 통해 산정한 ( )수확량에 보험가입 당시의 단위당 가입가격을 곱하여 산정한다.

① 평년　　　　　② 기준　　　　　③ 피해　　　　　④ 적용

정답 ②

해 적과전종합위험방식의 보험가액

- 보험가액 = 적과후착과수(달린 열매 수) 조사를 통해 산정한 기준수확량 × 보험 가입 당시의 단위당 가입가격

47 농업재해보험 손해평가요령상 종합위험방식의 과실손해보장 보험금 산정을 위한 피해율 계산식이 "고사결과모지수 ÷ 평년 결과모지수"인 농작물은?

① 오디　　　　　② 감귤　　　　　③ 무화과　　　　　④ 복분자

정답 ④

해

- 오디 피해율 : (평년결실수 - 조사결실수 - 미보상감수결실수) ÷ 평년결실수
- 감귤(온주밀감류) 피해율 : (등급내 피해과실수 + 등급외 피해과실수 × 50%) ÷ 기준과실수 × (1 - 미보상비율)
- 무화과 피해율 :
  - 7월 31일 이전에 사고가 발생한 경우 : (평년수확량 - 수확량 - 미보상감수량) ÷ 평년수확량
  - 8월 1일 이후에 사고가 발생한 경우 : (1 - 수확전사고 피해율) × 경과비율 × 결과지 피해율

48 농업재해보험 손해평가요령상 농작물의 품목별 · 재해별 · 시기별 손해수량 조사방법 중 종합위험방식 상품에 관한 표의 일부이다. ( )에 들어갈 농작물에 해당하지 않는 것은?

② 수확감소보장 · 과실손해보장 및 농업수입보장

생육 시기	재해	조사내용	조사 시기	조사방법	비고
수확 전	보상하는 재해 전부	경작불능 조사	사고접수 후 지체 없이	해당 농지의 피해면적비율 또는 보험 목적인 식물체 피해율 조사	( )만 해당

① 벼　　　　　② 밀　　　　　③ 차(茶)　　　　　④ 복분자

정답 ③

- 차 : 경작불능보장 미해당 품목
- 복분자 : 과수, 과실 품목 중 경작불능보장 해당하는 유일한 품목

49 농업재해보험 손해평가요령상 가축의 보험가액 및 손해액 산정에 관한 설명이다. (   )에 들어갈 내용으로 옳은 것은?

• 가축에 대한 보험가액은 보험사고가 발생한 때와 곳에서 평가한 보험목적물의 수량 에 (ㄱ)을 곱하여 산정한다.
• 가축에 대한 손해액은 보험사고가 발생한 때와 곳에서 폐사 등 피해를 입은 보험목적물의 수량에 (ㄴ)을 곱하여 산정한다.

	ㄱ	ㄴ		ㄱ	ㄴ
①	시장가격	시장가격	②	시장가격	적용가격
③	적용가격	시장가격	④	적용가격	적용가격

정답 ④

해 가축재해보험 보험가액, 손해액
 - 보험가액 : 보험사고가 발생한 때와 곳에서 평가한 보험목적물의 수량×적용가격
 - 손해액 : 보험사고가 발생한 때와 곳에서 폐사 등 피해를 입은 보험목적물의 수량×적용가격
 - 보험 가입 당시 보험가입자와 재해보험사업자가 보험가액 및 손해액 산정 방식을 별도로 정한 경우 : 그 방법에 따름

50 농업재해보험 손해평가요령상 농업시설물의 손해액 산정에 관한 설명이다. (   )에 들어갈 내용으로 옳은 것은?

보험가입 당시 보험가입자와 재해보험사업자가 손해액 산정 방식을 별도로 정한 경우를 제외 하고는, 농업시설물에 대한 손해액은 보험사고가 발생한 때와 곳에서 산정한 피해목적물의 (   )을 말한다.

① 감가상각액   ② 재조달가액   ③ 보험가입금액   ④ 원상복구비용

정답 ④

해 농업시설물
 - 보험가액＝피해목적물의 재조달가액-감가상각액
 - 재조달가액 : 보험사고가 발생한 때와 곳에서 평가
 - 감가상각액 : 내용연수에 따른 감가상각률을 적용하여 계산
 - 손해액 : 보험사고가 발생한 때와 곳에서 산정한 피해목적물의 원상복구비용
 - 보험 가입 당시 보험가입자와 재해보험사업자가 보험가액 및 손해액 산정 방식을 별도로 정한 경우 : 그 방법에 따름

51 작물의 분류에서 공예작물에 해당하는 것을 모두 고른 것은?

ㄱ. 목화　　　　　ㄴ. 아마　　　　　ㄷ. 모시풀　　　　　ㄹ. 수세미

① ㄱ, ㄹ　　　② ㄱ, ㄴ, ㄷ　　　③ ㄴ, ㄷ, ㄹ　　　④ ㄱ, ㄴ, ㄷ, ㄹ

정답 ④

해 **특용작물 (공예작물)**
- 생산물 자체를 직접 사용하지 않고 공업생산물의 원료로 쓰이거나 또는 가공과정을 거쳐 식용 이외의 용도로 사용되는 작물
- 유료작물, 섬유작물, 기호작물, 당료작물, 전분작물, 약료작물, 향료작물, 염료작물, 향신료작물 등
- 섬유작물 : 목화, 아마, 삼, 왕골, 수세미, 닥나무, 모시풀 등

52 장기간 재배한 시설 내 토양의 일반적인 특성으로 옳지 않은 것은?

① 강우의 차단으로 염류농도가 높다.
② 노지에 비해 염류집적으로 토양 pH가 낮아진다.
③ 연작장해가 발생하기 쉽다.
④ 답압과 잦은 관수로 토양통기가 불량하다.

정답 ②

해 **시설 내 토양**
- 염류의 집적 → pH 상승 → 토양통기의 불량, 연작장해의 발생

53 토양 환경에 관한 설명으로 옳은 것은?

① 사양토는 점토에 비해 통기성이 낮다.　　　② 토양이 입단화되면 보수성이 감소된다.
③ 퇴비를 투입하면 지력이 감소된다.　　　④ 깊이갈이를 하면 토양의 물리성이 개선된다.

정답 ④

해 **토양의 물리적 특성**
- 토성(토양입자), 토양구조(입단구조 · 떼알구조) 등에 의해 달라지는 특성
- 보수성, 보비성, 배수성, 통기성 등
- 사토 : 토양수분 · 비료 성분 부족, 식토 : 토양공기 부족
- 토양 입단 : 통기성 및 보수력, 보비력 증진
- 토양유기물(퇴비) : 양분 공급, 생장촉진물질 생성, 입단형성, 유용미생물 조장, 완충작용 등

54 작물의 요수량에 관한 설명으로 옳은 것은?

① 작물의 건물 1kg을 생산하는 데 소비되는 수분량(g)을 말한다.

② 내건성이 강한 작물이 약한 작물보다 요수량이 더 많다.

③ 호박은 기장에 비해 요수량이 높다.

④ 요수량이 작은 작물은 생육 중 많은 양의 수분을 요구한다.

정답 ③

해 요수량
- 작물의 '건물 1g'을 생산하는데 소비된 수분의 양
- 대체적으로 요수량이 작은 작물이 건조한 토양환경과 한해에 대한 저항성이 강함
- 명아주(약 950g), 호박, 오이, 알팔파, 완두(약 780g) 등
- 콩 등 기타 밭작물 (약 600~700g)
- 맥류 : 호밀 > 귀리 > 메밀 > 보리 > 밀 (약 500g)
- 잡곡류 : 옥수수, 수수, 조, 기장 (약 300g)

55 플라스틱 파이프나 튜브에 미세한 구멍 뚫어 물이 소량씩 흘러나와 근권부의 토양에 집중적으로 관수하는 방법은?

① 점적관수　　　　② 분수관수　　　　③ 고랑관수　　　　④ 저면급수

정답 ①

해 점적관수
- 점적 = 물방울
- 파이프나 호스로 물을 끌어올려 흐르도록 한 뒤, 정밀한 양의 물과 양분을 직접 작물의 뿌리에 한 방울씩 공급해 농작물을 재배하는 방법

56 다음 (   )에 들어갈 내용을 순서대로 옳게 나열한 것은?

작물에서 저온 장해의 초기 증상은 지질 성분의 이중층으로 구성된 (   ) 에서 상전환이 일어나며 지질 성분에 포함된 포화지방산의 비율이 상대적으로 (   ) 수록 저온에 강한 경향이 있다.

① 세포막, 높을 ② 세포벽, 높을 ③ 세포막, 낮을 ④ 세포벽, 낮을

정답 ③

해 저온장해 : 냉해
- 0~15℃ 범위에서 발생하며 세포막이 저온 장해가 일어나는 주된 장소이다.
- 세포막의 상전환, 세포질의 누출, 원형질 분리 등에 의해 발생

• **세포막**
- 지질과 단백질로 구성
- 지질은 두 겹의 층(지질 이중층)을 형성하여 세포막의 장벽 역할을 한다.

• **내동(내냉, 내한)성이 강한 식물**
- 세포막의 지질조성. 불포화지방산 함량이 증가 → 유동성이 증가 → 세포막의 피해한계 온도가 낮음
- 포화지방산 : 녹는 점이 높음 → 고체화가 용이, 불포화지방산 : 녹는 점이 낮음 → 액체화가 용이

57 식물 생육에서 광에 관한 설명으로 옳지 않은 것은?

① 광포화점은 상추보다 토마토가 더 높다.
② 광보상점은 글록시니아보다 초롱꽃이 더 낮다.
③ 광포화점이 낮은 작물은 고온기에 차광을 해주어야 한다.
④ 광도가 증가할수록 작물의 광합성량이 비례적으로 계속 증가한다.

정답 ④

해 광포화점
- 광합성 속도는 빛의 세기에 비례하지만 광포화점에 이르면 속도가 증가하지 않는다.
- 식물의 광합성 속도가 더 이상 증가하지 않을 때의 빛의 세기
- 내음성이 약한 식물(양생식물)은 내음성이 강한 식물(음생식물)보다 광보상점과 광포화점이 높다.
- 토마토는 상추보다 내음성이 약하다.

58 A지역에서 2차 생장에 의한 벌마늘 피해가 일어났다. 이와 같은 현상이 일어나는 원인이 아닌 것은?

① 겨울철 이상고온 ② 2 ~ 3월경의 잦은 강우
③ 흐린 날씨에 의한 일조량 감소 ④ 흰가루병 조기 출현

정답 ④

해 마늘
- 호냉성 채소(대부분의 엽경채류)
- 벌마늘 : 여러 기상 조건 특히 지나친 고온, 인편분화기(품종에 따라 3월 전후) 전후 시기의 잦은 비, 생육기의 일조량 부족 등이 원인

PART 2

59 다음이 설명하는 식물호르몬은?

- 극성수송 물질이다.
- 합성 물질로 4-CPA, 2, 4-D 등이 있다.
- 측근 및 부정근의 형성을 촉진한다.

① 옥신　　　　② 지베렐린　　　　③ 시토키닌　　　　④ 아브시스산

정답 ①

해 **옥신**
- IBA, NAA, 4-D 등 : 합성물질. 4-D(제초제)
- 줄기 끝, 뿌리 끝의 생장점에 분포
- 옥신과 정아우세현상 : 줄기에 정아우세현상이 나타나면 정아를 제거하면 측아가 발달한다.
- 옥신의 극성수송 (polar transport) : 일반적으로 옥신은 줄기 선단부에서 기부를 향해 수송되고 그 반대로는 수송되지 않는다. (줄기 끝, 뿌리 끝의 생장점에 분포)

60 공기의 조성성분 중 광합성의 주원료이며 호흡에 의해 발생되는 것은?

① 이산화탄소　　　　② 질소　　　　③ 산소　　　　④ 오존

정답 ①

해
- **이산화탄소** : 대기의 구성성분, 광합성작용의 필수 성분
- **광합성** : 빛 에너지를 이용하여 대기 중의 이산화탄소와 물로부터 탄수화물과 산소를 생산하는 과정

61 채소 육묘에 관한 설명으로 옳은 것을 모두 고른 것은?

ㄱ. 직파에 비해 종자가 절약된다.
ㄴ. 토지이용도가 높아진다.
ㄷ. 수확기 및 출하기를 앞당길 수 있다.
ㄹ. 유묘기의 환경관리 및 병해충 방지가 어렵다.

① ㄱ, ㄷ　　　　② ㄴ, ㄹ　　　　③ ㄱ, ㄴ, ㄷ　　　　④ ㄱ, ㄴ, ㄷ, ㄹ

정답 ③

해 **육묘의 목적**
- 조기 수확 및 수량 증대
- 화아분화의 억제 및 추대 방지
- 토지이용도의 향상
- 어린 묘 기간에의 보호 및 관리비용의 절감
- 본포 적응력의 향상

62 **파종 방법 중 조파 (드릴파)에 관한 설명으로 옳은 것은?**

① 포장 전면에 종자를 흩어 뿌리는 방법이다.

② 뿌림골을 만들고 그곳에 줄지어 종자를 뿌리는 방법이다.

③ 일정한 간격을 두고 하나 내지 여러 개의 종자를 띄엄띄엄 파종하는 방법이다.

④ 점파할 때 한 곳에 여러 개의 종자를 파종하는 방법이다.

정답 ②

해

- **조파** : 포장 전면에 종자를 줄지어 뿌리는 방법이다.
- **점파** : 일정한 간격을 두고 종자를 1~3립씩 띄엄띄엄 파종하는 방식이다.
- **적파** : 점파를 할 때 한곳에 여러 개의 종자를 파종할 경우를 말한다.

63 **다음이 설명하는 취목 번식 방법으로 올바르게 짝지어진 것은?**

ㄱ. 고무나무와 같은 관상 수목에서 줄기나 가지를 땅 속에 휘어 묻을 수 없는 경우에 높은 곳에서 발근시켜 취목하는 방법
ㄴ. 모식물의 기부에 새로운 측지가 나오게 한 후 끝이 보일 정도로 흙을 덮어서 뿌리가 내리면 잘라서 번식시키는 방법

	ㄱ	ㄴ		ㄱ	ㄴ
①	고취법	성토법	②	보통법	고취법
③	고취법	선취법	④	선취법	성토법

정답 ①

해 **저취법 (선취법)** : 휘는 줄기를 땅에 묻어서 뿌리를 내는 저취법

64 **다음은 탄질비(C/N율)에 관한 내용이다. (　　　)에 들어갈 내용을 순서대로 옳게 나열한 것은?**

작물체 내의 탄수화물과 질소의 비율을 C/N율이라 하며, 과수재배에서 환상박피를 함으로서 환상박피 윗부분의 C/N율이 (　　　), (　　　)이/가 (　　　)된다.

① 높아지면, 영양생장, 촉진　　　　　② 낮아지면, 영양생장, 억제

③ 높아지면, 꽃눈분화, 촉진　　　　　④ 낮아지면, 꽃눈분화, 억제

정답 ③

해 **환상박피** : 박피 부위 윗쪽으로 탄수화물의 축적이 조장 → C/N율 증가 → 화아분화 촉진 → 개화 · 결실 촉진

65 질소비료의 유효성분 중 유기태 질소가 아닌 것은?

① 단백태 질소
② 시안아미드태 질소
③ 질산태 질소
④ 아미노태 질소

정답 ③

해 질소질비료
- 무기태질소 : 질산태 질소, 암모늄태 질소
- 유기태질소 : 요소태 질소, 단백질태 질소, 아미노태 질소 등

66 채소 작물에서 진균에 의한 병끼리 짝지어진 것은?

① 역병, 모잘록병
② 노균병, 무름병
③ 균핵병, 궤양병
④ 탄저병, 근두암종병

정답 ①

해
- **균류(진균. 대표적 – 곰팡이류)** : 역병, 탄저병, 균핵병, 도열병, 노균병, 잿빛곰팡이병, 잘록병, 흰가루병, 갈색무늬병, 시들음병 등
- **세균류** : 과수화상병, 풋마름병, 벼흰잎마름병, 둘레썩음병, 궤양병, 반점세균병, 무름병, 근두암종병, 빗자루병 등
- **바이러스** : 오이모자이크바이러스(CMV), 담배모자이크바이러스(TMV), 오갈병 등

67 식용 부위에 따른 분류에서 화채류끼리 짝지어진 것은?

① 양배추, 시금치
② 죽순, 아스파라거스
③ 토마토, 파프리카
④ 브로콜리, 콜리플라워

정답 ④

해 채소의 이용 부위에 따른 분류
- 엽경채류, 근채류, 과채류
- 엽경채류 : 엽채류 (잎채소), 경채류 (줄기채소), 인경채류 (비늘줄기 채소), 꽃채소
- 꽃채소 : 브로콜리, 콜리플라워(꽃양배추) 등

68 **다음이 설명하는 과수의 병은?**

- 세균에 의한 병
- 전염성이 강하고, 5 ~ 6월경 주로 발생
- 꽃, 잎, 줄기 등이 검게 변하며 서서히 고사

① 대추나무 빗자루병   ② 포도 갈색무늬병
③ 배 화상병   ④ 사과 부란병

정답 ③

해

- **세균류** : 과수화상병, 풋마름병, 벼흰잎마름병, 둘레썩음병, 궤양병, 반점세균병, 무름병, 근두암종병, 빗자루병 등
- **부란병, 갈색무늬병병원균** : 곰팡이
- **화상병** : 꽃, 잎, 가지 등이 흑갈색으로 변함, 빗자루병 : 전신에 발생하며 가지가 심하게 분지되어 잎이 밀생하며 빗자루와 같은 모양

69 **블루베리 작물에 관한 설명으로 옳지 않은 것은?**

① 과실은 포도와 유사하게 일정 기간의 비대 정체기를 가진다.
② pH5 정도의 산성토양에서 생육이 불량하다.
③ 묘목을 키우는 방법에는 삽목, 취목, 조직배양 등이 있다.
④ 한줄기 신장지에 작은 꽃자루가 있고 여기에 꽃이 붙는 단일화서이다.

정답 ②, ④

해

- **토양 산성에 대한 저항성에 따른 과수의 분류 (강 > 중 > 약)**
  - 밤, 블루베리, 복숭아 등 > 사과, 배, 감 등 > 포도, 무화과, 올리브 등
- **화서(꽃차례. 꽃의 배열상태)의 분류**
  - **대분류**
    - → 꽃대에 꽃이 피는 방향에 따라 무한화서와 유한화서
    - → 단일화서(하나의 꽃차례)와 복합화서(같은 꽃차례가 복합하여 나타나거나 2종류 이상의 꽃차례)
  - **세부 분류** : 총상화서, 산방화서, 산형화서, 두상화서, 육수화서, 취산화서, 배상화서, 권산화서, 은두화서, 원추화서 등
- **블루베리**
  - 급격하게 생장·비대하는 유과기 - 생장을 멈추고 착색을 시작하는 정체기 - 급격히 생장하여 과실 크기가 최대에 이르는 최종 성숙기
  - 꽃차례 : 단일화서이며 총상화서 또는 산방화서
- ※ 보기 ④의 경우 총상화서에 관한 설명

70 호흡 급등형 과실인 것은?

① 포도　　　　　　　② 딸기　　　　　　　③ 사과　　　　　　　④ 감귤

정답 ③

해
- 호흡 급등형 : 사과, 복숭아, 멜론, 토마토, 바나나, 자두, 키위, 망고 등
- 호흡 비급등형 : 포도, 딸기, 귤, 오렌지, 옥수수, 딸기 등

71 절화 장미의 수명연장을 위해 자당을 사용하는 주된 목적은?

① pH 조절　　　　　　　② 미생물 억제
③ 과산화물가(POV) 증가　　　　　　　④ 양분 공급

정답 ④

해 절화의 수명연장
- 산성 용액, 전처리제의 이용
- 열탕법, 탄화법, 약품처리법의 이용
- 자당 : 이당류. 탄수화물의 한 종류. 양분

72 관목성 화목류끼리 짝지어진 것은?

① 철쭉, 목련, 산수유　　　　　　　② 라일락, 배롱나무, 이팝나무
③ 장미, 동백나무, 노각나무　　　　　　　④ 진달래, 무궁화, 개나리

정답 ④

해 관목
- 중간 크기 이하의 나무이다.
- 나무의 윗부분인 수관이 일정한 모양을 지니는 것은 드물고, 가지가 우거져 덤불을 이루기도 한다.
- 주줄기가 분명하지 않으며 밑동이나 땅속 부분에서부터 줄기가 갈라져 난다.
- 장미, 수국, 철쭉, 매화, 진달래, 개나리, 무궁화, 백일홍, 라일락, 조팝나무 등

73 온실의 처마가 높고 폭이 좁은 양지붕 형 온실을 연결한 형태의 온실형은?

① 둥근지붕형　　　　　　　② 벤로형
③ 터널형　　　　　　　④ 쓰리쿼터형

정답 ②

해 벤로형
- 처마가 높고 지붕의 폭이 좁은 양지붕형 온실의 일종
- 유럽, 네덜란드를 중심으로 발전한 연동식 온실

74 다음이 설명하는 양액재배 방식은?

- 고형배지를 사용하지 않음
- 베드의 바닥에 일정한 기울기를 만들어 양액을 흘려보내는 방식
- 뿌리의 일부는 공중에 노출하고, 나머지는 양액에 닿게 하여 재배

① 담액수경　　　　② 박막수경　　　　③ 암면경　　　　④ 펄라이트경

- **NFT(박막수경)** : 베드 내부로 양액을 조금씩 흘려보내며 그 위에 뿌리가 닿도록 하여 재배. 뿌리 아래는 양액에 뿌리 위는 공중 산소에 닿아 공중 및 수중산소 두 가지를 다 같이 이용하는 방법
- **담액수경** : 양액 속에 뿌리를 완전히 담근 채 재배하는 방식. 산소의 공급 방법에 따라 분류
- **고형배지경**
  - 양액을 이용하되 일종의 인공 토양인 고형배지로 재배하는 방식
  - 토양 대신 암면, 경석, 훈탄, 톱밥, 자갈, 모래, 펄라이트, 피트모스, 버미큘라이트 등을 이용

75 시설원예 피복 자재에 관한 설명으로 옳지 않은 것은?

① 연질필름 중 PVC 필름의 보온성이 가장 낮다.
② PE 필름, PVC 필름, EVA 필름은 모두 연질필름이다.
③ 반사필름, 부직포는 커튼 보온용 추가 피복에 사용된다.
④ 한랭사는 차광피복재로 사용된다.

해 PVC : 열전도율이 낮고 연질피복재 중 보온성이 가장 높음

상법 보험편

1 상법상 보험계약의 법적 성질로 옳지 않은 것은?

① 낙성 · 불요식계약성

② 사행 · 선의계약성

③ 부합계약성

④ 유상 · 편무계약성

정답 ④

해 보험계약의 의의 (제638조) :

'불요식' · 낙성 계약, 사행계약성, 선의계약성, '상행위성(영업성)', 유상 · 쌍무계약성, 계속계약성, 독립계약성, 부합계약성, 단체계약성

2 상법상 타인을 위한 보험에 관한 설명으로 옳지 않은 것을 모두 고른 것은?

ㄱ. 보험계약자는 위임을 받지 아니하고 타인을 위하여 보험계약을 체결할 수 없다.

ㄴ. 타인을 위한 손해보험계약의 보험계약자가 그 타인에게 보험사고의 발생으로 생긴 손해의 배상을 한 때에는 보험계약자는 그 타인의 권리를 해하지 아니하는 범위 안에서 보험자에게 보험금액의 지급을 청구할 수 있다.

ㄷ. 보험계약자는 보험자에 대하여 보험료를 지급할 의무가 있다.

ㄹ. 보험계약자가 파산선고를 받은 경우에 그 타인은 자신의 보험상 권리의 포기 여부에 관계없이 보험료를 지급할 의무가 있다.

① ㄱ, ㄴ

② ㄱ, ㄹ

③ ㄴ, ㄷ

④ ㄷ, ㄹ

정답 ②

해 타인을 위한 보험 (제639조)

- 위임 또는 위임 받지 않음
- 특정 또는 불특정 타인
- 보험계약자가 그 타인에게 보험사고의 발생으로 생긴 손해의 배상을 한 때 → 보험계약자는 그 타인의 권리를 해하지 아니하는 범위 내 보험자에게 보험금액의 지급을 청구 가능
- 그 타인은 당연히 그 계약의 이익을 받음
- 보험료 지급 의무자 : 1차 – 보험계약자, 2차 – 권리를 포기하지 않는 한 그 타인(피보험자)

3 **상법상 보험증권에 관한 설명으로 옳은 것은?**

① 보험계약자가 최초의 보험료를 지급하지 아니한 때에도 보험자는 보험계약이 성립한 때에는 지체없이 보험증권을 작성하여 보험계약자에게 교부하여야 한다.

② 기존의 보험계약을 변경한 경우 보험자는 그 보험증권에 그 사실을 기재함으로써 보험증권의 교부에 갈음할 수 있다.

③ 보험계약의 당사자는 보험증권의 교부가 있는 날부터 14일 기간내에 한하여 그 증권 내용의 정부에 관한 이의를 할 수 있음을 약정할 수 있다.

④ 보험계약자가 보험증권을 현저하게 훼손하여 증권의 재교부를 청구한 경우 그 비용은 보험자가 부담하여야 한다.

정답 ②

해 보험증권

- 계약성립 시 지체없이 증권작성 · 교부 의무 발생 → 보험계약자에게 교부
- 보험료의 전부 또는 최초의 보험료를 지급한 경우 교부 의무 발생(보험료 미지급 시 의무 없음)
- 기존 증권에 갈음 가능
- 이의 신청 : 교부일로부터 1개월보다 짧게 할 수 없음
- 증권의 재교부 청구 : 비용은 보험계약자의 부담
- 계약성립의 조건 또는 계약서가 아님

4 **상법상 보험사고에 관한 설명으로 옳은 것은?**

① 보험사고의 발생으로 보험자가 보험금액을 지급한 때에도 보험금액이 감액되지 아니하는 보험의 경우에는 보험계약자가 그 사고 발생 후에 보험계약을 해지할 수 없다.

② 보험계약 당시에 보험사고가 이미 발생하였음을 보험계약자가 알고 있었다면 그 계약은 무효로 한다.

③ 보험계약 당시에 보험사고가 객관적으로 발생할 수 없음을 보험계약자와 보험자가 몰랐다면, 피보험자가 이를 알았더라도 그 계약은 무효로 볼 수 없다.

④ 계약 전의 어느 시기를 보험기간의 시기(始期)로 한 보험계약은 무효이다.

정답 ②

해 보험사고의 객관적 확정의 효과 (제644조)

- 계약 당시
- 보험사고가 '이미 발생하였거나 또는 발생할 수 없는 것인 때' → 그 계약은 무효
- '당사자 쌍방과 피보험자'가 이를 알지 못한 때에는 그러하지 아니하다.

• 소급보험 (제643조) : '그 계약 전의 어느 시기'를 보험기간의 시기로 할 수 있음

5 **상법상 보험대리상 등에 관한 설명으로 옳지 않은 것은?**

① 보험대리상은 보험계약자로부터 청약 등의 보험계약에 관한 의사표시를 수령할 수 있는 권한이 있다.

② 보험자는 상법에 정해진 보험대리상의 권한을 제한할 수 없다.

③ 보험대리상이 아니면서 특정한 보험자를 위하여 계속적으로 보험계약의 체결을 중개하는 자는 보험자가 작성한 영수증을 보험계약자에게 교부하는 경우만 보험계약자로부터 보험료를 수령할 수 있는 권한이 있다.

④ 보험대리상은 피보험자가 보험계약에 관한 의사표시를 할 의무가 있는 경우 피보험자의 의사표시를 수령할 권한이 있다.

해 **보험대리상 등의 권한 (제646조의2)**
- 보험료 수령권, 보험증권 교부권
- 보험계약에 관한 의사표시 수령권, 보험계약에 관한 의사표시권
- 보험자는 위 권한 중 일부 제한 가능 → 그러한 권한 제한을 이유로 선의의 보험계약자에게 대항하지 못함

• **보험대리상이 아니면서 특정한 보험자를 위하여 계속적으로 보험계약의 체결을 중개하는 자의 권한 (보험모집인) (제646조의2)**
- 보험자가 작성한 영수증을 보험계약자에게 교부하는 경우 보험료 수령권
- 보험자가 작성한 보험증권 교부권

6 **상법상 보험료에 관한 설명으로 옳은 것은?**

① 보험계약의 일부가 무효인 경우에 보험계약자와 피보험자가 선의이며 중대한 과실이 없는 때에도 보험자에 대하여 보험료의 일부의 반환을 청구할 수 없다.

② 보험계약의 전부가 무효인 경우에 보험계약자와 보험수익자가 선의이며 중대한 과실이 없는 때에도 보험자에 대하여 보험료의 반환을 청구할 수 없다.

③ 보험계약의 당사자가 특별한 위험을 예기하여 보험료의 액을 정한 경우에 보험기간 중 그 예기한 위험이 소멸한 때에는 보험계약자는 그 후의 보험료의 감액을 청구할 수 있다.

④ 보험사고가 발생하기 전에 보험계약자가 보험계약의 전부를 해지한 경우에도 보험계약자는 당사자 간에 다른 약정이 없으면 미경과보험료의 반환을 청구할 수 없다.

해 **보험계약의 무효로 인한 보험료 반환 청구 (제648조)**
- 보험계약의 전부 또는 일부가 무효인 경우
- 보험계약자, 피보험자, 보험수익자가 선의이며 중대한 과실이 없는 때 → 보험료의 전부 또는 일부의 반환을 청구할 수 있다.

• **특별위험의 소멸로 인한 보험료의 감액청구 (제647조)** : 예기한 위험이 소멸한 때 – 보험계약자는 그 후의 보험료의 감액을 청구할 수 있다.

• **사고 발생 전의 임의해지 (제649조)**
- 사고 발생 전 해지 시 : '다른 약정이 없으면' '미경과보험료의 반환을 청구'할 수 있다.
- 보험자가 보험금액을 지급한 때에도 보험금액이 '감액되지 않는 보험' : 보험계약자는 그 사고 '발생 후에도' 보험계약을 해지할 수 있다.
- 타인을 위한 보험계약 : 그 타인의 '동의 또는 보험증권'을 소지 필요

7 **상법상 보험료의 지급에 관한 설명으로 옳은 것은?**

① 보험계약자가 계약체결 후 지체없이 제1회 보험료를 지급하지 아니하는 경우에는 다른 약정이 없는 한 계약성립 후 2월이 경과하면 그 계약은 해제된 것으로 본다.

② 계속보험료가 약정한 시기에 지급되지 아니한 때에는 보험자는 바로 그 계약을 해지할 수 있다.

③ 타인을 위한 보험의 경우에 보험계약자가 보험료의 지급을 지체한 때에 보험자가 계약을 해지하기 위해서 그 타인에게 보험료 지급을 최고할 필요는 없다.

④ 보험자의 책임은 당사자 간에 다른 약정이 없으면 보험계약자의 보험료 지급 여부에 관계없이 계약이 성립한 때부터 개시한다.

정답 ①

해 보험료의 지급과 지체의 효과 (제650조)

- 계약체결 후 지체없이 보험료의 전부 또는 제1회 보험료 지급
- 계속보험료 부지급 시 → 상당한 기간을 정하여 보험계약자에게 최고 → 그 기간 내에 지급되지 아니한 때에는 그 계약을 해지 '할 수 있음'
- 특정한 타인을 위한 보험의 경우 → 그 타인에게도 '상당한 기간 최고' → 그 계약을 해제 또는 해지
- 다른 약정이 없는 한 계약성립 후 '2월이 경과하면' 그 계약은 해제된 것으로 봄

• 보험자의 책임개시 (제656조) : 다른 약정이 없으면 최초의 보험료의 지급을 받은 때로부터 개시

8 **상법상 보험계약 부활에 관한 설명으로 옳은 것은?**

① 보험계약의 해지 사유에 관계없이 보험계약자는 보험계약의 부활을 청구할 수 있다.

② 보험계약이 해지된 후 보험계약자가 해지환급금을 지급 받은 뒤에도 해지환급금을 반환한다면 부활을 청구할 수 있다.

③ 보험계약자가 계약의 부활을 청구하는 경우 보험자는 이를 승낙하여야 한다.

④ 계속보험료의 연체로 인하여 보험계약이 해지되고 해지환급금이 지급되지 아니한 경우에 보험계약자는 일정한 기간 내에 연체보험료에 약정이자를 붙여 보험자에게 지급하고 그 계약의 부활을 청구할 수 있다.

정답 ④

해 보험계약의 부활 (제650조의2) : 계속보험료 부지급 + 보험계약이 해지 + 해지환급금이 지급되지 않음 + 연체보험료에 약정이자 지급 + 일정 기간 내 부활 청구

9 상법상 고지의무 위반으로 인한 계약해지에 관한 설명으로 옳지 않은 것은?

① 보험자는 보험계약 당시에 보험계약자의 고지의무 위반 사실을 중대한 과실로 알지 못했던 때에는 계약을 해지할 수 없다.

② 보험계약 당시에 피보험자가 경과실로 인하여 중요한 사항에 대하여 부실의 고지를 한 경우 보험자는 계약을 해지할 수 있다.

③ 보험자는 보험계약 당시에 피보험자의 고지의무 위반 사실을 알았던 경우에는 계약을 해지할 수 없다.

④ 보험계약 당시에 보험계약자가 고의로 중요한 사항을 고지하지 아니한 경우 보험자는 계약을 해지할 수 있다.

정답 ②

해 고지의무 위반으로 인한 계약해지 (제651조)

- 고지의무자 : 보험계약자 또는 피보험자
- 고의 또는 '중대한 과실'로 불고지 또는 부실고지
- '안 날로부터 1월 내, 체결한 날로부터 3년 내'에 한해 해지할 수 있다.
- 보험자가 계약 당시에 그 사실을 '알았거나' 중대한 과실로 인하여 알지 못한 때 → 해지할 수 없음

10 상법상 위험변경 · 증가에 관한 설명으로 옳지 않은 것은?

① 보험계약자가 사고 발생의 위험이 현저하게 변경 · 증가된 사실을 안 때에는 지체없이 보험자에게 통지하여야 한다.

② 보험자가 위험변경 · 증가의 통지를 받은 때에는 1월 내에 보험료의 증액을 청구할 수 있다.

③ 보험계약자의 고의로 인하여 사고 발생의 위험이 현저하게 변경된 때에는 보험자는 그 사실을 안 날부터 1월 내에 보험료의 증액을 청구할 수 있다.

④ 피보험자의 중대한 과실로 인하여 사고 발생의 위험이 현저하게 증가된 때에는 보험자는 그 사실을 안 날부터 3월 내에 계약을 해지할 수 있다.

정답 ④

해 위험변경증가의 통지와 계약해지 (제652조)

- 통지의무자 : 보험계약자, 피보험자
- '해태'한 경우 → 안 날로부터 1월 내 '해지'할 수 있음
- 통지 받은 경우 → 1월 내 보험료 증액 또는 해지할 수 있음

• 보험계약자 등의 고의나 중과실로 인한 위험증가와 계약해지 (제653조)

- 위험유지의무자 : 보험계약자, 피보험자, 보험수익자
- 1월 내 보험료 증액 또는 해지할 수 있음

11 **상법상 보험사고 발생의 통지의무에 관한 설명으로 옳지 않은 것은?**

① 보험계약자가 통지의무를 위반할 경우 보험자는 보험금 전액의 지급 책임을 면한다.

② 피보험자는 보험사고의 발생을 안 때에는 지체없이 보험자에게 그 통지를 발송하여야 한다.

③ 보험수익자는 보험사고의 발생을 안 때에는 지체없이 보험자에게 그 통지를 발송하여야 한다.

④ 보험계약자가 통지의무를 해태함으로 인하여 손해가 증가된 때에는 보험자는 그 증가된 손해를 보상할 책임이 없다.

정답 ①

해 보험사고발생의 통지의무 (제657조)

- 의무자 : 보험계약자, 피보험자, 보험수익자

- 지체없이 보험자에게 통지해야 함

- 통지의무 해태로 인해 손해 증가된 때 → 보험자는 증가된 손해를 보상할 책임 없음

12 **상법상 보험금액의 지급 및 면책사유에 관한 설명으로 옳은 것은?**

① 보험자가 지급할 보험금액을 정하면 그 정하여진 날부터 1개월 내에 보험금액을 지급하여야 한다.

② 손해보험계약에서 보험사고가 보험계약자의 경과실로 인하여 생긴 때에는 보험자는 보험금액을 지급할 책임이 없다.

③ 손해보험계약에서 보험사고가 피보험자의 중과실로 인하여 생긴 때에는 보험자는 보험금액을 지급할 책임이 없다.

④ 손해보험계약에서 보험사고가 보험수익자의 경과실로 인하여 생긴 때에는 보험자는 보험금액을 지급할 책임이 없다.

정답 ③

해 보험자의 면책사유

- 보험계약자 또는 피보험자나 보험수익자의 고의 또는 중대한 과실

- (당사자 간에 다른 약정이 없으면) 전쟁 기타의 변란으로 인한 보험사고

- 보험의 목적의 성질, 하자 또는 자연소모로 인한 손해

13 상법상 보험계약 관련 소멸시효에 관한 설명이다. (   )에 들어갈 숫자를 모두 합한 것으로 옳은 것은?

> 보험금청구권은 (   )년간, 보험료 또는 적립금의 반환청구권은 (   )년간, 보험료청구권은 (   )년간 행사하지 아니하면 시효의 완성으로 소멸한다.

① 6　　　　　　　② 7　　　　　　　③ 8　　　　　　　④ 9

정답 ③

해 **소멸시효 (제662조)**
- 보험금청구권은 3년
- 보험료 또는 적립금의 반환청구권은 3년
- 보험료청구권은 2년

14 상법상 손해보험증권에 기재하여야 할 사항으로 옳은 것은?

① 청약 철회 사유　　　　　　　② 보험료의 계산 방법
③ 보험자의 면책에 관한 사항　　　④ 보험사고의 성질

정답 ④

해 **손해보험증권 (제666조)** : 보험의 목적, 보험사고의 성질, 보험금액, 보험료와 그 지급방법, 보험기간을 정한 때에는 그 시기와 종기, 무효와 실권의 사유, 보험계약자의 주소와 성명 또는 상호, 피보험자의 주소 · 성명 또는 상호, 보험계약의 연월일, 보험증권의 작성지와 그 작성년월일

15 상법상 초과보험에 관한 설명으로 옳지 않은 것은?

① 보험가액이 보험금액을 현저하게 초과한 때에는 보험자 또는 보험계약자는 보험료와 보험금액의 감액을 청구할 수 있다.
② 보험가액이 보험기간 중에 현저하게 감소한 때에는 보험자 또는 보험계약자는 보험료와 보험금액의 감액을 청구할 수 있다.
③ 보험계약자의 사기로 인하여 초과보험 계약이 체결된 때에는 그 계약은 무효가 된다.
④ 사기로 인한 초과보험 계약이 체결되어 무효가 된 경우 보험자는 그 사실을 안 때까지의 보험료를 청구할 수 있다.

정답 ①

해 **초과보험 (제669조)**
- 보험금액이 보험계약의 목적의 가액을 현저하게 초과
- 보험자 : 보험금액, 보험계약자 : 보험료의 감액 청구 가능
- 보험료의 감액은 장래에 대하여서만 효력
- 보험가액이 보험기간 중에 현저하게 감소된 때에도 적용
- 사기로 인한 초과보험 계약은 무효 → 안 때까지의 보험료 청구 가능

16 상법상 기평가보험과 미평가보험에 관한 설명으로 옳은 것은?

① 당사자 간에 보험가액을 정한 때에는 그 가액은 사고발생 시의 가액으로 정한 것으로 간주한다.
② 협정보험가액이 사고발생 시의 가액을 현저하게 초과할 때에는 협정보험가액을 보험가액으로 한다.
③ 당사자 간에 보험가액을 정하지 아니한 때에는 사고발생 시의 가액을 보험가액으로 한다.
④ 보험가액을 정하지 않은 경우 그 보험계약은 무효로 한다.

정답 ③

해 기평가보험 (제670조)
- '사고 발생 시의 가액으로' 정한 것으로 '추정'
- 현저하게 초과할 때 → 사고 발생 시의 가액을 보험가액으로 함

• 미평가보험 (제671조) : '사고 발생 시'의 가액을 보험가액으로 함

17 甲은 자신이 소유한 건물(보험가액 20억원)에 대하여 A보험자와 15억원의 화재보험계약을 체결하고, B보험자와 10억원의 화재보험계약을 체결하였다. 해당 건물이 화재로 전부 멸실하였을 경우의 법률관계에 관한 설명으로 옳은 것은? (단, 보험기간은 동일하고, 보험자의 면책사유는 없으며, 甲의 사기도 없었다고 가정함)

① A보험자는 甲에게 보험금으로 8억원을 지급할 책임이 있다.
② B보험자는 甲에게 보험금으로 6억원을 지급할 책임이 있다.
③ B보험자가 보험금을 지급하지 않은 경우 A보험자는 甲에게 보험금으로 12억원을 지급하여야 한다.
④ B보험자가 보험금을 지급하지 않을 경우 자신이 지급해야 할 몫의 보험금을 지급한 A보험자는 B보험자를 상대로 3억원의 구상권을 행사할 수 있다.

정답 ④

해 중복보험 (제672조, 제673조)
- 보험금액의 총액이 보험가액을 초과한 때
- 보험자는 각자의 보험금액의 한도에서 연대책임
- 각 보험자의 보상책임은 각자의 보험금액의 비율
- 보험자 1인에 대한 피보험자의 권리의 포기 → 다른 보험자의 권리의무에 영향을 미치지 않음

• 보험가액 20억원 < 보험(가입)금액 총액 25억원. 중복보험에 의한 초과보험
- 각 사가 지급할 보험금 : A = 20억원 × (15 ÷ 25) = 12억원, B = 20억원 × (10 ÷ 25) = 8억원
- A : 보험(가입)금액 15억원 한도에서 B와 연대책임
- B : 보험(가입)금액 10억원 한도에서 A와 연대책임
- 연대책임 = 각자의 보험금액의 비율에 따름
- A는 15억원을 (보험(가입)금액 한도 내) 甲에게 지급하고, 자신의 보상책임을 초과한 3억원을 B에게 구상 청구 할 수 있다. (내부적 구상관계 발생)

18 **상법상 일부보험에 관한 설명으로 옳지 않은 것은?**

① 보험금액이 보험가액에 미달하는 보험을 말한다.
② 보험가액의 일부를 보험에 붙인 경우에 발생한다.
③ 보험금액의 보험가액에 대한 비율에 관하여 당사자 사이에 다르게 약정하면 보험자는 보험금액의 한도 내에서 책임을 지게 된다.
④ 일부보험의 보험가액 산정기준은 언제나 계약 체결 시로 한다.

정답 ④

해 일부보험 (제674조)
- 보험가액의 일부를 보험에 붙인 보험
- 보험금액의 보험가액에 대한 비율에 따라 보상
- '다른 약정이 있는 때' → 보험자는 보험금액의 한도 내에서 그 손해를 보상 → "보험금액의 보험가액에 대한 비율에 따라 보상"이 강행규정 아님
- 보험기간 중 보험가액이 현저하게 증가한 경우의 일부보험도 발생할 수 있음

19 **상법상 보험목적의 양도에 관한 설명으로 옳은 것은?**

① 보험의 목적의 양도인 또는 양수인은 보험자에 대하여 지체없이 그 사실을 통지하여야 한다.
② 피보험자가 보험의 목적을 양도한 때에는 양수인은 보험계약상의 권리만을 승계한다.
③ 피보험자가 보험의 목적을 양도한 때에는 양도인과 양수인이 공동으로 보험자에게 통지하여야 한다.
④ 피보험자가 보험의 목적을 양도한 때에는 양수인은 보험계약상의 의무를 승계한 것으로 간주한다.

정답. ①

해 보험목적의 양도 (제679조)
- '양도인 또는 양수인'은 보험자에 대하여 지체없이 그 사실을 통지하여야 함
- 양수인은 보험계약상의 '권리와 의무'를 승계한 것으로 '추정'

20 **상법상 손해방지의무에 관한 설명으로 옳지 않은 것은?**

① 보험계약자는 손해방지를 위해 노력해야 한다.
② 피보험자는 보험사고가 발생한 경우 손해의 경감을 위해 노력해야 한다.
③ 보험계약자가 손해방지의무의 이행에 필요했던 비용과 보상액이 보험금액을 초과한 경우 그 초과부분은 보험계약자가 부담한다.
④ 손해방지의무의 주체는 보험계약자와 피보험자이다.

정답 ③

해 손해방지의무 (제680조)
- 의무자 : 보험계약자와 피보험자
- 비용과 보상액이 보험금액을 초과한 경우라도 보험자 부담
- '보험사고의 발생을 전제'로 하므로 (발생 이후의 비용) 선급 청구✕

- 보험자가 책임지는 손해에 대해서만 부담

21 상법상 보험목적에 관한 보험대위(잔존물대위)의 설명으로 옳은 것은?

① 보험목적의 전부가 멸실한 경우에 보험금액 전부를 지급한 보험자는 그 목적에 대한 피보험자의 권리를 취득한다.
② 보험자가 전체 보험금의 일부를 지급한 경우에도 그 지급에 비례하여 보험대위가 성립한다.
③ 잔존하는 보험목적에 관한 피보험자의 권리가 보험자에게 이전하는 시점은 보험자가 보험금을 청구받은 때이다.
④ 일부보험에서는 잔존물대위가 성립할 여지가 없다.

정답 ①

해 잔존물대위(목적물대위)

- 전부 멸실 + 전부 '지급' → 피보험자의 권리 취득
- 보험금 지급 시 '법률상 당연한 권리' (물권변동 절차 필요 없음)
- 일부보험 : 보험금액의 보험가액에 대한 비율에 따라 권리 취득
- 피보험자가 보험의 목적을 타인에게 처분한 경우
  » 보험금 지급 전 → '보험금에서 이를 공제'
  » 보험금 지급 후 → 보험자는 피보험자에게 손해배상을 청구 가능

22 상법상 손해보험에서 제3자에 대한 보험대위에 관한 설명으로 옳지 않은 것은?

① 손해가 제3자의 행위로 인하여 발생한 경우에 보험금을 지급한 보험자는 그 지급한 금액의 한도에서 그 제3자에 대한 보험계약자 또는 피보험자의 권리를 취득하는 것으로 추정한다.
② 보험자가 보상할 보험금의 일부를 지급한 경우에 보험자는 피보험자의 권리를 침해하지 아니하는 범위에서 그 권리를 행사할 수 있다.
③ 손해가 보험계약자와 생계를 같이 하는 가족의 고의로 인하여 발생한 경우 보험금을 지급한 보험자는 그 지급한 금액의 한도에서 그 권리를 취득한다.
④ 제3자에 대한 보험대위의 취지는 이득금지 원칙의 실현과 부당한 면책의 방지에 있다.

정답 ①

해 제3자에 대한 보험대위 (제682조)

- '지급한 보험금'의 한도 내에서 그 권리를 '취득한다.'
- 지급할 보험금 일부를 지급한 경우 → 피보험자의 권리를 해하지 않는 범위에서 취득
- 생계를 같이 하는 가족에 대한 것 → 보험자는 그 권리를 취득하지 못함(고의로 인하여 발생한 경우는 예외)
- 면책 사고임에도 보험금을 지급한 경우 → 제3자에 대한 권리를 대위취득할 수 없음

PART 2

23 **상법상 집합보험에 관한 설명으로 옳지 않은 것은?**

① 집합보험은 경제적으로 보아 독립된 수 개의 물건을 마치 하나의 물건(집합물)처럼 취급하여 보험목적으로 한 것이다.

② 집합된 물건을 일괄하여 보험의 목적으로 한 때에는 피보험자의 가족의 물건도 보험 목적에 포함되는 것으로 한다.

③ 집합된 물건을 일괄하여 보험의 목적으로 한 때에는 피보험자에게 고용된 사용자의 물건은 보험목적에 포함되지 않는다.

④ 집합된 물건을 일괄하여 보험의 목적으로 한 때에는 그 목적에 속한 물건이 보험기간 중에 수시로 교체된 경우에도 보험사고의 발생 시에 현존한 물건은 보험의 목적에 포함된 것으로 한다.

정답 ③

해 집합보험의 목적 (제686조, 제687조)
- 피보험자의 가족과 사용인의 물건도 보험의 목적에 포함된 것으로 한다.
- 그 가족 또는 사용인을 위하여서도 체결한 것으로 본다.
- 보험기간 중에 수시로 교체된 경우 → '사고의 발생 시'에 현존한 물건 = 보험의 목적에 포함된 것으로 한다.

24 **상법상 손해보험에 관한 설명으로 옳은 것은?**

① 보험계약은 금전으로 산정할 수 없는 이익에 대해서도 보험계약의 목적으로 할 수 있다.

② 보험자는 보험사고로 인하여 부담할 책임에 대하여 다른 보험자와 재보험계약을 체결할 수 있다.

③ 화재보험에서 동산을 보험의 목적으로 한 때에는 보험증권에 그 위치한 장소를 기재하면 되고 그 상태나 용도까지 기재할 필요는 없다.

④ 보험자가 보상할 손해액의 산정에 관한 비용은 보험계약자의 부담으로 한다.

정답 ②

해 손해보험자의 책임(제665조)
- 보험자는 보험사고로 인하여 생길 '피보험자의 재산상의 손해'를 보상할 책임이 있다.
- 피보험이익 : '보험계약'의 목적, 금전으로 산정할 수 있는 이익

• **손해액의 산정기준 (제676조)**
- 그 손해가 발생한 때와 곳의 가액에 의함
- 다른 약정이 있는 때에는 그 신품가액에 의하여 산정 가능
- 산정 비용은 보험자의 부담

25 상법상 화재보험증권에 기재해야 할 사항으로 옳은 것을 모두 고른 것은?

ㄱ. 보험계약자의 주소와 성명 및 주민등록번호
ㄴ. 보험기간을 정한 때에는 그 시기와 종기
ㄷ. 건물을 보험의 목적으로 한 때에는 그 소재지, 구조와 용도
ㄹ. 보험가액을 정한 때에는 그 가액
ㅁ. 보험금액과 그 지급방법 및 시기

① ㄱ, ㄴ, ㅁ　　　　② ㄱ, ㄷ, ㅁ　　　　③ ㄴ, ㄷ, ㄹ　　　　④ ㄱ, ㄴ, ㄷ, ㄹ, ㅁ

정답 ③

해 화재보험증권 (제685조)
- 건물을 보험의 목적으로 한 때에는 '그 소재지, 구조와 용도'
- 동산을 보험의 목적으로 한 때에는 그 존치한 장소의 상태와 용도
- 보험가액을 정한 때에는 그 가액
- 손해보험증권 기재 사항 추가 : 손해보험의 한 종류이다. 그 성질을 같이 한다.

• **손해보험증권 (제666조)**
- 보험의 목적, 보험사고의 성질, 보험금액, 보험료와 그 지급방법
- 보험기간을 정한 때에는 그 시기와 종기, 무효와 실권의 사유
- 보험계약자의 주소와 성명 또는 상호, 피보험자의 주소, 성명 또는 상호
- 보험계약의 연월일, 보험증권의 작성지와 그 작성년월일

26 농어업재해보험법령상 재해보험 발전 기본계획 및 시행계획의 수립·시행에 관한 설명으로 옳은 것은?

① 농림축산식품부장관과 해양수산부장관은 기본계획을 3년마다 수립·시행하여야 한다.

② 재해보험의 대상 품목에 관한 사항은 기본계획에 포함되지 않는다.

③ 농림축산식품부장관과 해양수산부장관은 기본계획에 따라 2년마다 시행계획을 수립·시행하여야 한다.

④ 농림축산식품부장관은 시행계획의 수립·시행을 위하여 필요한 경우에는 지방자치 단체의 장에게 관련 정보의 제공을 요청할 수 있다.

정답 ④

해 기본계획 및 시행계획

- 기본계획 : 심의회의 심의를 거쳐 5년마다.
- 시행계획 : 기본계획에 따라 매년 재해보험 발전 시행계획 수립·시행
- 장관은 기본계획 및 시행계획의 수립·시행을 위하여 필요한 경우 관련 자료 및 정보의 제공을 요청할 수 있다. 관계 중앙행정기관의 장, 지방자치단체의 장, 관련 기관·단체의 장 특별한 사유가 없으면 그 요청에 따라야 한다.

• **재해보험 발전 기본계획 포함되어야 하는 내용**

- 재해보험사업의 발전 방향 및 목표
- 재해보험의 종류별 가입률 제고 방안에 관한 사항
- 재해보험의 대상 품목 및 대상 지역에 관한 사항
- 재해보험사업에 대한 지원 및 평가에 관한 사항
- 그 밖에 재해보험 활성화를 위해 장관이 필요하다고 인정하는 사항

27 농어업재해보험법령상 농업재해보험심의회(이하 "심의회"라 한다) 및 분과위원회에 관한 설명으로 옳은 것은?

① 심의회의 위원장은 농림축산식품부장관으로 하고, 부위원장은 위원 중에서 호선(互選) 한다.

② 심의회의 회의는 재적위원 3분의 1의 출석으로 개의(開議)하고, 출석위원 과반수의 찬성으로 의결한다.

③ 심의회는 그 심의 사항을 검토·조정하고, 심의회의 심의를 보조하게 하기 위하여 심의회에 분과위원회를 둔다.

④ 분과위원회는 분과위원장 1명을 포함한 5명 이내의 분과위원으로 성별을 고려하여 구성한다.

정답 ③

해 농업재해보험심의회

- 위원장(농림축산식품부 차관) 및 부위원장(위원 중 호선) 각 1명을 포함한 21명 이내의 위원
- 재적위원 1/3 이상의 요구가 있을 때 또는 위원장이 필요하다고 인정할 때에 소집
- 재적위원 과반수의 출석으로 개의하고, 출석위원 과반수의 찬성으로 의결

• **분과위원회** : 분과위원장 1명을 포함한 9명 이내의 분과위원을 성별을 고려하여 구성

28 농어업재해보험법령상 농작물재해보험 손해평가인의 자격요건에 관한 규정의 일부이다. (   )에 들어갈 숫자는?

- 교원으로 고등학교에서 농작물재배 분야 관련 과목을 (ㄱ)년 이상 교육한 경력이 있는 사람
- 조교수 이상으로「고등교육법」제2조에 따른 학교에서 농작물재배 관련학을 (ㄴ)년 이상 교육한 경력이 있는 사람

	ㄱ	ㄴ		ㄱ	ㄴ
①	3	2	②	3	3
③	5	3	④	5	5

정답 ③

해 손해평가인으로 위촉될 수 있는 자격요건
- 2년 이상 : 손해평가 업무
- 3년 이상 : 분야에 관한 연구·지도, (품질관리 또는) 통계조사 업무, 영농·산림경영·수산업 지원 또는 보험·공제 관련 업무, 조교수 이상
- 5년 이상 : 경작·사육·양식한 농업인·임업인·어업인, 관련학 전공하고 연구기관 또는 연구소에서 근무한 학사 학위 이상, 고등학교 교원
- 기타 학력 : 전문대학에서 보험 관련 학과를 졸업(예정자 포함) 또는 같은 수준 이상의 학력, 80학점(보험 관련 과목 학점이 45학점 이상)
- 자격 : 농산물품질관리사, 수의사, 수산질병관리사·수산물품질관리사, 기사 이상의 자격 등

29 농어업재해보험법령상 보험금의 수급 및 보험목적물의 양도에 관한 설명으로 옳지 않은 것은?

① 재해보험사업자는 정보통신장애로 보험금을 보험금수급계좌로 이체할 수 없을 때에는 현금으로 보험금을 지급할 수 있다.

② 농작물의 재생산에 직접적으로 소요되는 비용의 보장을 목적으로 보험금수급전용계좌로 입금된 보험금의 경우 입금된 보험금 전액에 관한 채권을 압류할 수 있다.

③ 보험금수급전용계좌의 해당 금융기관은「농어업재해보험법」에 따른 보험금만이 보험금수급전용계좌에 입금되도록 관리하여야 한다.

④ 재해보험가입자가 재해보험에 가입된 보험목적물을 양도하는 경우 그 양수인은 재해 보험계약에 관한 양도인의 권리 및 의무를 승계한 것으로 추정한다.

정답 ②

해 수급권의 보호
- 재해보험의 보험금을 지급받을 권리는 압류할 수 없다.
- 예외. 보험목적물이 담보로 제공된 경우

· 수급 전용계좌
- 재해보험사업자는 수급권자의 신청이 있는 경우에는 보험금을 수급권자 명의의 지정된 계좌로 입금하여야 한다.
- 예외 상황 : 정보통신장애 또는 대통령령으로 정하는 불가피한 사유가 있는 경우
  » 대통령령으로 정하는 불가피한 사유 : 보험금 수급 전용계좌가 개설된 금융기관의 폐업·업무정지 등으로 정상 영업이 불가능한 경우

30 농어업재해보험법령상 농림축산식품부장관이 재해보험사업을 하려는 자와 재해보험사업의 약정을 체결할 때에 약정서에 포함되어야 하는 사항이 아닌 것은?

① 국가에 대한 재정지원
② 약정기간
③ 약정의 변경 · 해지 등
④ 재해보험사업의 약정을 체결한 자가 준수하여야 할 사항

정답 ①

해 재해보험사업의 약정서에 포함되어야 하는 사항
- 약정기간에 관한 사항
- 재해보험사업의 약정을 체결한 자가 준수하여야 할 사항
- 재해보험사업자에 대한 재정지원에 관한 사항
- 약정의 변경 · 해지 등에 관한 사항
- 그 밖에 재해보험사업의 운영에 관한 사항

31 농어업재해보험법령상 손해평가사의 시험에 관한 설명으로 옳은 것은?

① 손해평가인으로 위촉된 기간이 2년이 된 사람은 손해평가사 제1차 시험의 일부 과목을 면제한다.
② 농림축산식품부장관은 거짓으로 손해평가를 한 사람에 대하여 손해평가사 자격을 취소하여야 한다.
③ 농림축산식품부장관은 손해평가사의 자격을 부정한 방법으로 취득한 사람에 대하여 손해평가사 자격을 취소하여야 한다.
④ 손해평가사 자격이 취소된 사람은 그 취소 처분이 있은 날부터 3년이 지나지 아니한 경우 손해평가사 자격시험에 응시하지 못한다.

정답 ③

해 손해평가사 자격 취소
- 손해평가사의 자격을 거짓 또는 부정한 방법으로 취득한 사람 → 자격을 취소하여야 한다.
- 거짓으로 손해평가를 한 사람
- 다른 사람에게 손해평가사의 명의를 사용하게 하거나 그 자격증을 대여한 사람
- 손해평가사 명의의 사용이나 자격증의 대여를 알선한 사람
- 업무정지 기간 중에 손해평가 업무를 수행한 사람 → 자격을 취소하여야 한다.

• 손해평가사 자격시험 응시 제한 : 아래 처분일로부터 2년이 지나지 않은 경우 응시 제한
- 손해평가사 자격시험에서 정지 · 무효 처분을 받은 사람
- 손해평가사 자격이 취소된 사람

32 **농어업재해보험법령상 용어의 정의로 옳지 않은 것은?**

① "어업재해"란 양식수산물 및 어업용 시설물에 발생하는 자연재해 · 병충해 · 조수해(鳥獸害)를 말한다.

② "농어업재해보험"이란 농어업재해로 발생하는 재산 피해에 따른 손해를 보상하기 위한 보험을 말한다.

③ "보험가입금액"이란 보험가입자의 재산 피해에 따른 손해가 발생한 경우 보험에서 최대로 보상할 수 있는 한도액으로서 보험가입자와 보험사업자 간에 약정한 금액을 말한다.

④ "보험료"란 보험가입자와 보험사업자 간의 약정에 따라 보험가입자가 보험사업자에게 내야 하는 금액을 말한다.

정답 ①

해 농어업재해

- 농업재해 : 농작물 · 임산물 · 가축 및 농업용 시설물에 발생하는 자연재해 · 병충해 · 조수해 · 질병 또는 화재
- 어업재해 : 양식수산물 및 어업용 시설물에 발생하는 자연재해 · 질병 또는 화재
  » 어업재해 기준 = 양식수산물 및 '어업용 시설물'
  » 재해보험의 보험목적물 기준 = 양식수산물 및 '양식시설물'

33 **농어업재해보험법령상 재정지원에 관한 설명으로 옳지 않은 것은?**

① 정부는 예산의 범위에서 재해보험사업자의 재해보험의 운영 및 관리에 필요한 비용의 전부 또는 일부를 지원할 수 있다.

② 지방자치단체는 재해보험가입자가 부담하는 보험료를 지원할 수 없다.

③ 정부는 예산의 범위에서 재해보험가입자가 부담하는 보험료의 일부를 지원할 수 있다.

④ 「풍수해 · 지진재해보험법」에 따른 풍수해 · 지진재해보험에 가입한 자가 동일한 보험목적물을 대상으로 재해보험에 가입할 경우에는 정부가 재정지원을 하지 아니한다.

정답 ②

해 재정지원

- 정부
  » 재해보험가입자가 부담하는 '보험료의 일부를' 지원할 수 있다.
  » 재해보험사업자의 재해보험의 운영 및 관리에 필요한 비용(운영비)의 전부 또는 일부를 지원할 수 있다.
  » 「풍수해 · 지진재해보험법」에 따른 풍수해 · 지진재해보험에 가입한 자가 동일한 보험목적물을 대상으로 재해보험에 가입할 경우에는 정부가 재정지원을 하지 아니한다.
- 지방자치단체 : 재해보험가입자가 부담하는 보험료의 일부를 추가로 지원할 수 있다.
- 농림축산식품부 장관 · 해양수산부 장관 및 지방자치단체의 장은 지원금액을 재해보험사업자에게 지급하여야 한다.

34 농어업재해보험법령상 농림축산식품부장관 또는 해양수산부장관이 농업정책보험금융원에 위탁할 수 있는 업무가 아닌 것은?

① 손해평가인력의 육성
② 재해보험사업의 관리 · 감독
③ 손해평가사 자격시험의 실시 및 관리
④ 재해 관련 통계 생산 및 데이터베이스 구축 · 분석

정답 ③

해 **한국산업인력공단에 위탁** : 손해평가사 자격시험의 실시 및 관리에 관한 업무의 위탁

· **농업정책보험금융원에 위탁**
  - 재해보험사업의 관리 : 재해보험사업의 관리 · 감독+상품의 연구 · 보급, 재해 관련 통계 생산 및 DB 구축 · 분석, 손해평가인력의 육성+기법의 연구 · 개발 및 보급, 재해보험사업의 약정체결+손해평가사 제도 운용 관련 업무, 그밖에.
  - 재보험기금의 관리 · 운용에 관한 사무의 일부: 기금의 관리 · 운용에 관한 회계업무, 재보험료를 납입받는 업무, 재보험금을 지급하는 업무, 여유자금의 운용업무, 그 밖에.

35 농어업재해보험법령상 벌칙에 관한 규정이다. (　　　)에 들어갈 내용은?

재해보험사업자가 「농어업재해보험법」 제10조제2항에서 준용하는 「보험업법」 제95조를 위반하여 보험안내를 한 경우에는 (　ㄱ　) 이하의 (　ㄴ　)을(를) 부과한다.

	ㄱ	ㄴ		ㄱ	ㄴ
①	500만원	과태료	②	1,000만원	과태료
③	1,000만원	벌금	④	2,000만원	벌금

정답 ②

해 **과태료 개별기준**
  - 금융위원회 부과 · 징수(500만원 이하의 과태료)
    » 명령 위반＝300만원
    » 검사를 거부 · 방해 · 기피한 경우＝200만원
  - 농림축산식품부 장관 또는 해양수산부 장관 부과 · 징수
    » 위반하여 보험안내(재해보험사업자)＝1,000만원
    » 위반하여 보험안내(재해보험사업자 X)＝500만원
    » 책임준비금 · 비상준비위험금에 관한 사항 위반＝500만원
    » 보험계약의 체결 · 모집에 관한 금지행위 위반＝300만원
    » 서류 미제출 · 거짓 제출＝300만원

36 농어업재해보험법령상 농어업재해재보험기금(이하 "기금"이라 한다)에 관한 설명으로 옳지 않은 것은?

① 기금은 농림축산식품부장관이 해양수산부장관과 협의하여 관리 · 운용한다.

② 기금의 관리 · 운용에 필요한 경비(위탁경비 포함)의 지출은 기금의 용도에 해당한다.

③ 농림축산식품부장관은 농업정책보험금융원과 협의를 거쳐 기금의 관리 · 운용에 관한 사무의 일부를 해양수산부장관에 위탁할 수 있다.

④ 농림축산식품부장관은 해양수산부장관과 협의하여 기금의 수입과 지출에 관한 사무를 수행하게 하기 위하여 소속 공무원 중에서 기금수입징수관을 임명한다.

정답 ③

해 농림축산식품부장관은 해양수산부장관과 협의하여

- 기금을 설치 · 조성, 관리 · 운용
- 기금의 관리 · 운용에 관한 사무의 일부 → 농업정책보험금융원어 위탁할 수 있다.
- 농어업재해재보험기금의 수입과 지출을 명확히 하기 위하여 한국은행에 기금계정을 설치하여야 한다.

• 업무의 대응 및 수행

농업정책보험금융원	농림축산식품부 및 해양수산부 소속 공무원
기금수입담당임원	기금수입징수관
기금지출원인행위담당임원	기금재무관
기금지출원	기금지출관
기금출납원	기금출납공무원

37 농어업재해보험법령상 농어업재해재보험기금을 조성하는 재원이 아닌 것은?

① 재보험금의 회수 자금

② 정부 외의 자로부터 받은 출연금

③ 농어업재해재보험기금의 운용수익금

④ 재해보험가입자가 재해보험사업자에게 내야 할 보험료의 회수 자금

정답 ④

해 기금의 조성

- 재해보험사업자가 정부에 내야하는 재보험료
- 정부, 정부 외의 자 및 다른 기금으로부터 받은 출연금
- 재보험금의 회수 자금
- 기금의 운용수익금과 그 밖의 수입금
- 농어촌특별세사업계정으로부터 받은 전입금
- 차입금

38 농업재해보험 손해평가요령상 손해평가 업무 및 손해평가인 위촉에 관한 설명으로 옳지 않은 것은?

① 재해보험사업자는 손해평가보조인을 운용할 수 없다.
② 피해사실 확인은 손해평가 업무에 포함된다.
③ 손해평가인은 손해평가 임무를 수행하기 전에 보험가입자(피보험자 포함)에게 손해평가인증 등 신분을 확인할 수 있는 서류를 제시하여야 한다.
④ 재해보험사업자는 피해 발생 시 원활한 손해평가가 이루어지도록 농업재해보험이 실시되는 시 · 군 · 자치구별 보험가입자(피보험자 포함)의 수 등을 고려하여 적정 규모의 손해평가인을 위촉할 수 있다.

정답 ①

해 보조인 : 재해보험사업자 및 법 제14조에 따라 손해평가 업무를 위탁받은 자는 손해평가 업무를 원활히 수행하기 위하여 손해평가보조인을 운용할 수 있다.

• **손해평가인의 위촉** : 재해보험사업자는 피해 발생 시 원활한 손해평가가 이루어지도록 농업재해보험이 실시되는 시·군·자치구별 보험가입자의 수 등을 고려하여 적정 규모의 손해평가인을 위촉할 수 있다.
  - 10회~ 변경 : 위촉하여야 한다. → 위촉할 수 있다.

• **손해평가인의 업무**
  - 피해사실 확인
  - 보험가액 및 손해액 평가
  - 그 밖에 손해평가에 관하여 필요한 사항

39 농업재해보험 손해평가요령상 농업재해보험에 해당하는 것을 모두 고른 것은?

| ㄱ. 가축재해보험 | ㄴ. 임산물재해보험 | ㄷ. 농업인안전보험 | ㄹ. 양식수산물재해보험 |

① ㄱ, ㄴ　　　　　② ㄴ, ㄷ　　　　　③ ㄱ, ㄷ, ㄹ　　　　　④ ㄱ, ㄴ, ㄷ, ㄹ

정답 ①

해 재해보험의 종류
  - 농업재해보험 : 농작물 · 임산물 · 가축재해보험. 농림축산식품부 장관 관장
  - 어업재해보험 : 양식수산물재해보험. 해양수산부 장관 관장

40 농업재해보험 손해평가요령상 손해평가인 정기교육의 세부내용에 해당하지 않는 것은?

① 농업재해보험상품의 개선 · 개발계획
② 농업재해보험 상품 주요내용 및 약관 일반 사항
③ 보험목적물별 손해평가 기준 및 피해유형별 보상사례
④ 농어업재해보험법 제정 배경 · 구성 및 조문별 주요내용

정답 ①

해 정기교육
- 농어업재해보험에 관한 기초지식 : 농어업재해보험법 제정 배경·구성 및 조문별 주요 내용, 농업재해보험 사업 현황
- 농어업재해보험의 종류별 약관 : 농업재해보험 상품 주요 내용 및 약관 일반 사항
- 손해평가의 절차 및 방법 : 농업재해보험 손해평가 개요
- 보험목적물별 손해평가 기준 및 피해유형별 보상사례
- 피해유형별 현지조사표 작성 실습
- 그 밖에 손해평가에 필요한 사항으로서 농림축산식품부 장관 또는 해양수산부 장관이 정하는 사항

41 농업재해보험 손해평가요령상 재해보험사업자의 손해평가반 구성에 관한 설명으로 옳은 것은?

① 손해평가반은 10인 이내로 한다.
② 손해평가반별로 평가일정계획을 수립해야 하는 것은 아니다.
③ 자기와 생계를 같이 하지 않는 친족이 가입한 보험계약에 관한 손해평가에 대하여는 해당자를 손해평가반 구성에서 배제하여야 한다.
④ 직전 손해평가일로부터 30일 이내의 보험가입자 간 상호 손해평가에 대하여는 해당자를 손해평가반 구성에서 배제하여야 한다.

정답 ④

해 반 구성에서의 배제 : 다음의 어느 하나에 해당하는 손해평가에 대하여는 해당자를 손해평가반 구성에서 배제
- 자기 또는 자기와 생계를 같이 하는 친족(이하 "이해관계자"라 한다)이 가입한 보험계약에 관한 손해평가
- 자기 또는 이해관계자가 모집한 보험계약에 관한 손해평가
- 직전 손해평가일로부터 30일 이내의 보험가입자 간 상호 손해평가
- 자기가 실시한 손해평가에 대한 검증조사 및 재조사

42 농업재해보험 손해평가요령상 손해평가결과 검증에 관한 설명으로 옳은 것은?

① 농림축산식품부장관은 손해평가결과를 확인하기 위하여 손해평가를 실시한 보험목적물 전부에 대하여 검증조사를 할 수 있다.
② 농림축산식품부장관은 재해보험사업자로 하여금 손해평가결과 검증조사를 하게 할 수 있다.
③ 손해평가결과 검증조사 이후 재조사를 위한 절차를 두지 않고 있다.
④ 농림축산식품부장관이 검증조사를 실시한 경우 그 결고를 손해평가인에게 통보해야 한다.

정답 ②

해 검증조사
- 손해평가반이 실시한 손해평가결과를 확인하기 위하여 손해평가를 실시한 보험목적물 중에서 일정 수를 임의 추출하여 검증조사
- 검증조사 실시 기관: 재해보험사업자 및 재해보험사업의 재보험사업자 → 재해보험사업자 및 사업관리위탁기관(농업정책보험금융원) (10회~ 변경)

· 검증조사 결과에 따른 재조사
- 검증조사 결과 현저한 차이가 발생되어 재조사가 불가피하다고 판단될 경우 → 해당 손해평가반이 조사한 전체 보험목적물에 대하여 '재조사를' 할 수 있다.

43 농업재해보험 손해평가요령상 교차손해평가에 관한 설명이다. (   )에 들어갈 내용으로 옳은 것은?

재해보험사업자가 교차손해평가를 위해 손해평가반을 구성할 경우에는 교차손해평가 대상 시·군·자치구 내에서 손해평가 경력, 타지역 조사 가능 여부 등을 고려하여 교차손해평가를 담당하기 위해 선발된 (ㄱ) (ㄴ)인 이상이 포함되어야 한다. 다만, 거대재해 발생, 평가인력 부족 등으로 신속한 손해평가가 불가피하다고 판단되는 경우 그러하지 아니할 수 있다.

	ㄱ	ㄴ		ㄱ	ㄴ
①	손해평가사	1	②	손해평가사	2
③	지역손해평가인	1	④	지역손해평가인	2

정답 ③

해 교차손해평가
- 지역손해평가인 1인 이상 포함. 거대재해 발생, 평가인력 부족 등으로 신속한 손해평가가 불가피하다고 판단되는 경우 예외
- 대상 선정 : 재해보험 가입규모, 가입분포 등을 고려하여 대상 시·군·구(자치구)를 선정
- 지역손해평가인 선발 : 대상 시·군·구 내에서 손해평가 경력, 타지역 조사 가능 여부 등을 고려하여 선발

44 농업재해보험 손해평가요령상 보험목적물별 손해평가단위에 관한 설명으로 옳지 않은 것은?

① 농작물은 농지별로 한다.
② 벌은 벌통 단위로 한다.
③ 농업시설물은 보험가입목적물별로 한다.
④ 농지는 하나의 보험가입금액에 해당하는 토지로서, 개별 필지(지번)가 하나의 농지가 된다.

정답 ④

해 손해평가 단위 : 농작물 – 농지별, 가축 – 개별가축별(단, 벌은 벌통 단위), 농업시설물 – 보험가입 목적물별
• 농지 : 하나의 보험가입금액에 해당하는 토지로 필지(지번) 등과 관계없이 농작물을 재배하는 하나의 경작지

45 농업재해보험 손해평가요령상 종합위험방식 이앙·직파불능 보장에서 "벼"이고 보험가입금액이 100만원인 경우, 산정한 보험금은? (단, 다른 사정은 고려하지 않음)

① 10만원　　　　　② 15만원　　　　　③ 20만원　　　　　④ 25만원

정답 ②

해 종합위험방식 벼
- 이앙·직파불능보험금 = 보험가입금액 × 15%
- 100만원 × 15% = 15만원

46 농업재해보험 손해평가요령상 종합위험방식 나무손해보장의 경우, 다음의 조건으로 산정한 보험금은? (단, 다른 사정은 고려하지 않음)

• 보험가입금액 : 100만원	• 자기부담비율 : 20 %
• 피해주수(고사된 나무) : 50그루	• 실제결과주수 : 100그루

① 10만원   ② 15만원   ③ 20만원   ④ 30만원

정답 ④

해 나무손해보장
- 피해율 = 피해주수(고사된 나무) ÷ 실제결과주수 50 ÷ 100 = 50%
- 보험가입금액 × (피해율-자기부담비율) 100만원 × (50% - 20%) = 30만원

47 농업재해보험 손해평가요령 "[별표 1] 농작물의 보험금 산정"의 일부이다. (   )에 들어갈 내용으로 옳은 것은?

구분	보장범위	산정내용	비고
종합 위험 방식	과실손해 추가보장	보험가입금액 × ( ) × 10% 단, 손해액이 자기부담금을 초과하는 경우에 한함 ※ 피해율 = {(등급 내 피해과실수 + 등급외 피해과실수 × 50%) ÷ 기준과실수} × (1 - 미보상비율)	감귤 (온주밀 감류)

① 결과지피해율   ② 자기부담비율   ③ 면적피해율   ④ 주계약피해율

정답 ④

해 과실손해추가보장(감귤(온주밀감류))
- 보험가입금액 × 주계약피해율 × 10%

• **수확량감소추가보장**
- 보험가입금액 × (피해율 × 10%)
- 피해율 = (평년수확량 - 수확량-미보상감수량) ÷ 평년수확량

• 수확량감소추가보장에서의 피해율도 '주계약피해율'이지만, [손해평가요령]에는 위와 같이 기재되어 있다.

48 농업재해보험 손해평가요령 "[별표 2] 농작물의 품목별 · 재해별 · 시기별 손해수량 조사방법"의 일부이다. (   )에 들어갈 내용으로 옳은 것은?

2. 적과전종합위험방식 상품(사과, 배, 단감, 떫은감)

생육 시기	재해	조사 내용	조사 시기	조사방법	비고
적과 후	–	적과 후 착과수 조사	( )	보험가입금액의 결정 등을 위하여 해당 농지의 적과종료 후 총 착과수를 조사 • 조사방법 : 표본조사	피해와 관계없이 전 과수원 조사

① 적과 종료 후　　　　　　　② 수확 직전
③ 사고접수 후 지체 없이　　　④ 피해 확인이 가능한 시기

정답 ①

해 품목별·재해별 · 시기별 손해수량 조사 방법 중 주요 조사
- 적과전종합위험방식 적과후 착과수 조사 : 적과 종료 후
- 종합위험방식
  » 벼 이앙(직파)불능 피해조사 : 생육시기–수확 전, 조사시기–이앙한계일(7/31) 이후
  » 복분자 과실손해조사 : 생육시기–수확 전, 조사시기–수정 완료 후
  » 오디 과실손해조사 : 생육시기–수확 전, 조사시기–결실 완료 후
  » 포도, 복숭아, 자두, 감귤(만감류) 착과수 조사 : 생육시기 · 조사시기–수확 직전, 조사방법–최초 품종 수확 직전에 조사
  » 고사나무조사 : 생육시기 · 조사시기–수확 완료 후~보험 종기 전

49 농업재해보험 손해평가요령의 재검토 기한에 관한 규정이다. (   )에 공통으로 들어갈 숫자는?

농림축산식품부장관은 이 고시에 대하여 2024년 1월 1일 기준으로 매 (   ) 년이 되는 시점 (매 (   )년째 의 12월 31일까지를 말한다)마 다 그 타당성을 검토하여 개선 등의 조치를 하여야 한다.

① 2　　　　　　　② 3　　　　　　　③ 4　　　　　　　④ 5

정답 ②

50 농업재해보험 손해평가요령상 가축의 보험가액 및 손해액 산정에 관한 설명으로 옳은 것을 모두 고른 것은?

ㄱ. 가축에 대한 보험가액은 보험사고가 발생한 때와 곳에서 평가한 보험목적물의 수량에 적용가격을 곱하여 산정한다.
ㄴ. 가축에 대한 손해액은 보험사고가 발생한 때와 곳에서 폐사 등 피해를 입은 보험목적물의 수량에 적용가격을 곱하여 산정한다.
ㄷ. 보험가입 당시 보험가액 및 손해액 산정방식에 대해서는 보험가입자와 재해보험사업자가 별도로 정할 수 없다.

① ㄱ   ② ㄱ, ㄴ   ③ ㄴ, ㄷ   ④ ㄱ, ㄴ, ㄷ

정답 ②

해 가축

- 보험가액 = 보험사고가 발생한 때와 곳에서 평가한 보험목적물의 수량 × 적용가격
- 손해액 = 보험사고가 발생한 때와 곳에서 폐사 등 피해를 입은 보험목적물의 수량 × 적용가격
- 보험 가입 당시 보험가입자와 재해보험사업자가 보험가액 및 손해액 산정 방식을 별도로 정한 경우 : 그 방법에 따름

51 식물분류학에서 과명(family name)과 과수작물이 올바르게 연결되지 않은 것은?

① 녹나무과 - 아보카도　　　　　② 장미과 - 서양배

③ 참나무과 - 밤　　　　　　　　④ 진달래과 - 망고

정답 ④

해 식물의 분류 : 계 > 문 > 강 > 목 > 과 > 속 > 종
- 진달래과 : 블루베리 · 크랜베리, 진달래 · 철쭉
- 장미과 : 사과 · 배 · 모과 · 비파 · 복숭아 · 살구 · 자두 · 앵두 · 체리 · 라즈베리 · 블랙베리 · 복분자 · 딸기 · 아몬드, 장미 · 찔레
- 녹나무과(월계수과. Lauraceae) : 아보카도, 계피, 월계수 · 녹나무 · 생강나무 · 백동백나무
- 참나무과 : 도토리, 밤나무 · 너도밤나무 · 참나무
- 옻나무과(캐슈과. Anacardiaceae) : 망고 · 캐슈넛 · 피스타치오, 붉나무, 개옻나무

52 상토로 사용되는 유기질 재료를 모두 고른 것은?

ㄱ. 수태	ㄴ. 펄라이트	ㄷ. 피트모스	ㄹ. 버미큘라이트

① ㄱ, ㄷ　　　　② ㄱ, ㄹ　　　　③ ㄴ, ㄷ　　　　④ ㄴ, ㄹ

정답 ①

해 육묘용 상토
- 유기질
  - » 피트모스 : 이탄토, 습지, 늪 등에 수생식물류 및 그 밖의 것이 다소 부식화되어 쌓인 것
  - » 수태 : 물이끼(생수태, 건수태)
  - » 코이어 : 코코넛(야자)의 겉껍질에서 추출된 섬유로 만듦
  - » 기타 : 부엽토, 퇴비
- 무기질
  - » 버미큘라이트 : 질석을 약 1,000℃로 구운 것으로 배합토의 재료
  - » 펄라이트 : 화산 작용으로 생긴 진주암을 850~1200℃로 가열, 팽창해 만든 인공 토양
  - » 기타 : 제올라이트, 규조토

53 **시설 내 염류집적에 관한 대책을 올바르게 나열한 것은?**

① 심경, 객토

② 양분흡수 억제, 다비 재배

③ 흡비작물 재배, 표면 관수

④ 담수 처리, 강우 차단

정답 ①

해 염류의 집적 원인 : 강우차단, 비료의 과용, 흡비력 약화

- **염류의 집적 대책**
  - 객토 및 환토, 심경
  - 유기물의 시용. 완충능 강화 및 염기치환능력의 증가
  - 합리적 시비. 질소비료의 과용 회피, 완효성 비료의 시용
  - 담수처리, 흡비작물의 이용

- **염류집적 토양의 저면관수** : 뿌리 주위의 염류 농도를 낮춰 양수분 흡수를 도울 수 있음, 토양 내 염류 이동을 방지

54 **미세한 종자를 파종한 파종상이나 화분의 배수공을 통하여 물이 스며 올라가도록 하는 관수방법은?**

① 고랑관수

② 분수관수

③ 점적관수

④ 저면관수

정답 ④

해 관수(관개) 방법

지하관수	• 지하로부터 물을 공급해 모세관수의 방식으로 식물이 밑으로부터 물을 흡수하도록 하는 방법. 뿌리 주위에 직접 수분을 공급해 수분 이용 효율적 • 단점 : 흙에 있는 나쁜 성분이 빠져나가지 못하고 그대로 축적이 될 수 있음, 뿌리 습해
	• 명거법(개거법) : 관 위에 흙을 덮지 않거나, 땅을 파서 양옆으로 물을 흘러대는 방법 • 암거법 : 지하에 관을 배치하고 관 위에 흙을 덮은 후, 간극으로부터 스며오르게 하는 방법 • 압입법 : 뿌리가 깊은 작물 주위에 구멍을 뚫고 물을 주입(압입)하는 방법
저면관수	모세관수의 방식으로 식물이 밑으로부터 물을 흡수하도록 하는 방법으로 지하관수의 원리와 같으며, 주로 화분 재배, 온실에서 활용됨
지표관수	• 지표면에 물을 흘려 대어서, 토양 표면에 직접 관수하는 방법 • 장단점 : 토양 건조 방지, 심근성 작물에 수분 부족 주의, 토양 표면이 단단해 질 수 있음(답압현상)
	• 전면관수 : 지표면 전면에 물을 흘려 대는 방법 • 휴간(고랑)관수 : 이랑을 세우고 고랑 사이에 물을 흘려 대는 방법
살수관수	다양한 각도와 범위로 공중에서 물을 뿌려서 대는 방법
	스프링클러(회전식), 다공관 관수(고정식), 미스트관수
분수관수	일정 간격으로 구멍이 나 있는 플라스틱 파이프나 튜브에 압력이 가해진 물을 분출시켜 일정 범위의 표면을 적시는 방법
점적관수	• 파이프나 튜브에 미세한 구멍을 뚫어 물이 소량씩 스며나오도록 하는 방법 • 지하점적관수, 지상점적관수

55 식물의 고온장해에 관한 설명으로 옳지 않은 것은?

① 온도가 높으면 상대습도가 높아져서 증산과 증발이 모두 많아 토양수분 부족으로 작물이 한발의 피해를 받기 쉽다.

② 고온에서 물질이 분해될 때 암모니아에 의해 장해를 받을 수 있다.

③ 고온에서 당이 축적되지 않아 과실과 채소는 단맛이 없어지고 생육이 억제된다.

④ 고온에서 세포막 지방의 유동성이 커진다.

정답 ①

해 열해(고온해) : 작물이 생육 적온을 초과한 과도한 고온으로 인하여 받는 피해

- 고온 → 상대습도가 낮아짐 → 증산, 토양수분 증발량 증가 → 식물체 내 수분 부족 피해
  » 증산 과다 : 수분 흡수량 < 수분 증산량 → 수분 부족으로 인한 위조
- 질소 대사의 이상 : 고온에 의한 질소 대사 이상 → 당분의 생성 감소 → 단백질 합성 저하 → 작물 체내 암모니아 축적 → 병해의 발생
- 식물의 세포막 : 고온에서 유동적이고 저온에서 점성적(온도와 유동성은 정비례). 불포화 지방산이 많을수록 유동적이고 적을수록 점성적
  » 온도 상승 → 세포막 지질 분자의 운동 에너지 증가 → 지질 분자 사이의 움직임과 간격 증가 → 막의 유동성이 증가

56 온도 적응성에 따라 원예작물을 구분할 때 호온성 작물과 호랭성 작물로 올바르게 연결된 것은?

① 가지 - 장미　　　　② 고추 - 국화　　　　③ 복숭아 - 백합　　　　④ 상추 - 사과

정답 ②

해 생육 적온에 따른 분류

- 작물 분류
  » 호온성 : 벼, 옥수수, 토마토, 가지, 고추, 오이, 참외, 수박, 멜론 등. 대부분의 과채류(열매채소)
  » 호냉성 : 상추(고온 화아분화), 배추(저온 화아분화), 양배추, 파, 양파, 무, 순무, 당근, 감자, 딸기, 시금치, 파슬리, 근대, 완두, 아스파라거스, 추파 맥류 등. 대부분의 엽경채류
- 과수 분류
  » 호온성 : 복숭아, 살구, 올리브, 무화과, 감, 대추야자 등
  » 호냉성 : 사과, 배, 자두, 양앵두, 구스베리, 나무딸기 등
- 화훼 분류
  » 호온성 : 장미, 치자, 백합, 히야신스, 아마릴리스, 난초류 등
  » 호냉성 : 국화, 카네이션, 금어초, 피튜니아, 데이지, 팬지 등

57 **다음이 설명하는 식물호르몬은?**

- 수분스트레스에 대한 방어 기능을 조절한다.
- 기공폐쇄에 중요한 역할을 한다.
- 휴면유도와 탈리를 촉진한다.

① 옥신(auxin)　　　　　　　　　② 시토키닌(cytokinin)
③ 아브시스산(abscisic acid)　　④ 에틸렌(ethylene)

정답 ③

해 ABA. 앱시스산
- 성장 중에 일어나는 여러 과정을 억제하는 물질
- 식물의 수분 결핍 시 ABA가 많이 합성되고 기공이 닫혀 식물의 수분을 보호
- ABA은 IAA(천연 옥신)과 지베렐린에 의한 신장을 저해
- 휴면 유도 · 연장 → 발아 억제
- 잎의 노화 및 낙엽 촉진, 이층의 형성 촉진, 화성 촉진(단일성 식물의 장일 조건)

PART 2

58 **식물 생육과 광질에 관한 설명으로 옳지 않은 것은?**

① 청색광은 카르티노이드계의 색소 생성을 촉진한다.
② 자외선은 신장을 억제하고 엽육을 두껍게 한다.
③ 청색광은 광합성·광주기성을 주도한다.
④ 자외선은 안토시아닌계 색소의 발현을 촉진한다.

정답 ③

해 **식물 생장과 광**

광합성, 엽록소의 형성	청색광과 적색광이 가장 효과적
식물의 생장	• 자외선 : 신장 억제 및 엽육을 두껍게 함(형태 변화) • 청색광 : 줄기 신장 억제(도장 억제), 굴광성(방향성 생장), 광합성 효율 증가, 기공 개폐 • 적색광(R) : 파이토크롬 Pfr (활성). 발아 및 줄기 정상적 생장 촉진(도장 억제), 다른 광(청색광)이 부족할 경우 불균형으로 도장 현상 유발, 일장효과 촉진 • 원적색광(FR) : 파이토크롬 Pr (비활성). 발아 억제, 줄기 신장 촉진(도장 촉진)
일장효과 (광주기성, 일장반응)	적색광(가장 큰 효과) > 자색광 > 청색광(효과가 적음)
식물 색소	• 플라보노이드계(안토시안 = 안토시아닌 + 안토시아니딘)의 형성 : 자외선 및 자색광이 효과적 • 카로티노이드계(카로틴·루테인 등) 색소의 형성 : 청색광
종자의 휴면, 발아	• 청색광 : 직접적 발아 효과는 크지 않음(일부 종자에서는 발아 억제 또는 촉진 효과 관찰됨), 주로 유묘 발달 조절 • 적색광(R) : Pfr (활성). 휴면타파, 발아 촉진(호광성 종자의 발아 촉진) • 원적색광(FR) : Pr (비활성). 발아 억제 • 근적외선 : 주로 원적색광(730nm 근처에서 발아 억제 (파이토크롬을 비활성화))과 같은 작용하지만, 직접적인 식물 생장에 영향 없음

59 **풍해에 관한 설명으로 옳지 않은 것은?**

① 작물의 도장을 유발한다.
② 작물의 낙과를 발생시킨다.
③ 작물의 도복피해가 일어난다.
④ 벼의 청미, 변색미 발생을 증가시킨다.

정답 ①

해 벼의 풍해 피해 → 도복 피해 발생
- 출수기~호숙기 : 불임발생, 등숙불량, 청미발생, 천립중 감소
- 호숙기~황숙기 : 등숙불량, 청미·사미발생, 천립중 감소
- 황숙기~완숙기 : 등숙불량, 수발아, 동할미·유색미 발생

• 생식생장기의 건조풍 피해
- 이삭이 출수되면 건조풍으로 탈수되어 이삭이 마르는 백수현상 발생
- 잎과 이삭의 마찰로 이삭알이 갈변되어 변색립이 많아짐

• 쌀 관련 용어
- 청미 : 과피에 엽록소가 남아있어 푸른 빛을 띠는 쌀
- 심백미 : 쌀알의 중심부가 백색의 불투명한 쌀
- 복백미 : 쌀알의 복부가 백색의 투명한 쌀(상위 등급)
- 유백미 : 표면이 우윳빛이며 광택이 있는 쌀
- 사미 : 쌀알이 불투명하고 유백미와 달리 광택이 없는 쌀
- 동할미 : 쌀 입자 내부에 금이 간 쌀

60 **A 지역의 사과 농가는 국지적으로 피해를 받아 과실에 상처가 나고 멍들어 정상적인 판매를 하지 못하였다. 이러한 피해증상의 원인은?**

① 저온
② 염분
③ 우박
④ 황사

정답 ③

• 우박 피해 : 5~6월, 9~10월, 국지성, 단시간에 큰 피해, 2차 피해 우려

61 **종자의 수명을 연장하는 방법으로 옳지 않은 것은?**

① 저온에서 저장한다.
② 산소를 공급한다.
③ 흡습을 방지한다.
④ 종자를 건조시킨다.

정답 ②

• 종자의 수명에 영향을 주는 요인
종자의 수분함량, 저장 습도, 저장 온도, 통기 상태, 수확 전의 기상, 수확 후의 건조 과정, 미생물, 곤충의 피해, 기계적인 상처, 저장실 환경요인 등

62 자라고 있는 곳에서 다른 곳으로 옮겨 심는 방법은?

① 경화 　　　　② 왜화 　　　　③ 배토 　　　　④ 이식

정답 ④

해 **경화** : 식물이 서서히 그 환경에 적응하는 현상. 저온 · 고온 · 건조 환경(불량환경) 하에서 종자의 내동성 · 내염성 · 내건성을 증대시키기 위한 처리
- **왜화** : 식물이 정상적인 생육을 하지 못하고 작은 크기로 성장하는 현상
- **배토** : 이랑 사이의 토양을 작물의 포기 밑에 모아주는 작업으로 중경 작업의 일종
- **이식** : 현재 자라고 있는 곳에서 다른 장소로 식물을 옮겨 심는 것

63 인경으로 번식하는 작물을 모두 고른 것은?

ㄱ. 백합	ㄴ. 마늘	ㄷ. 칸나	ㄹ. 감자

① ㄱ, ㄴ 　　　　② ㄱ, ㄹ 　　　　③ ㄴ, ㄷ 　　　　④ ㄷ, ㄹ

정답 ①

해 **인경(비늘줄기)** : 잎의 일부가 변형 비대한 것. 마늘, 양파, 쪽파, 튤립, 백합, 수선화 등
- **괴경(덩이줄기)** : 줄기의 아랫부분이 비대해져서 덩이를 형성하여 짧고 뭉툭한 모양이 되고 양분을 저장. 토란, 감자, 돼지감자, 아네모네, 칼라, 시클라멘, 칼라디움, 구근 베고니아 등
- **근경(뿌리줄기)** : 줄기가 뿌리처럼 땅속으로 뻗어나가며 비대해져 저장기관을 형성하는 것으로 마디가 있음. 연근, 저먼 아이리스, 칸나, 수련 등

64 무균상태에서 인공배지에 배양하여 다량의 식물을 생산하는 번식 방법은?

① 취목 　　　　② 숙지삽 　　　　③ 엽병삽 　　　　④ 조직배양

정답 ④

해 **영양번식**
- **취목(휘묻이)** : 가지를 잘라내지 않은 상태에서 뿌리를 내어 번식시키는 방법. 저취법(선취법), 고취법(공중취목/양취법), 성토법, 파상법(물결취목) 등
- **숙지삽** : 삽목(꺾꽂이) 방법 중 지삽(줄기꽂이) 방법의 한 종류. 지삽은 묵은 가지를 이용하는 숙지삽(경지삽)과 새가지를 이용하는 녹지삽(신초삽)으로 나뉨
- **엽병삽** : 삽목(꺾꽂이) 방법 중 엽삽(잎꽂이) 방법의 한 종류. 잎줄기(잎자루)를 채취해 번식시키는 방법
- **조직배양** : 식물의 잎, 줄기, 뿌리와 같은 조직이나 또는 기관의 일부를 모체에서 분리해 무균적인 배양을 통해 캘러스를 만들거나 식물체를 분화, 증식시키는 기술. 단시간 내 대량 번식이 가능

65 **식물의 필수원소에 관한 설명으로 옳지 않은 것은?**

① 다량원소는 결핍 현상이 쉽게 나타나므로 추가적으로 공급해야 한다.

② 토양 중에서는 N, P, K를 비료의 3요소라 한다.

③ 질소는 질산태질소와 암모니아태질소로 식물에 흡수된다.

④ 다량원소에는 C, H, O, N, S, P, K, Ca, Mg, Fe가 있다.

정답 ④

해 필수(영양) 16 원소
- 다량원소 (9원소) : C, O, H + N, K, Ca, S, P, Mg
  » 식물이 상대적으로 많은 양을 필요로 하는 원소로 비료를 통해 추가 공급해야 하는 경우가 많음
- 미량원소 (7원소) : Fe, Mn, Cu, Zn, Cl, B, M
  » 필요한 양 자체가 적어서 결핍이 잘 안 나타나지만, 특정 토양 조건에서는 결핍이 생기기도 함
- 비료요소 3요소 (4요소) : K, N, P(비료 3요소) + Ca

66 **과수 화상병의 병원균은?**

① 진균   ② 세균   ③ 바이러스   ④ 바이로이드

정답 ②

해 세균류 : 과수화상병, 풋마름병, 벼흰잎마름병, 시듦병, 둘레썩음병, 궤양병, 반점세균병, 무름병, 근두암종병 등
- 균류(곰팡이류) : 역병, 탄저병, 균핵병, 도열병, 노균병, 잿빛곰팡이병, 잘록병, 흰가루병, 갈색무늬병 등
- 바이러스 : 오이모자이크바이러스(CMV), 담배모자이크바이러스(TMV), 오갈병 등
- 바이로이드 : 단백질 외피 없이 짧은 원형 단일 가닥 RNA로 이루어진 관다발식물에 감염하는 병원성 물질. 바이러스보다 더 작고 핵산으로만 구성된 병원체로 현재 알려진 감염체 중 가장 작은 유전물질 단위. 감염된 식물은 생육이 저하됨. 과실에 증상이 나타나며 왜화, 과실 착색 불균일, 과피에 노란색 반점, 기형과 등의 증상 유발

67 **저온춘화형 채소작물 중 녹식물 춘화형에 속하는 것을 올바르게 나열한 것은?**

① 양배추, 양파   ② 상추, 배추   ③ 브로콜리, 부추   ④ 무, 순무

정답 ①

해 녹체 버널리제이션 (녹체춘화. 녹식물춘화) : 어린 식물체일 때 저온에 감응하는 식물. 양배추, 양파, 당근, 샐러리, 파슬리, 국화 등

PART 2

68 생리적 성숙 시 수확하는 채소류가 아닌 것은?

① 토마토　　　　　　　② 브로콜리　　　　　　　③ 수박　　　　　　　④ 딸기

해 성숙도의 판단
- 생리적 성숙 : 작물의 생장 자체를 기준으로 하는 성숙도
- 원예적 성숙 : 작물의 이용적 측면을 기준으로 하는 성숙도. 수확 적기 판단의 기준
- 상업적 성숙 : 시장에서 판매하는 것을 기준으로 하는 성숙도

- 브로콜리 : 식용 부위가 미성숙된 화뢰 부분으로 꽃봉오리의 지름(12~13cm)과 소화의 크기, 밀도(compactness) 등으로 화뢰의 성숙도를 파악하여 수확
  - 화뢰 = 꽃무더기(꽃봉오리), 소화 = 화뢰를 구성하는 작은 꽃봉오리(회뢰의 입자)
  - 소화가 작고 치밀하며, 화뢰 전체가 단단하고 크기가 적당해야 좋은 품질의 브로콜리

69 다음이 설명하는 과수의 가지 관리 방법은?

- 신초의 생장을 일시적으로 억제하여 착과율을 높인다.
- 그해에 새 가지를 분지시켜 원가지나 곁가지를 구성시킨다.
- 웃자람을 방지하기 위해서 실시한다.

① 환상박피　　　　　　　② 순지르기　　　　　　　③ 가지유인　　　　　　　④ 가지비틀기

해 순지르기(적심)
- 성장이나 결실을 조절하기 위하여 끝눈이나 생장점을 제거하는 것
- 영양생장을 억제 및 생식생장을 촉진하는 효과 → 수량 증대

70 호광성 식물을 저광도에서 재배할 경우 나타나는 현상으로 옳지 않은 것은?

① 줄기의 마디 사이가 길어진다.　　　　② 잎이 넓어지고 얇아진다.
③ 단위면적당 잎의 수가 증가한다.　　　　④ 줄기가 가늘어진다.

해 호광성 식물을 저광도에서 재배할 경우
- 광합성량 감소 → 당과 단백질 함량 부족 → 질소 함량 증가 → 잎 수 감소, 잎 색의 변화, 생장 억제 등
  » 새로운 잎을 만드는 데 필요한 에너지(탄수화물, 단백질 등)가 부족
  » 옥신 부족으로 인해 세포 신장 촉진(잎과 줄기의 도장)되나, 분열 억제(새로운 잎의 분화 억제)
- 저광도 : 잎 면적이 커지고 두께가 감소, 줄기 마디가 길어짐, 꽃의 수 감소, 엽록소 증가(광합성의 효율을 높이기 위함)

71 **작물의 수확 후 주요 생리에 관한 설명으로 옳은 것은?**

① 에틸렌은 고체 상태로 원예작물의 성숙과 숙성 과정을 촉진하는 호르몬이다.

② 증산작용을 억제하려면 원예산물과 대기와의 수증기압포차를 증가시켜야 한다.

③ 성숙 과정 양상 중 호흡비급등형 과실에는 포도와 가지가 있다.

④ 호흡에 의한 호흡열은 주위의 온도를 높여 대사 작용을 가속화시키고 저장 중 냉각 부하를 저하시킨다.

정답 ③

해 **에틸렌 (ethylene)**
- 무색무취의 기체성 호르몬, 스트레스호르몬
- 대체로 호흡급등형 작물에 많음, 각종 스트레스 조건에서 발생 증대
- 수확 후의 에틸렌 → 노화 촉진 → 저장성 저하

- **수확 후 수분 손실**
  - 원예산물은 수확 후 수분 손실이 큼 → 중량감소, 시들음 등 품질 저하
  - 증산에 영향을 미치는 요인 : 원예산물 자체의 구조, 표면적 대 부피의 비율, 왁스층의 발달 정도, 기계적 상처, 상대습도와 온도, 원예산물과 주변의 수증기압포차 등
  - 밀폐저장 및 습도 유지 → 원예산물과 대기와의 수증기압포차를 축소시킴 → 증산 감소

- **수확 후 호흡**
  - 호흡급등형 : 사과, 복숭아, 참다래, 멜론, 감, 자두, 살구, 바나나 키위, 망고, 아보카도, 구아바, 파파야, 무화과, 토마토 등
  - 호흡비급등형 : 포도, 딸기, 귤, 오렌지, 레몬, 체리, 블루베리, 올리브, 파인애플, 옥수수, 고추, 오이, 가지 등

- **수확 후 원예산물의 호흡** : 호흡열 → 주위 온도 상승 → 대사작용의 가속 → 저장 중 냉각부하 가중

72 **절화수명이 저온에서 연장되는 원리에 관한 설명으로 옳지 않은 것은?**

① 곰팡이병 발생 억제로 관상가치 유지　　② 증산 억제로 수분 균형 유지
③ 호르몬 생합성 촉진으로 노화 억제　　④ 호흡 억제로 저장양분 소모 감소

정답 ③

해 **절화의 수확 후 저온 저장**
- 호흡 증가와 에틸렌 생성을 억제 → 노화 억제
- 대체로 동결점 이상의 저온 범위 이용

- **호르몬 생합성 촉진** – 호르몬의 종류에 따라 노화를 촉진(에틸렌, ABA) 또는 억제(옥신, 시토키닌)
  - 생합성 : 살아있는 유기체에서 간단한 분자들을 복잡한 분자들로 전환시키는 과정(동화작용의 대표적 과정)

73 다음 두 가지 온실 냉방법의 냉각 원리는?

	ㄱ. 팬 앤드 패드(fan&pad) 방법		ㄴ. 팬 앤드 포그(fan&fog) 방법

	ㄱ	ㄴ		ㄱ	ㄴ
①	응축냉각	기화냉각	②	기화냉각	응축냉각
③	응축냉각	응축냉각	④	기화냉각	기화냉각

정답 ④

해 **시설 내 냉방**
- 팬 앤 패드, 팬 앤 미스트, 팬 앤 포그
- 기화냉방법 : 물의 기화되면서 발생하는 기화열에 의한 냉방법

74 벤로형(Venlo) 온실에 관한 설명이다. (　　)에 들어갈 내용으로 옳은 것은?

벤로형 온실은 서까래의 간격이 넓어지기 때문에 골조가 적게 들어 (　ㄱ　)이 감소한다. 이에 따라 온실의 (　ㄴ　)이 증가한다.

	ㄱ	ㄴ		ㄱ	ㄴ
①	골조율	산란율	②	골조율	투광률
③	투광률	골조율	④	투광률	산란율

정답 ②

해 **벤로형 온실**
- 처마가 높고 지붕의 폭이 좁은 양지붕형 온실의 일종으로 유럽, 네덜란드를 중심으로 발전한 연동식 온실
- 지붕의 폭이 좁아 "경량 골재 사용 가능", 온실 골격율이 12%로 일반 온실의 20%에 비해 매우 낮아 "광투과율이 높음"
- 장점 : 경량 골재를 사용하므로 "채광성이 좋고", 내부 공간이 넓어 작업과 관리에 용이, 외관이 아름다움
- 단점 : 바람 또는 적설에 의한 피해가 우려, "광투과가 불균일"하며, 보온성과 환기성이 좋지 않음

75 시설원예용 인공조명 중 고압나트륨등에 관한 설명이다. (　　　)에 들어갈 내용으로 옳은 것은?

식물 재배에 고압나트륨등을 단독 사용하면 500nm 이하의 (　ㄱ　)이 적기 때문에 (　ㄴ　)될 가능성이 있다. 하지만 일반 온실의 보광용으로는 단독 사용해도 문제가 없다.

	ㄱ	ㄴ		ㄱ	ㄴ
①	청색광	왜화	②	원적색광	도장
③	청색광	도장	④	원적색광	왜화

정답 ③

해 식물 생장과 광

- 광합성, 엽록소의 형성 : 청색광과 적색광이 가장 효과적
- 일장효과(광주기성, 일장반응) : 적색광(가장 큰 효과) > 자색광 > 청색광(효과가 적음)

파장(nm)		작용	
자외선	100~400	320~400nm에서는 줄기 신장 억제, 형태 변화(잎을 두껍고 작게 함)	
가시광선	400~500	청색광	작물 생육 및 형태에 영향, 광합성 촉진, 줄기 신장 억제(도장 억제), 기공 개폐
	600~700	적색광(R)	광합성 촉진, 줄기 정상적 생장 촉진, 일장효과
적외선	700~800	원적색광(FR) (700~800)	• 발아 억제, 줄기 신장 촉진(도장 촉진) • 식물 생리에 직접 관여 (R/FR 비율 → 도장, 발아 조절)
		근적외선 (NIR) (800~2500)	줄기 신장이나 발아에는 거의 직접적으로 관여하지 않음

MEMO

2026 똑똑한은경쌤 손해평가사 1차 기출문제집 + 100% 무료강의

발행일 2025년 9월 15일

발행처 직업상점

발행인 박유진

편저자 한은경

디자인 김지원

※ 낙장이나 파본은 교환해 드립니다.

※ 이 책의 무단 전재 또는 복제행위는 저작권법 제136조에 의거하여 처벌을 받게 됩니다.

정 가 33,000원   **ISBN** 979-11-94695-20-2